man (olle) Lüd ut! Gwd/Ba, ähnl. verbr. – **utfränseln** sw. ausfransen, ausfasern. *Dien Dauk is all ganz utfränselt* Fra/Br. – Ral. heißt es über einen Schwätzer: *Em fränselt dat Mul noch ut!* Dem/De, ähnl. verstr. – **utfransen** dass. verstr. – **Utfråß** m. Festmahl vereinz. HPom. Syn. Utfräten. – **utfräten** st. ausfressen. **1.** etwas leer fressen. *De Schwien hewwen denn Trog utfräten* Gwald. – **2.** etwas Unrechtes tun, Streiche verüben. *Dei Bengel is so dreibastig* [frech], *hei hett all werrer wat utfräten* Gwd/Nu. – **3.** etwas ausbaden, die Folgen von etwas tragen verstr. *Wer sik wat inbrockt hett, mutt dat ok utfräten* Ghg/Gr. – **Utfräten** n. Festessen verstr. NOPom, sonst selt. Syn. Utfråß. – **utfrieren** st. **1.** durch Frosteinwirkung absterben. *Dat Kuurn is bi dei Küll utfroren* Gri/Mi. – **2.** durchfrieren, ganz von Kälte durchdrungen werden. *Dei Acker möt in'n Winter utfrieren* Gwd/Ba. – **utfrischen** sw., *utfresche* verstr. NOPom. **1.** Lebensmittel durch Wässern entsalzen verstr. *Wi frischen dat Päkelfleisch ut* Gri/Ti. – **2.** erfrischen, beleben vereinz. *Dei Wind hett uns ollig 'n bäten utfrischt* Rüg/Ae. – **3.** jmd. zum Narren halten verstr. NOPom. – **utfrunzeln** sw. ausfransen, ausfasern verbr. HPom, sonst selt. – **utführen** sw. **1.** eine Ausflugsfahrt machen. *Up'n Sünndag willen wi 'n bäten utführen* Gwd/Ba. – **2.** Waren exportieren. – **utfulen** sw. **1.** verfaulen vereinz. – **2.** refl., gehörig faulenzen vereinz. VPom. – **utfüllen** sw. **1.** etwas vollständig füllen. *'n Pott utfüllen* Gwd/Ba. – **2.** herausschöpfen. *Wåder utfüllen* Rüg/Th. – **utfünnig** s. utfinnig. – **utfusseln** sw. ausfasern, ausfransen verstr. *Dat Kleed is all janz utfusselt* Cam/Kw.

utgäben st./unr. ausgeben. **1.** Geld aufwenden. *Wi möten ierst noch sporen, ihrer wi so väl Geld utgäben kœnen* Gwd/Ba. Ironisch: *Nu is di woll lichter, dat du dat Jild utjääft hest!* Cam/Kt. – **2.** jmd. etwas spendieren. *Wenn dat glücken deit, denn will ik düchdig einen utgäben* Gwd/Nu. – **3.** etwas verteilen, herausgeben. *Üm Meddag ward hüt Kuurn utgäwen* Gri/Bo. – **4.** veralt., (eine Tochter) aussteuern, verheiraten. *De Bur hett dree Döchter utjääft, u' alle hewwa se orntlich wat kräja* Dra/Bu. – **5.** sich oder jmd. fälschlich als etwas Bestimmtes bezeichnen. – Sprw.: *Wecker sich as Baron utgiwwt, möt uck as Baron bitahlen* HuMGwd 9,4,8. – **6.** refl., sich verausgaben. *Se möt sich nich ümmer so dull utgäben* Ank/An.

Utgåf f. Ausgabe, Verbrauch an Geld. *Dei Utgåben sünd höger as dei Innåhmen* Gwd/Ba.

utgåhn st. ausgehen. **1.** hinausgehen, ins Freie gehen. *Wi kœnen nich utgåhn, dat rägent denn ganzen Dag* Rüg/Be. – **2.** zum Vergnügen außer Haus gehen. *De Lüd in'e Stadt gåhn väl ut* Pyr/Lt. – **3.** erlöschen, aufhören zu brennen. *Pass up, dat't Für in'n Åben nich utgeiht!* Gri/Go. *Dei Lamp is utgåhn* Gwd/Ba. – **4.** ausfallen, sich lösen. *De Hor sünd em utgåhn* Stral. – **5.** schwinden, (nahezu) aufgebraucht sein. *Dei Kaffe is mi utgåhn* Gwd/Nu. *Em geht de Puust ut* Pyr/Lt. – **6.** auf etwas aus sein, eine bestimmte Absicht verfolgen. *Dei gåhn up Bedreigerie ut* Dem/Tp. – **7.** auf etwas hinauslaufen, auf eine bestimmte Weise enden. Ausruf der Besorgnis: *Wur sall dat bloß utgåhn?* Gri/Mi. – **8.** ausbleichen verstr. *Dei Farf / dat Kleed is utjauhe* Kol/Go. – **9.** eingehen, verdorren vereinz. *De Böm an'e Landstråt sünd all utgåhn* Stral. – **10.** von innen nach außen gestülpt werden vereinz. *Dei Gaus is dat Lief* [Eileiter] *utgåhn* Gri/Mi. – **11.** seem., stromabwärts, in Richtung der offenen See fahren.

Utgang m. Ausgang. **1.** die Genehmigung zum Ausgehen (bes. für Hausangestellte und Soldaten). *Dei Deinstdiern hett hüt Utgang* Gwd/Nu. – **2.** Öffnung, durch die man hinausgeht. *Dei Kinner lopen dörch dem Utgang nåh buten* Gri/Gm. – **3.** das Ende eines Vorgangs und das damit verbundene Ergebnis. *Dei Såk nimmt keinen gauden Utgang* Dem/Kt. – **utgangs** Präp. ausgangs, am Ende verstr. *Dat wier utgangs Mai* Fra/Br; *utgangs dei achtiger Johr* Gwd/Ke. – **utgarben** sw. **1.** vollständig gerben. *Dat Fell is got utgarft* Ran/Pe. – **2.** verprügeln. *Dei Jung' is so driest, ik möt em eis düchdig utgarben* Gri/Gm. – **utgäudern** sw., veraltd., *utgödern, utgörern* verstr. °Rüg, vereinz. MPom, ausschimpfen verstr., HuMGwd 11,7,7. *Ik heff 'n Schwupper* [Fehler] *måkt. De Lihrer hett mi dorför bannig utgödert* Rüg/Zi. – **Utgäwern** f., veralt., Wirtschafterin auf einem Gut verstr. VPom, [1]Tib 95. Vgl. Mamsell. – **Utgäwersch** f. dass. verbr., DähWb 513. – **Utgeding** n., veralt., Altenteil vereinz. *Dei Ollen kriegen ehr Utgeding* Gri/Bo. Gebräuchlicher ist das Syn. Ollendeil. – **utgeiten** st. ausgießen. **1.** Flüssigkeit aus einem Gefäß herausgießen. *Worüm hest du de ganze Melk utgåten?* Pyr/Lt. – Sprw.: *Ma mutt nich eier unreigen Wåter utgeite, bat ma reigen hett* Büt/Wu [2]Kno 13. – **2.** etwas Brennendes durch Übergießen mit Wasser löschen. *Wi möten dat Füer utgeiten* Gwd/Ba. – **Utgeleit** n. das Geleit zum Abschied. – Ral.: *ein' dat Utgeleit gäben* jmd. hinausweisen verstr. VPom. – **Utgift** f., veraltd., Ausgabe, aufzuwendende Geldsumme verstr. VPom. *Dei Utgift is gröter as dei Innåhm* Fra/Zi. – **utglasüürt** Part.Adj. 'vollständig glasiert' widerstandsfähig, abgehärtet verstr. *Sien Måg is utglasüürt* er kann Unmengen essen Rüg/Pu. Über einen Trinker heißt es: *Sien Kähl is bannig utglasüürt* Fra/Pe. – **utgläugen** sw. **1.** (Metall) großer Hitze aussetzen und anschließend abkühlen lassen. *Dei Schmitt möt dat Iesen utgläugen* Gwd/Ba. – **2.** aufhören zu glühen. – **utglieden** st. ausgleiten, ausrutschen. *Ik bün up dat Glatties utgläden un henfollen* Gwd/Nu. – **Utgliek** m. materieller Ausgleich, Entschädigung verstr. *As Utgliek ward hei noch 'ne Kauh taukriegen* Gwd/Ba. – **utglieken** st. ausgleichen. **1.** Gegensätzliches, Unterschiedliches durch Angleichen aufheben oder mildern. Refl.: *Innåhmen un Utgåwen glieken sik ut* Fra/Zi. – **2.** eine ausstehende Rechnung oder Schuld bezahlen. *Wi willen dei Räknung* *hüt utglieken* Gri/Mi. – **utglippen** sw., auch *utglipschen* vereinz. **1.** (auf glattem Untergrund) ausrutschen verstr. *Ik bün utglippt un heff mi denn Faut verstuukt* Rüg/Ae. – **2.** aus der Hand rutschen, entgleiten vereinz. *Dat Metz is em ut de Fingers utglippt* Use/Pu. – **utglitschen** sw. (auf glattem Untergrund) ausrutschen verstr. *Wi streugen Sand, dat de Lüd nich utglitschen* Ank/An. – **utglutschen** sw. dass. vereinz. – **utgoornen** sw., fischerspr., den Fangsack eines Netzes oder einer Reuse entleeren vereinz. pom. Küste. – **utgråben** st., selt. sw. **1.** ausgraben, durch Graben aus der Erde herausholen. *Wi willen denn lütten Struk utgråben* Gwd/Nu. Wenn jmd. sehr lange Fingernägel hat, heißt es scherzh.: *De will woll sien Großmurrer utgråben* Stral, ähnl. verstr. – **2.** längst Vergessenes wieder hervorholen. *He sall doch de ollen Geschichten nich werrer utgråben* Ank/An. – **3.** aushöhlen verstr. *Wi hemm' denn Körbitz* [Kürbis] *utgråft* Pyr/Lt. – **utgräunen** sw. grün werden, frische Triebe hervorbringen. *Dei Böm gräunen in't Frühjohr ut* Gri/Bo. Übertr.: *Hei is werrer utgräunt* er ist wieder genesen Dem/De. – **utgriepen** st. weit ausschreiten, große Schritte machen. *Dei Pier(d) griepen hüt gaut ut* Gwd/Nu. – **utgrusen** sw. sich überreif aus den Ähren lösen (von Getreidekörnern) verstr. *Dei Rongen gruust all ut* Dem/Tp. – **utgrüweln** sw. sich etwas ausdenken, austüfteln. [...] *wenn wi mal en unklauk Stück utgrüwelt hewwen* [7]BAND 115. → utklamüsern.

uthäben st., selt. sw., ausheben. **1.** etwas ausschaufeln, ausschachten. *Wi willen dei Ierd uthäben* Gwd/Nu. Auch: durch Ausschaufeln herstellen. *Dei Kuhl is uthääft* Gri/Lo. – **2.** etwas aushängen, aus einer Halterung lösen. *Wi möten dei Dör uthäben* Gwd/Ba. – **3.** jmd. zum Militär einberufen. *He is to de Infantrie uthåben* Ran/Pe. Vgl. Uthäwung.

uthacken sw. aushacken. **1.** mit dem Schnabel herauspicken. – Sprw.: *Eine Kreih hackt dei anner dei Ogen nich ut* Rüg/Ae, ähnl. verbr. – **2.** etwas mit einer Hacke aus der Erde herausholen. *Wi willen dat Unkrut uthacken* Fra/Bn. – **uthäkeln** sw. jmd. gehörig ausschimpfen verstr. *De Paster hett dat Kind in'e Kirch vör alle Lüd uthäkelt* Ghg/Wt. – **uthåken** sw. **1.** aushaken, aus einer Halterung lösen. *Nu möten wi dat Rauder uthåken* Hidd. – **2.** ausrenken, verstauchen. *Mi is dei Arm uthåkt* Reg/Me. – **3.** ausreißen, fortlaufen verstr. → utbücksen.

uthålen sw. ausholen. **1.** mit einem rückwärtigen Schwung zu einer Bewegung ansetzen. *Hei hålt wiet ut un langt em 'ne Backs* [Ohrfeige] Gwd/Nu. – **2.** jmd. aushorchen, ausfragen. Warnung vor einer neugierigen Person: *Dei will di doch bloots uthålen* Gri/Mi. Syn. s. uthorken. – **3.** weitschweifig erzählen. – **4.** lange Schritte machen, schnell gehen. *Dat güng fix. Wi hemm' ok düchdig uthålt* Ghg/Wt. – **5.** aus etwas herausholen, herausnehmen. Gebräuchlicher ist ruthålen.

Uthåler m. **1.** seem., Tau am Klüverbaum, mit dem das Vorsegel hoch- und niedergezogen wird. – **2.** fischerspr., Tau zum Hochziehen der Kehle beim Entleeren der Reuse Hidd., RAS 144. – **Uthäling** f., fischerspr., Auslaßloch für Netze bei der Eisfischerei vereinz., RAS 177. Vgl. Inhäling, Landhäling, Uthålwåk. – **uthaltern** sw., veraltd., jmd. beschimpfen vereinz. VPom, DÄHWB 513. – **Uthålwåk** f., fischerspr., wie Uthäling südöstl. °Rüg, FRA 57f. – **uthämeln** sw. ein männliches Schaflamm kastrieren verstr., HOMWB 221. – **Uthang** m. Aushang, öffentliche Bekanntmachung verstr. – **uthängen** sw./st. **1.** durch Aushang bekanntgeben. Spez.: standesamtlich aufgeboten sein. *Dei Brutlüd hänge all acht Dåg ut* Gwd/Ba. – **2.** an finanziellen Mitteln vorhanden sein. *Bi em hängt väl ut* er ist wohlhabend Gri/Bo. *Sei wull den Jäger nich as Dochtermann hebben, denn bi den Jäger hüng nicks ut* HUMGWD 11,41,7. – **uthanneln** sw. etwas aushandeln, vereinbaren. – **uthännigen** sw. jmd. etwas aushändigen, übergeben. *Dat Tügnis is all uthännigt* Fra/Bn. – **Uthau** m., veralt., das letzte Stück der von einem Sensenhieb erfassten Getreidehalme, an dem etwas höhere Stoppeln zurückbleiben verstr.

uthaugen sw., selt. st. **1.** durch Heraushauen aus Holz entstehen lassen. *Ut denn Stamm will ik 'ne Backmoll uthaugen* Rüg/Ae. – **2.** auslichten. *Man mutt denn Struk uthaugen* Ghg/Wt. – **3.** jmd. verprügeln verstr. – **4.** ausreichen, genügen. *Dat Geld haugt grår so ut* Rüg/Zi. – **5.** in bestimmter Art und Weise enden, ausgehen. *Dat sall mi wunnern, wurans disse Såk uthaugen ward* Rüg/Pu. – **6.** fachspr., die Angel auswerfen. *Wi willen åbends de Angel uthaugen* Ank/Km.

uthausten sw. etwas durch Husten aus den Luftwegen entfernen. *'n Qualster* [Schleimklumpen] *uthausten* Rüg/Ae. – **Uthäwung** f. militärische Musterung. Vgl. uthäben. – **uthecken** sw. **1.** Eier ausbrüten. *Dei Vœgel hemm' dei Jungen all utheckt* Gwd/Ba. – Sprw.: *Kein Häästerheckt 'ne Duf ut* Gri/Gm. Syn. utbräuden. – **2.** etwas aushecken, mit List ersinnen. *Dei Bengels hecken Såken ut, üm dei Lüd tau argern* Gwd/Nu. – **utheeren** sw. auszehren. *Du sühst so utheert ut, se hebben di woll nicks to äten gäben* Rüg/Dm. Auf einen Acker bezogen, der keinen Ertrag mehr bringt: *De Acker is utheert* Ran/Pe. – **utheilen** sw. ausheilen. *Sien Krankheit wier noch nich utheilt* Gwd/Ba. Tröstend zu einem Kleinkind, das sich verletzt hat: *Dat heilt noch ut, bet du grot büst!* Gwald. – **uthelpen** st. aushelfen. *Kannst du mi mit 'n bäten Geld uthelpen?* Dem/Kt. – **uthillen** sw., *uthellen* selt., Flüssigkeit aus einem Gefäß auslaufen lassen verstr. MPom, sonst selt. *He hellt de Melk bet up'n letzten Druppen ut* Ran/Pe. Vgl. BBWB 1,350: *aushellen*. – **uthohnacken** sw. jmd. verspotten vereinz. – **uthöhnen** sw. jmd. verhöhnen, heftig beschimpfen vereinz. – **uthœkern** sw. Waren in kleinen Mengen verkaufen. *Sei will dei Fisch pundwies uthœ-*

kern Gwd/Nu. *Sei geiht hüt nåh'n Mark(t) un hœkert ehr Åft ut* Dem/De. – **uthölke(r)n** sw. etwas aushöhlen, hohl machen. *Dei Jung' hett dei Semmel uthölkert un schmeert nu Bodder rin* Fra/Zi. *Dei Müs' hebben dei Wörtel ganz uthölkt* Rüg/Ae. – **uthölksen** sw. dass. verstr. VPom. – **utholleire** sw. jmd. aushorchen verstr. im Belbucker Abteigebiet. Syn. s. u t h o r k e n.

uthollen[1] st. aushalten. **1.** etwas ertragen, erdulden. *Larm kann ik nich uthollen* Ghg/Gr. Ausruf der Verärgerung: *Dat holl dei Düwel ut!* Stett. Scherzh. Antwort auf die Frage nach dem Befinden: *Wenn't noch bäder wier, wier dat nich mihr uttauhollen!* Gri/Gm. – **2.** unter schwierigen Bedingungen ausharren, durchhalten. *De junge Knecht ward bi denn Buern nich lang uthollen* Uec/Wl. *Hei höllt tru up sienen Posten ut* Fra/Zi. Auf das Gesinde bezog man früher die Einschätzung: *Wecker kein Johr uthöllt, höllt narens ut* Gwd/Nu. – **3.** etwas überstehen, funktionsfähig bleiben. *Dat Kleed höllt miene Läwenstiet ut* Gri/Ti. – **4.** es mit jmd. aufnehmen. Wenn man gut und reichlich gegessen hat, heißt es scherzh.: *Nu holl ik dat mit denn ut, de noch nicks krägen hett!* Rüg/La, ähnl. verstr.

uthollen[2] st., *uthöllen* selt., aushöhlen, hohl machen vereinz. *Dei Müs' hewwe dat Brot utholtt* Nau/De. – **uthorken** sw. jmd. aushorchen, ausfragen. Syn. u t h å l e n, u t h o l l e i r e. – **uthülen** sw., refl., sich ausweinen vereinz. – **Uthülp** f. Aushilfe, Aushilfskraft. *Nimm di doch irst en Kandidaten as Uthülp* [2]TIB 138. – **uthungert** Part. Adj. ausgehungert, ausgezehrt. *Ik bün bannig uthungert, heff hüt noch nicks äten* Dem/Kt. *Dat Land is uthungert* das Land muß dringend gedüngt werden Sch/Sl. – **uthunzen** sw. jmd. grob beschimpfen. *Sei hett em so uthunzt, dat kein Hund 'n Happen Brot von em nimmt* Dem/Tp; [...] *wenn hei vull Arger nah Hus gahn is un Fru un Kinder orig uthunzt hett* [1]BAND 2,16. – **uthüppen** sw. aus etwas heraushüpfen, entkommen. Ausruf der Entrüstung: *Du büst woll to früh uthüppt!* du bist wohl verrückt! Uec/Ge.

utjackelt Part.Adj. ausgeleiert verstr. *Dei Wellen von'e Maschin sünd utjackelt* Dem/Tp. Syn. u t j u c k e l t. – **utjacksen** sw. jmd. verprügeln verstr. VPom. – **utjågen** sw./unr. hinausjagen, nach draußen verweisen. *Dat rägent hüt so dull, dor mag man nich 'n Hund utjågen!* Fra/Ln. – **utjohrsch** Adj. aus dem vergangenen Jahr stammend vereinz. *utjohrsch Schulden* Ghg/Li. – **utjopen** sw., *utjöpen* vereinz. **1.** den Mantel oder die Jacke ausziehen. *Täuf man noch! Wi möten uns iierst utjopen* Dem/Tp. – **2.** jmd. verprügeln verstr. – **3.** jmd. ruinieren, um Hab und Gut bringen vereinz. – **utjosen** sw., veralt., jmd. johlend verspotten, der Erntearbeiter beim Vorbeigehen nicht gegrüßt hat verstr. VPom, [9]HAAS 57, STEF 302. *As hei dei Meigers nich gauden Dag sär, joosten sei em ut* Gri/Mi. – **utjukkelt** Part.Adj. ausgeleiert vereinz. Gebräuchlicher ist das Syn. u t j a c k e l t. – **utjücken** sw. ein Zugtier aus dem Joch spannen vereinz. – **utjuppen** sw. herausrutschen, hervorschauen (von Kleidungsstücken) verstr. *Mi is dat Hemd ut'e Bücks utjuppt* Dem/Kt.

utkacken sw., refl., seinen Darm vollständig entleeren. – **utkåge** sw. eine Krankheit überstehen, auskurieren vereinz. östl. HPom, [7]KNO 110. Vgl. *Kåg* Krankheit bei Kühen. – **utkählen** sw. **1.** Fische durch einen Längsschnitt an der Unterseite schlachten und ausnehmen vereinz., [4]GIL 1,83. *Dei Hiering is all utkählt* Gwd/Nu. – **2.** fachspr., (mit dem Hobel) rinnenförmige Vertiefungen vornehmen. – **utkählt** Part.Adj. tief ausgeschnitten, den Hals nicht bedeckend. *'ne utkählt Blus'* Stral. – **utkåken** sw. **1.** Knochen, Suppenfleisch o.Ä. auskochen. *Wi willen dei Knåken tau 'ne Supp utkåken* Gwd/Ba. – **2.** Wäsche durch Kochen reinigen. – **3.** beim Kochen platzen. *Dat Ei is utkåkt* Pyr/Lt. – **utkåkt** Part.Adj. ausgekocht, durchtrieben. *Hei will di man bloß bedreigen, dat is 'n ganz utkåkten Kierl!* Dem/De. – **utkalaschen** sw. jmd. verprügeln verstr. – **utkalbsen** sw. 'auskalben' seitlich überquellen (bes. von Heufudern) vereinz. – **utkalken** sw. mit Kalkfarbe weißen. *De Stall ward utkalkt* Ank/An. Vgl. u t w i t t e n. – **utkallern** sw. etwas ausplaudern nördl. VPom, sonst selt. *Hei kann nich dichthollen, hei kallert allens ut* Gri/Ge. – **utkalüren** sw. **1.** ausbleichen, ausfärben verstr. *Dei Schört is in'e Wasch utklüürt* Gri/Gm. – **2.** fachspr., farblich aufeinander abstimmen. Besonders auf Ofenkacheln bezogen: *De Åben is nich richtig utkalüürt* Ank/An.

utkåmen st. auskommen. **1.** etwas so zur Verfügung haben oder so einteilen, daß es für einen bestimmten Zweck genügt. *Ik kann mit dat Geld nie nich utkåmen* Fra/Ln. – **2.** sich mit jmd. verstehen, vertragen. *Mit em bün ik in'e Schaul ümmer gaut utkåmen* Dem/Tp. – **3.** aus dem Ei schlüpfen. *De Küken möten deese Dåg utkåmen* Gwald. – **4.** aufflammen, (erneut) zu brennen beginnen. *Dat Füer kümmt all wedder ut* Gwd/Nu. – **Utkåmen** n. **1.** ausreichender Lebensunterhalt. *Dei Kopmann hett ümmer sien gaudes Utkåmen hatt* Fra/Di. – **2.** verträglicher Umgang. *Mit dei Lüd is afslut kein Utkåmen* Fra/Zi.

utkämmen sw. auskämmen. **1.** das Haar durch Kämmen ordnen. *Ik will di dat Hor utkämmen* Dem/Kt. – **2.** mit einem Kamm aus dem Haar entfernen. – **utkapitteln** sw. ausschimpfen, ausschelten vereinz. VPom NOPom. – **utkarnen** sw. Obst entkernen vereinz., HOMWB 221. – **utkasseln** sw. durchgekaute Essensreste ausspucken vereinz. Vgl. K a s s e l s. – **utkaugen** sw. zu Ende kauen, durchkauen. *Hei kaugt dei Plummen ut un spuckt Stein un Schlusen ut* Gwd/Ba. – **utkäuhlen** sw. **1.** auskühlen. *Dei Stuf is bannig utkäuhlt, dat Finster wier up* Gwd/Ba. – **2.** refl., sich verkühlen verstr. – Ral.: *sik denn Noors utkäuhlen* eine unangenehme Erfahrung machen verstr. VPom. – **utkåweln** sw. durch das Los zuteilen VPom, sonst verstr. *Dei Daglöhners möten ehr Stück Tüffelland utkåweln* Gwd/Nu. – **utkawwe** sw. durchgekaute Essensreste ausspucken verstr. HPom. – **utkeesen** sw., veralt., auswählen, sich etwas heraussuchen vereinz. Zu einem mäkligen Esser: *Utkeest ward hier nich!* Dem/Tp. – **utkennen** sw., refl., sich auskennen. *Dat weit ik nich, dor kenn ik mi nich recht mit ut* Gwd/Ze.

Utkiek m. **1.** seem., Ausguck, erhöhter Beobachtungsplatz auf einem Schiff. – **2.** Aussichtspunkt. – **3.** Aussicht, Rundblick. *Von denn Barg hett man 'n got Utkiek* Ran/Sr. *Wi willen Utkiek hollen* Ausschau halten Fra/Bn. – **4.** Dachkammer, Giebelstube vereinz. Vgl. Kiekut. – **utkieken** st. **1.** hinausschauen, aus dem Fenster schauen. – **2.** Ausschau halten. *Sei hett all lang nåh em utkeeken* Dem/Tp. – Ral.: *Dor kiek ik nich nåh ut!* das interessiert mich nicht Gwd/Nu. – **3.** hervorschauen, sichtbar sein. *Dei grot Tehn kiekt ut* Gwd/Ba. – **4.** aussehen, einen bestimmten Anblick bieten. *schmallbackt utkieken* hohlwangig aussehen Ran/Pe. – **5.** refl., sich etwas auserwählen, aussuchen. *Ik heff mi in'e Stadt 'n nieges Kleed utkeeken* Gri/Go.

utkielen sw. auskeilen, mit den Hinterbeinen ausschlagen (von Pferden) verstr. – **utkienen** sw. auskeimen verstr. *Wenn Tüften utkienen, schmecken sei nich mihr orig* Use/Zi. – **utkihren**[1] sw. Vieh aus dem Stall auf die Weide treiben verstr. HPom, sonst selt. *Köj* [Kühe] *utkehre* Kol/Pr. – **utkihren**[2] sw. ausfegen vereinz. *In'e Stuf möt ierst utkihrt warden* Gwald. – **utklabastern** sw. **1.** etwas austüfteln, ersinnen verstr. → utklamüsern. – **2.** etwas ausplaudern vereinz. – **utklabatschen** sw. **1.** durchprügeln VPom, sonst vereinz. – **2.** gierig auffressen vereinz. *Dei Swien hebben ehr Fauder utklabatscht* Gri/Ge. – **utkläben** sw. tapezieren verbr. *Wist du dat Timmer strieken orrer utkläben?* Dem/De. – **utkladdern** sw. oberflächlich auswaschen verbr. *Dei Wäsch is anschmuddelt, dei ward bloß 'n bäten utkladdert* Fra/Zi. – **utklågen** sw. **1.** etwas vor Gericht einklagen. *Hei hett sien Arfdeil utklågt* Gwd/Ba. – **2.** refl., sich intensiv beklagen, seinem Kummer freien Lauf lassen. – **utklåmen** sw., refl., sich aufwärmen, die Kälte aus den Gliedern vertreiben vereinz., [1]Bre 67.

utklamüsern sw. ausklügeln, sich etwas ausdenken. *Dat hett de Jung' sich janz alleen utklamüsert* Dra/Bu.

Rsyn.: *utbaldowern, utfingerieren, utgrüweln, utklabastern, utklamüüstern, utklawieren, utklugen, utklusen, utklüüstern, utkluwen, utknobeln, uttüfteln.*

utklamüüstern sw. austüfteln, sich etwas ausdenken verbr. VPom. *Hei hett sik utklamüüstert, wat hei denn Richter seggen will* Dem/Tp. → utklamüsern. – **utklappern** sw. **1.** Getreide mit der Maschine ausdreschen vereinz. – **2.** etwas ausplaudern vereinz. – **utklaren** sw. flüchtig auswaschen verstr. *Dat Kleed heww ik hüt bloß 'n bäten utklaart* Fra/Br. – **utklarieren** sw., seem., sich beim Auslaufen eines Schiffs vom Zoll abfertigen lassen vereinz. Vgl. inklarieren. – **utklawieren** sw. sich etwas ausdenken, austüfteln verstr., [1]Nere 10. *Ik will (mi) ierst utklawieren, wurans ik dat måk* Rüg/Ae. → utklamüsern. – **utkledåschen** sw., refl., sich ausziehen, entkleiden verstr. – **utkleeden** sw., refl., sich verkleiden, vermummen. *Dei Lütten hemm' sich as Engels utkleed't* Rüg/Ae. – **Utkleeder** m., Pl. *-s*, vermummte Gestalt, die zu bestimmten Gelegenheiten Gaben heischt. Zum damit verbundenen Brauchtum s. BlfPVk 1,77, Bor/Kai 22, Klein 113. – **utkleimen** sw. Fachwerk mit Lehm ausfüllen verstr. *Wi möten dei Wand utkleimen* Gri/Mi. Vgl. utklicken. – **utklemmen** sw. ausreißen, fortlaufen vereinz. → utbücksen. – **utklennern** sw. etwas ausplaudern vereinz. – **utklicken** sw. Fachwerk mit Lehm ausfüllen verstr. Vgl. utkleimen. – **utkliestern** sw. tapezieren verstr. *He will hüt de Stuf utkliestern* Ran/Pe. – **utklingeln** sw., veralt., etwas mit Unterstützung einer Handglocke ausrufen, öffentlich bekanntgeben vereinz. – Ral.: *Dat is noch nich utklingelt!* das steht noch keinesfalls fest! Ran/Ro, ähnl. vereinz. Syn. utbimmeln, utklünnern. – **utklinken** sw. jmd. hinauswerfen, vor die Tür setzen verstr. *Dei Kierl wull utverschåmt warden, dor heww ik em utklinkt* Rüg/Dm. – **utklœnen** sw. **1.** refl., sich (intensiv) aussprechen verstr. – **2.** etwas ausplaudern vereinz.

utkloppen sw. **1.** durch Ausklopfen säubern. *Ik möt dei Kleeder utkloppen* Gwd/Nu. – Ral.: *ein' dei Jack utkloppen* jmd. verprügeln Fra/Pe, ähnl. verbr. – **2.** mit dem Dreschflegel Getreide ausdreschen. *De por Garwen kloppen wi fix ut* Pyr/Lt. – **Utklöpper** m., *Utklopper* vereinz., Teppichklopfer. *Mit'n Utklöpper ward de Teppich kloppt* Saa/Le.

utklœstern sw., refl. **1.** Kleidung ablegen, sich ausziehen verstr. VPom. *Nu klœster di ut, dat't Licht ut kümmt!* Rüg/Vt. – **2.** sich verkleiden verstr. VPom. *Du hest di so utklœstert, dat ik di gor nich kennt heff* Rüg/Zi. – **utklœtern** sw., refl. **1.** etwas ausplaudern verbr. *Dei Geschicht möt sei ierst utklœtern, ihrer hett sei kein Rauh* Fra/Br. – **2.** Geld verschwenden, leichtsinnig ausgeben vereinz. – **3.** ausfransen vereinz. VPom. *Dien Rock is all wedder utklœtert* Gwd/Nu. – **utkluddern** sw. oberflächlich auswaschen vereinz. HPom, sonst selt. *Du hest de Wäsch bloß utkluddert* Uec/Pa. – **utklugen** sw. ausklügeln, sich etwas ausdenken. *Dei Såk hest du fien utkluugt* Gri/El. → utklamüsern. – **utklünnern** sw. **1.** wie utklingeln verstr. HPom, sonst selt. – **2.** etwas ausplaudern vereinz. – **utklusen** sw. wie utklüüstern vereinz., [4]Seg 159. → utklamüsern. – **utklüüstern** sw. sich etwas ausdenken, austüfteln verbr. VPom, sonst selt. *Ik heff mi wat Nieges utklüüstert* Fra/Zi. → utklamüsern. – **utkluwen** sw., *utkluben* vereinz., *utklüwen* selt., dass. verbr. *Hunn'streich* [dumme Streiche] *utkluwen* Gri/Ti. *Denn möten wi wat anners utkluwen* HuMGwd 10,25,4. → utklamüsern. – **utknäden** sw. Teig fertig kneten. *Brotdeig möt düchdig utknäd't warden* Ank/An. – **utkniepen** st. Reißaus nehmen, fortlaufen. *Dei Bedreiger is fix nåh Mäkelborg* *utknäpen* Gri/Ti. → utbücksen. – **utknobeln** sw. **1.** durch Knobeln ermitteln verstr. – **2.** ausgrübeln, austüfteln verstr. → utklamüsern. – **utkoddern** sw. flüchtig auswaschen vereinz. NOPom, sonst selt. *Ik war dat Hemd fix utkoddere* Stolp. – **utköpen** sw./unr., refl., seinen Ausstand geben, bisherigen Kollegen Getränke spendieren vereinz. – **utkoren** sw. **1.** Erde o.Ä. mit einer Karre herausschaffen. – **2.** mit einer Karre Waren umherfahren, um sie zu verkaufen. – **utkotzen** sw. **1.** (sich) erbrechen. *He hett väl Schnaps såpen, nu hett he alls utkotzt* Ran/Pe. – **2.** refl., seinem Ärger verbal Luft machen, lauthals schimpfen. – **utkråmen** sw. **1.** etwas herauskramen, hervorholen verstr. – **2.** deutlich aussprechen, was man denkt vereinz., Spi 43. – **utkratzen** sw. **1.** etwas durch Herauskratzen entfernen. *Dei Häuhner kratzen dei Såt ut* Gwd/Ba. – **2.** Kartoffeln (mit einer Hacke) ernten vereinz. *Tüffke utkratze* Neu/We. – **3.** ausreißen, weglaufen verstr. → utbücksen. – **utkreigen** sw. krähend verkünden. – Sprw.: *De Herrgott maakt den Dag, un de Haan kreigt em ut* HuMGwd 75,229f.,2. – **utkriegen** st., selt. sw. **1.** vollständig aufessen verstr., DähWb 513. *Du hest mi so väl upkellt, dat krich ik in'n Läwen nich ut* Pyr/Lt. – **2.** Küken ausbrüten vereinz. *De Kluck hett fief Küken utkräja* Dra/Bu. – **utkröppen** sw. (Bäume) stutzen, beschneiden verbr. *Disse Harfst möte wi de Böm utkröppe* Cam/Rn. – **utkrücken** sw. mit einem krückenförmigen Gerät säubern, bearbeiten. *Dei Backåben möt utkrückt warden* Fra/Br. – **utkruden** sw. 'auskrauten' Gräben o.Ä. von wuchernden Pflanzen befreien vereinz. – **utkrupen** st. aus dem Ei schlüpfen. *De lütten Gössel wieren all utkrapen* HtKlUec 1922,63. – **utküllen** sw. auskühlen, kalt werden vereinz. *De Kåmer küllt nachts bannig ut* Rüg/Be. – **Utkunft** f., Pl. *-en*, Auskunft, Information verstr. – **utkunnen** sw. erkunden, auskundschaften vereinz. – **utkuranzen** sw. jmd. ausschelten, ausschimpfen verbr. VPom, sonst selt. – **utkuren** sw. auskurieren vereinz. *De Gripp hett he all utkuurt* Ran/Pe. – **utkurieren** dass. vereinz. – **utküten** sw. Fische ausweiden, ausnehmen. *Hiering utküten* Use/Ko. – **utkütern** sw. **1.** oberflächlich auswaschen vereinz. HPom. – **2.** Eiter herauspressen vereinz. – **utkutten** sw., derb, ein Kind gebären vereinz. – Das Grundwort zu Kutt Vulva.

utlaatschen sw. Schuhwerk durch langes Tragen ausweiten. – **utlabben** sw. auslecken verstr. – **utlachen** sw. **1.** jmd. auslachen, verlachen. *Ik will mi nich mihr bi't Danzen utlachen låten* Gwd/Ba. – **2.** refl., übermäßig lachen. – **utlåden** st., vereinz. sw. **1.** etwas aus einem Transportmittel ausladen, ein Transportfahrzeug entladen. *Dei Damper ward in'n Håben utlåden* Fra/Zi. – **2.** einen Wagen o.Ä. so beladen, daß die Ladung übersteht. – **3.** verh., seine Notdurft verrichten vereinz. – **Utlåg** f. Auslage. **1.** Geld, das jmd. ausgelegt hat. *Diene Utlågen war ik di noch betåhlen* Ank/An. – **2.** Schaufensterauslage vereinz. – **utlåken** sw. den Salzgehalt von Fleisch oder Fisch durch Einlegen in Wasser verringern. *Dei Hiering is so solt, dei möt utlåkt warden* Fra/Zi.

Utland n. Ausland, die Fremde. – **utländsch** Adj., *utlindsch* verstr. SPom, NOPom. **1.** ausländisch. *De räd't so utländsch* benutzt viele Fremdwörter Rüg/Pu. – **2.** nicht aus dem eigenen Ort stammend. *Hei ward 'ne utländsche Diern friegen* er wird ein Mädchen aus einem benachbarten Dorf heiraten Gwd/Nu.

utlangen sw. **1.** ausreichen, genügen. *Dei Kauken langt för de välen Lüd nich ut* Dem/Kt. – **2.** mit rückwärtigem Schwung zu einer Bewegung ansetzen. – **3.** raumgreifende Schritte machen. *Wi hebben schön utlangt* wir sind sehr schnell gegangen Ran/Pe. – **Utlänner** m. **1.** Ausländer. – **2.** jmd., der nicht aus dem eigenen Ort stammt. – **utläpeln** sw. **1.** mit dem Löffel aufessen. *De Jung' hett sien Äten gliek utläpelt* Ran/Pe. – **2.** für die Folgen einer Handlung aufkommen. *Nu läpel man ut, wat du di inbrockt hest!* Rüg/Lo. – **utläppern** sw. verschwenderisch mit etwas umgehen. *Dei hett väl Jild utläppert* Nau/Db. – **utläsen** st./sw. **1.** Geschriebenes zu Ende lesen. *Sei hett dat Bauk all utläást* Fra/Bn. – **2.** Feldfrüchte nach Qualität oder Größe sortieren verstr. *Arfte utläse* Saa/St. Vgl. verläsen.

utlåten[1] st. **1.** hinauslassen, nach draußen lassen. *Dat Veih ward utlåten* das Vieh wird aus dem Stall auf die Weide getrieben Fra/Bn. – Ral.: *sienen Dullen utlåten* sich unbeherrscht verhalten Dem/Kt, ähnl. verstr. – **2.** seinen Unmut an jmd. oder etwas abreagieren. *Worüm lettst du dienen Arger ümmer an mi ut?* Ank/An. – **3.** refl. – **3.1.** sich in bestimmter Weise über etwas oder jmd. äußern. *Hest du di bi annern wat utlåten œwer de Såk?* Uec/Ue. – **3.2.** sich austoben. [...] *junge Lüd' willn un möten sick uck mal utlaten* HuMGwd 6,41,6. – **4.** Fett ausbraten, zerlassen. *Speck in'e Pann utlåten* Ank/Br. – **5.** weglassen, überspringen. *Ik will hüt een Måhltiet utlåten* Ran/Sr. – **utlåten**[2] Part.Adj. ausgelassen, wild, außer Rand und Band. – **Utlatt** m./n. 'Auslaß' kleiner Nebenraum oder Anbau einer Scheune oder eines Stalls vereinz.

utlecken sw. abtropfen, Flüssigkeit tropfenweise abgeben. *Låt dei Wäsch up'e Lien utlecken!* Gri/Mi. – **utleddern** sw. jmd. ausschimpfen verstr.

utleggen sw./unr. **1.** an Gewicht zulegen, kräftiger werden. *Dien Jung' hett düchdig utlecht, em passt sien Tüg nich mihr* Dem/Tp. – **2.** den Boden von etwas mit einem bestimmten Material bedecken. – **3.** etwas ausbreiten, auf einer bestimmten Fläche verteilen. – **4.** Geld vorstrecken. *Kannst du eis teigen Mark för mi utlegger?* Gwd/Nu. – **5.** deuten, interpretieren. *De Preester lecht os de Bibel ut* Pyr/Lt.

utleihnen sw. **1.** verleihen. *Man sall sien Geld nich utleihnen* Fra/Zi. – **2.** entleihen. *Ik heff (mi) von em 'n*

Bauk utleihnt Fra/Bn. – **utlichten** sw. auslichten, ausästen verstr. Syn. s. uttelgen. – **utlicken** sw. mit der Zunge auslecken. *Wenn Kauken backt ward, lickt dei Lütt ümmer dei Schöttel ut* Gwd/Ba. – **utlieden** st. nach schwerem Leiden sterben. – **utliewen** sw. **1.** refl., übermäßig viel essen verstr. VPom. – **2.** ausweiten, weiter machen. *De Rock möt 'n bäten utlieft warden, wenn he di passen sall* Rüg/Dm. – **3.** erweitern verstr. VPom, HuMGwd 11,44,4. – **utliggen** st. durch langes Liegen und Ruhen eine Krankheit auskurieren. *Ståh nich to tiedig up, de Gripp möt man utliggen!* Ank/An. – **utlihren** sw. **1.** zu Ende lehren, ausbilden. – **2.** auslernen, seine Ausbildung abschließen. *Utlihren deit man woll dat ganz Läben nich* Gwd/Wo. – **utlohnen** sw. jmd. entlohnen, auszahlen verstr. *Dei Bur künn sienen Knecht noch nich utlohnen* Gwd/Nu.

Utlop m. **1.** eingezäunter Außenbereich am Stall. *Dei Schwien sünd buten in'n Utlop* Dem/De. – **2.** die Möglichkeit, sich im Freien zu bewegen. *Häuhner möten väl Utlop hebben* Gri/Go. – **3.** Stelle, an der Wasser aus einem Graben o.Ä. abfließt verstr. – **Utlopels** n. Ekzem, Geschwür [4]Seg 243. – **utlopen** st. auslaufen. **1.** (aus einem Behälter) herausfließen. *Dat ganze Wåter löppt ut* Stral. Auch: flüssigen Inhalt durch Herauslaufen verlieren. *De Tunn is utlopen* Pyr/Lt. – **2.** den Hafen verlassen, in See stechen. *Dat Schipp löppt hüt ut* Rüg/Sn. – **3.** auf etwas hinauslaufen, in bestimmter Weise ausgehen. *Dat löppt woll up Undœg* [Unsinn] *ut!* Gwd/Ba.

utlöschen sw. **1.** etwas zum Verlöschen bringen. *dat Licht utlöschen* Dem/Kt. – **2.** Geschriebenes auf einer Tafel abwischen. – **utlosen** sw. auslosen verstr. Gebräuchlicher ist utkåweln. – **utlösen** sw. aus etwas herauslösen vereinz. *Knauke utlöse* Knochen vom Fleisch trennen Gbg/Gp. – **Utlucht** f. kleiner Bodenraum, Dachkammer vereinz. – Ral. heißt es über einen Dummkopf: *Dei hett drei Johr up'e Utlucht säten* Ank/An. – **utlüchten** sw. **1.** jmd. heftig zurechtweisen VPom, verstr. MPom HPom. *Un de Schimp? Na, dor süll mi ein' mit kamen, den wull ik utlüchten!* [2]Tib 13. – **2.** jmd. hinauswerfen, fortjagen verstr. VPom. – **utluden** sw. Laute hervorbringen, aussprechen vereinz. *Dei Jung' is heisch, hei kann nich utluden* Gri/Ge. – **utlüden** sw. **1.** aufhören zu läuten. *Dei Klocken hebben all utlüd't* Dem/Tp. – **2.** das Ende von etwas oder einen Sterbefall durch Glockengeläut verkünden. *Dei Klocken lüden dat olle Johr ut* Gwd/Nu. *Sei lüden em ut* sie läuten zu seinem Begräbnis die Sterbeglocke Gri/Bo. – **3.** etwas ausplaudern. *Dat Klatschmul* [Klatschbase] *hett wedder allens utlüd't* Ank/An. – **utluern** sw., refl., sich etwas durch Nachdenken erschließen vereinz. – **utlüften** sw. auslüften. **1.** frischer Luft aussetzen oder ausgesetzt sein. *Wi lüften de Bedden ut* Stett. *De Stuf is nu utlüft't* Saa/Le. – **2.** refl. – **2.1.** sich an der frischen Luft bewegen. – **2.2.** furzen vereinz. – **utlümmeln** sw. jmd. ausschimpfen, gehörig zurechtweisen verstr. – **utlunschen** sw. den Backofen mit einem an einer Stange befestigten Lappen auswischen selt. MPom, vereinz. SPom ZPom. Syn. utlunte. – **utlünsen** sw. Stützstangen für die Leiter am Erntewagen anbringen verstr. HPom, sonst selt. – Zu lünsen[2]. – **utlunte** sw. wie utlunschen verstr. ZPom SPom. – **utlusen** sw. **1.** jmd. ausplündern verstr. – **2.** etwas ausrichten, bewirken verstr. *Dei Oll kann nich recht mihr wat utlusen* Gri/Ge. – **3.** etwas Törichtes tun vereinz. – **utlutschen** sw. auslutschen, heraussaugen.

utmåden sw. (ein Gewässer) von Schlamm und Pflanzenresten befreien verstr. VPom. *Dei Diek is vull Krut, dei möt werrer utmåd't warn* Rüg/Ae. Syn. utmoddern. – Zu Måd[2] Schlamm, Morast. – **utmåhlen** sw. Getreide vollständig mahlen. *Roggen in'e Mœhl utmåhlen* Uec/Pa.

utmaien sw. mit Birkengrün schmücken (bes. zu Pfingsten) verstr. *Pingsten ward dei Stuf utmait* Gwd/Nu.
Lautvar.: *utmeeje* Neu/Ns, *utmijja* verbr. SPom, *utmijjere* Fla/Ta.

utmåken sw./unr. ausmachen. **1.** nicht länger brennen lassen, ausschalten. *He hett dat Füer utmåkt* Ran/Sr; *dat Licht utmåken* Stett. – **2.** etwas verabreden, vereinbaren. *Ik heff mit em de Pacht för dat Land utmåkt* Ran/Pe. *Dat stimmt nich, wi hemm' dat doch ganz anners utmåkt!* Ank/An. – **3.** von jmd. als Störung oder Ärgernis empfunden werden. *Hei möt 'ne lütt Wiel täuben, man dat ward em nicks utmåken* Ank/Br. – **4.** (Kartoffeln) aus der Erde holen, ernten verstr. *In'n Harfst måken wi Tüffel ut* Gri/Go. – **5.** in der Ferne erkennen, wahrnehmen. *Dei Schipper künn noch kein Land utmåken* Gwd/Ba.

utmålen sw. ausmalen. **1.** (Wände) mit Farbe streichen. *Du hest de Stuf schön utmålt* Saa/Le. – **2.** refl., sich etwas in allen Einzelheiten vorstellen. – **utmarachen** sw. jmd. heftig ausschimpfen verstr., HuMGwd 3,1,8. – **utmären** sw. aufhören zu trödeln vereinz. – **utmaschen** sw., fischerspr., ein Loch im Netz sehr sorgfältig (Masche für Masche) flicken vereinz., Ras 38. *Dat Nett mutt utmascht ware* Rum/Ru. – **utmäten** st. ausmessen, vermessen. *Dat Stück Land hemm' wi hüt utmäten* Fra/Bn. – **utmäuden** sw., refl., sich ausruhen vereinz. – **utmeigen** sw. **1.** einen schwer zugänglichen Bereich abmähen. – **2.** beim Mähen mit der Sense in einer Reihe den Vordermann durch schnelleres Arbeiten überholen. – **utmelken** sw., selt. st. **1.** zu Ende melken, das Melken beenden. *Hett dei Melker hüt all utmelkt?* Gwd/Nu. – **2.** das Euter leer melken. *Du mööst dei Kauh rein utmelken!* Gri/Mi. – **3.** jmd. ausplündern vereinz. *Dei Kierl hett mi so utmelkt, dat ik nich einen Gröschen mihr heff* Dem/Tp.

utmergeln sw., veralt., jmd. rücksichtslos ausnutzen vereinz. *Dei Gautsbesitter mergelt sien Lüd' bannig ut* Dem/Ne. – **utmergelt** Part.Adj. **1.** ausgezehrt, entkräftet. *Dei Oll süht so schwack un utmergelt ut* Dem/Kt. – **2.**

nicht mehr ertragreich, unfruchtbar. *Dei Acker is utmergelt* Gwd/Nu.

utmerzen sw. ausmerzen, als für die Zucht ungeeignet aussondern verstr. *de Schåp utmerze* Pyr/Wa. – **utmessen** sw. **1.** den Stall ausmisten. *Dei Kauhstall möt orig utmesst waren* Gwd/Ba. – **2.** jmd. grob ausschimpfen verbr. *Hei hett em so utmesst, dat kein Hund mihr 'n Stück Brot von em nimmt* Fra/Pe. – **3.** refl., seine Notdurft verrichten vereinz. – **utmicheln** sw. jmd. gehörig zurechtweisen vereinz. – **utmieten** sw. Hackfrüchte (im Frühjahr) aus einer Miete herausholen vereinz. – **utmöbeln** sw. **1.** möblieren verstr. – **2.** jmd. ausschelten vereinz. – **utmoddern** sw. (ein Gewässer) von Schlamm und wuchernden Pflanzen befreien verbr. *Wi willen denn Diek utmoddern* Gri/Mi. Syn. utmåden.

Utnåhm f. Ausnahme verstr. *Dat wier 'ne grode Utnåhm, dat hei sich hier uk seihn leet* Gwd/Ba. – **utnähmen** st. ausnehmen. **1.** ein Vogelnest plündern. *Dei Bengels hemm' all werrer Nester utnåhmen* Uec/Ue. – **2.** einem erlegten oder geschlachteten Tier die Innereien entnehmen. *Ik mutt Fisch utnähme* Saa/Le. Wenn jmd. seine Ärmel aufkrempelt, fragt man scherzh.: *Wat wist du denn hüt utnähmen?* Gri/Go, ähnl. vereinz. – **3.** jmd. schröpfen, auf listige Weise um sein Geld bringen. *Se hemm' mi bi't Koortenspäl schön utnåhmen* Ran/Sr. – **4.** ein Nutztier kastrieren vereinz. – **5.** refl., eine Ausnahme darstellen, sich von etwas abheben vereinz., JostWb 112.

utnarwen sw. Lücken im Bewuchs aufweisen vereinz. – Zu Narf Grasnarbe. – **utneigen** sw. **1.** etwas mit einer Stickerei versehen. *Strümp utneigen* Fra/Ln. – **2.** Reißaus nehmen, davonlaufen. *De Lüd [...] neigten ut, so fix as't man gahn wull* [10]Band 79. *As dei Knieper* [Polizist] *keem, neigten dei Bengels ut* Stral. → utbücksen. – **utnüchtern** sw. ausnüchtern verstr. – **utnücken** sw. eine Phase schlechter Laune hinter sich lassen vereinz. VPom. *Hest du nu utnückt? Denn willen wi uns man werrer verdrägen* Rüg/Ae. – **utnusseln** sw. (einen Rausch) ausschlafen verstr. – **utnussen** sw. dass. verstr. – **utnütten** sw., *utnutzen*, *utnützen* verstr., ausnutzen. **1.** vollen Gebrauch von etwas machen. – **2.** jmd. rücksichtslos für eigene Zwecke heranziehen.

utoorten sw. **1.** aus der Art schlagen, charakterlich nicht taugen. – **2.** degenerieren, weniger Ertrag bringen (von Pflanzen). – **3.** ein normales Maß in negativer Hinsicht überschreiten. Rechtfertigung eines Faulenzers: *Daun mag ik giern wat, blot dat möt nich in Arbeit utoorten!* Gwald. – **utösen** sw., seem., Wasser (mit dem Ösfatt) aus dem Boot schöpfen verstr. vpom. Küste, sonst selt.

utpacken sw. **1.** Eingepacktes auswickeln oder aus einem Behältnis herausnehmen. *Wi willen dei Kufferts utpacken* Gwd/Nu. – **2.** etwas in aller Ausführlichkeit mitteilen, was man bislang verschwiegen hat. – **3.** gebären, niederkommen vereinz. *De Fru is binåh veertig Johr, man sei hett noch utpackt* Ran/Na. – **utpålen** sw. Hülsenfrüchte aus den Schoten lösen. *Arfte un Bohne utpåle* Cam/Pr. – **utpannen** sw. **1.** etwas als Pfand zurückbehalten, in Beschlag nehmen. *Dei Köster hett mi dat Taschenmetz utpannt* Rüg/Ae. – **2.** verpfändetes Gut, das jmd. nicht auslösen kann, gerichtlich einziehen lassen. – **Utpanner** m. Gerichtsvollzieher verstr. – **utpedden** sw. **1.** Schuhwerk durch beständiges Tragen ausweiten. *Dei Schauh möt ik noch 'n bäten utperren* Gri/Mi. – **2.** etwas Brennendes durch Darauftreten löschen. *Wi möten dat Füer utpedden* Gwd/Nu. – **3.** durch Treten aus etwas herauslösen. *Arften utpedden* Erbsen aus den Schoten lösen, indem man mit Holzschuhen darauftritt Gwd/Ze. – **utpennen** sw. ausschlafen verstr. – **utpesen** sw. davonlaufen, ausreißen vereinz. *Dei Knecht is em all nåh drei Dåg utpeest* Büt/Bt. Syn. s. utbücksen. – **utpicheln** sw. genüßlich austrinken vereinz. *Dei Kierl hett dei ganze Buddel utpichelt* Gri/Mi. – **utpicken**[1] sw. mit dem Schnabel aushacken, aushöhlen verstr. – **utpicken**[2] sw. mit Pech abdichten verstr. *dei Boot utpicken* Gwd/Ba. – **utpietschen** sw. auspeitschen. – **utpinnen** sw. **1.** mit kleinen Nägeln befestigen verstr. *Liesten utpinnen* Gwald. – **2.** Reißaus nehmen, fortlaufen vereinz., HuMGwd 10,49,7. Syn. s. utbücksen. – **utpissen** sw. **1.** urinieren, Wasser lassen. – **2.** zu Ende pinkeln. – **utpladdern** sw. **1.** Flüssigkeit verschütten. *Dei Jung' hett dei Supp utpladdert* Gwd/Ba. – **2.** etwas ausplaudern vereinz. – **utplanten** sw. auspflanzen, ins Freiland setzen. *Toback utplanten* Pyr/Lt. – **utplappern** sw. etwas ausplaudern verstr. *Hei kann nich schwiegen, hei plappert ümmer allens ut* Gwd/Nu. – **utpläugen** sw. auspflügen, aus der Erde pflügen. *Dei Bur hett 'n groden Stein utpläugt* Dem/Kt. – **utplœtern** sw. **1.** refl., sich finanziell verausgaben verstr. – **2.** jmd. Geld abnehmen vereinz. *Se hebben em utplœtert bet up't Hemd* Ran/Pe. – **utplücken** sw. etwas auszupfen. *Wi willen Unkrut utplükken* Gri/Gm. – **utpludern** sw. etwas ausplaudern verstr., [1]Kal 107. – **utplünnern** sw. ausplündern. *Sei hemm' mi bi't Koortenspäl bannig utplünnert* Gwd/Ba. – **utplusen** sw. **1.** (Federn) ausrupfen verstr. *Dei Häuhner seihn so utpluust ut* Fra/Zi. – **2.** jmd. ausnehmen, schröpfen verstr. – **utpöllen** sw. **1.** Hülsenfrüchte aus den Schoten herauslösen. *Arfte utpölle* Gbg/Gp. – **2.** fischerspr., Fische aus dem Netz herauslösen verstr., Ras 60. – **3.** refl., wie utpoppen vereinz. – **utpoppen** sw., refl., Kleidung ablegen, sich ausziehen vereinz. VPom MPom. – **utposaunen** sw. ausposaunen, ausplaudern. *Se hett de Såk in't ganze Dörp utposaunt* Pyr/Lt. – **utposen** sw. Federn ausrupfen vereinz. – **2.** jmd. ausnehmen, schröpfen vereinz.

utpowern sw. **1.** jmd. ausbeuten, aussaugen. *Dei Inspekter wier giftig* [der Gutsverwalter war boshaft], *hei hett dei Daglöhners utpowert* Dem/Kt. – **2.** den Boden auslaugen, unfruchtbar machen. *Dei Acker is all so utpowert, dor wasst nicks mihr* Dem/Tp.

utpräuben sw. ausprobieren verstr. – **utpressen** sw. auspressen verstr. *Wi möten Johannsbeern tau'm Wien utpressen* Gwd/Ba. – **utpricken** sw. etwas mit Pflöcken oder Stangen markieren vereinz. *Dat Fohrwåder is utprickt* Fra/Bn. – **utpudeln** sw. ausschimpfen, ausschelten selt. VPom, verstr. MPom HPom. – **utpuken** sw. auszupfen vereinz. *Fisch utpuken* Fische aus dem Netz herauslösen Rüg/Gl. – **utpükern** sw. dass. vereinz. *Gras utpükern* Dem/Tp. – **utpulen** sw. **1.** aus der Schale oder Schote herauslösen. *Wi möte Arfte utpule* Nau/De. – **2.** mühevoll aus etwas entfernen, herausklauben. *'n Splerrer ut'e Hand utpulen* Gwd/Nu. – **utpunnen** sw. pfundweise abwiegen (bes. für den Verkauf). *Hei hett 'n Deil von't Schwien utpunnt* Gwd/Ba; *Bodder utpunnen* Rüg/Dm. – **utpünnig** Adj., veralt., prächtig [2]ADAM 90. Hist.: *Utpündig* DÄHWB 513. – **utpurren** sw. **1.** mit einem spitzen Gegenstand reinigen, auskratzen. *Ik möt dei Tobackspiep utpurren* Gri/Ti. – **2.** seem., jmd. turnusmäßig wecken. *Hei purrt dei Wach ut* Fra/Ah. – **utpütten** sw. **1.** Flüssigkeit verschütten, vergießen vereinz. *Pütt doch nich dei ganze Melk ut!* Gwd/Ba. – **2.** Flüssigkeit herausschöpfen vereinz. *Wi möten dat Wåder utpütten* Wasser (aus einem Boot) schöpfen Gri/St. – **utputzen** sw. **1.** etwas ausschmücken, dekorieren. *Dei Kark is tau desen Dag mit Gräuns un Blaumen utputzt* Kol/Nr. – **2.** refl., sich auffällig anziehen, herausputzen. → upfidummen. – **3.** jmd. zurechtweisen, ausschimpfen. *Ik heff 'ne Schöttel intweischmäten, de Kæksch hett mi bannig utputzt* Rüg/Dm. – **4.** auslichten, entästen. *Dat ward nu Tiet, dei Böm möten utputzt warn* Dem/Tp. Syn. s. uttelgen. – **5.** restlos aufessen vereinz. – **utpuusten** sw. auspusten. **1.** durch Pusten verlöschen lassen. *Ik will nu dat Licht utpuusten* Stral. – **2.** Eier ausblasen. *Ijje utpuusta* Dra/Dr.

utquaddern sw. behelfsmäßig auswaschen verstr. MPom, sonst selt. – **utqualstern** sw. zähen Schleim ausspucken verbr. – **utqueddern** sw. auspressen, ausdrükken vereinz. MPom HPom. *Hannsbeere utqueddre* Sto/Dö. – **utquetschen** sw. **1.** Flüssigkeit herauspressen. – **2.** jmd. gründlich ausfragen. – **3.** refl., sich sprachlich in mühsamer Weise äußern verstr. – **utquienen** sw. eine Krankheit überstehen, auskurieren vereinz. – **utquosen** sw. etwas ausplaudern vereinz.

utrachen sw. ausschimpfen, ausschelten verstr. MPom HPom. – **utracken** sw. **1.** herauskratzen. *Wi racken Tüften ut* wir ernten Kartoffeln mit einem Kratzer Gwd/Ba. *Krut racken* Unkraut herausrupfen Neu/We. – **2.** das Euter leer melken verstr. *Dei Melker hett hüt acht Köh utrackt* Cam/Ni. – **3.** jmd. ausschimpfen. *As he besåpen nåh Hus keem, hett se em bannig utrackt* Rüg/Dm. – Ral.: *Utracken deit nich weih, un Schacht duert nich lang, säd de Jung* HUMGWD 11,6,7. – **utrackern** sw., refl., sich austoben, wild spielen vereinz.

Uträd f. **1.** Ausrede, Ausflucht. *Dei Kierl weit up allens 'ne Uträd* Dem/De. *Dat sünd doch bloots dæmliche Uträden!* Gwald. Scherzh. Drohung: *Wettst keen Uträd, jifft't Schacht!* Uec/Pa, ähnl. verstr. – Sprw.: *'ne gaude Uträd is 'n Dåler wiert* Ank/Km, ähnl. verstr. – **2.** klärendes Gespräch, Unterredung vereinz. *Wenn wi uns doræwer verstännigen willen, möten wi ees 'ne Uträd hollen* Rüg/Dm. – **3.** Art des Aussprechens, Sprechweise vereinz. *Dei hett 'ne komische Uträd* Lau/GW.

Phras. zu 1.: Scherzfr.: *Worüm hett dei Düwel sien Großmurrer dotschlån? = Wiel sei kein Uträr wüsst* Gri/Bo, ähnl. verstr. – Sprüche: *Wecker kein Uträd wett, is nich wiert, dat hei in Verlägenheit kümmt* Gwd/Ba, ähnl. vereinz. *Harr dei Düwel kein Uträr wüsst, harr hei sien Großmudder friegen müsst* Fra/Bn.

uträden sw. **1.** ausreden, zu Ende reden. *Låt mi ierst uträden, ik möt noch wat seggen!* Gri/Mi. – **2.** refl. – **2.1.** sich etwas von der Seele reden. *Nu räd di bi mi man reigen ut!* Ank/An. – **2.2.** sich mit jmd. aussprechen. *Sei mücht sich giern mit dei Frugens uträden* Gri/Ti. – **2.3.** sich herausreden, Ausflüchte machen. *Dei Bengel weit sich uk ümmer uttauräden!* Fra/Br. – **3.** jmd. etwas ausreden. *Ik will em dei Såk uträden* Dem/Tp. – **utråden**[1] st., selt. sw. **1.** raten, erraten verstr., HOMWB 221, JOSTWB 112. – **2.** etwas durch das Los oder durch Würfeln bestimmen verstr. *'ne Låg Bier utråden* ausknobeln, wer eine Runde Bier bezahlt Gwd/Ba. – **utråden**[2] sw. ausroden verstr. *Wi möten dei Dannen utråden* Fra/Zi. – Ral.: *Mit di kann man Böm utråden!* auf dich ist Verlaß! Gwd/Nu, ähnl. vereinz. – **uträken** sw. etwas ausrechnen. *De Jung' hett de Upgåf fix uträkent* Rüg/Al. – **utrangschieren** sw. ausrangieren verstr. *Dei ollen Kleeder heww ik all utrangschiert* Gri/Gm. – **utranzen** sw. jmd. grob tadeln verstr. – **utraugen** sw., refl., sich ausruhen. *Låt em sich doch ierst 'n Ogenblick utraugen!* Gwd/Ba. In fester Vbdg.: *utraugt Land* Ackerland, das längere Zeit unbestellt geblieben ist Rüg/Ae.

Utraup m. Auktion, Versteigerung vereinz., HOMWB 221. Syn. Aukschon. – **utraupen** st. **1.** durch Ausrufen mitteilen, öffentlich bekanntgeben. *Dei Nachtwächter röppt dei Stunnen ut* Fra/Zi. – **2.** etwas versteigern vereinz. – **Utrauper** m. **1.** Ausrufer. *Dei Utrauper in'e Stadt bruukt 'ne Bimmel* Gwd/Ba. – **2.** Auktionator vereinz.

utrawweln sw. **1.** etwas Gestricktes auftrennen verstr. *Ik will dei Strümp utrawweln* Dem/De. – **2.** ausfasern, ausfransen verstr. *Dei Lien rawwelt all ut* Gri/Mi. – **utrekken** sw. **1.** etwas so weiten, daß es die Form verliert. *Sei hett denn Stoff dull utreckt* Stett. *Dei Bücks is utreckt* die Hose ist ausgeleiert Gwd/Nu. – **2.** refl., sich recken, die Glieder ausstrecken. *Ik will mi bloß noch richdig utrecke, denn ståh ik up* Büt/Bt. – **3.** in der Fügung: *denn ganzen utreckten Dag* den lieben langen Tag verstr. VPom. Vgl.

utschlågen. – **utregieren** sw. keine Macht mehr ausüben, wirkungslos werden verstr. Zumeist auf Krankheiten bezogen: *Ståh nich tau tiedig up, dei Gripp möt ierst utregieren!* Dem/Tp. – **utreiken** sw. **1.** ausreichen, genügen. *Dat Äten ward woll utreiken* Gwd/Nu. – **2.** mit etwas auskommen, reichen verstr. *Mit usem Brot reike wi hüt noch ut* Nau/De; *mit dat Geld utreiken* Fra/Bn. – **Utreis'** f. das Ausfahren von Schiffen zu einer Seereise. *Dei Anna Viktoria was noch 'n niges Schipp, dei ehr ierst Utreis' maken süll* NIB 12. – **utreisen** sw. zu einer Reise aufbrechen (bes. mit einem Schiff) vereinz. – **utreistern** sw. ausflikken vereinz. – Ral.: *Di war ik denn Moors utreestern!* dir werde ich den Hintern versohlen! Ran/Ro. – **utremsen** sw. jmd. ausschelten vereinz. – **utrenken** sw. ausrenken. *Ik heff em woll denn Arm utrenkt* Gwd/Ba. – **utrichten** sw. ausrichten. **1.** eine Festlichkeit (auf eigene Kosten) veranstalten. *Vadding hett all drei Hochtieden utricht't* Gwald. – **2.** etwas bewirken, zustande bringen. *Mit dat Jeld kann ik nich väl utrichten* Ran/Pe. – **3.** jmd. etwas im Auftrag eines Dritten übermitteln. – **Utrichting** f., jünger auch *Utrichtung*, größere Festlichkeit verbr. HPom, sonst vereinz. *De hett 'ne grot Utrichting måkt, un nu reekt de Jeldbüdel nich* Ran/Pe. – **utrieben** st. ausreiben, durch Reiben aus etwas entfernen. – **utrieden** st. **1.** einen Ausritt machen. – **2.** durch Darüberreiten ausdreschen (bes. auf Raps und Erbsen bezogen) verstr. *Sei rieden Arften ut* Gri/Mi. *Wi wille Rapp utriere* Gbg/Gz.

utrieten st. **1.** etwas ausreißen, mit einem Ruck herausziehen. *Dat Kind hett dei Blaumen uträten* Fra/Zi. – Ral.: *Du warst mi de Wåre* [Waden] *nich utriete!* du bist mir nicht gewachsen, bist viel zu harmlos! Sto/Kr. – **2.** durch einen Riß brüchig werden; aufreißen. *Dat Kleed is to knapp neigt, dat ritt all ut* Gri/Mi. – **3.** Reißaus nehmen, davonlaufen. *Ik wull em griepen, œwer dei Bengel reet mi ut* Fra/Br. – Ral.: *Di is woll eener uträten!* du bist wohl verrückt! Ran/Ro, ähnl. verstr. Abschätzig urteilte man früher über Dienstpersonal, das vorzeitig kündigte: *Wecker all vör een Johr utritt, ritt ümmer ut!* Rüg/Zi, ähnl. verstr. – Sagw.: *Man nich ängstlich, säd de Mann, don reet hei vör sienen eegen Schatten ut* HUMGWD 11,20,11. → utbücksen. – **4.** etwas Törichtes tun, eine Dummheit anstellen verstr. – **Utrieter** m. Kind, das von zu Hause fortgelaufen ist.

utritschen sw. davonlaufen, Reißaus nehmen verstr. *Dei Jung' süll nåhsitten, is œwerst utritscht* Fra/Zi. Syn. s. utbücksen. – **utrökern** sw. ausräuchern. **1.** durch Rauch vertreiben, verjagen. *Wi willen dei Wanzen utrökern* Dem/De. Übertr.: jmd. hinausekeln. *As de Kierl sien Mul uprieten wull, hebben wi em utrökert* Rüg/Dm. – **2.** (einen Raum) mit Rauch desinfizieren. *Se hett de Stuf mit Machangel* [Wacholder] *utrökert* Ran/Pe. – **utrotzen** sw. **1.** ausschnauben vereinz. – **2.** jmd. grob tadeln vereinz. – **utröwern** sw. ausplündern, ausrauben verstr. *Se hebben mi bi 'n Skåt orig utröwert* Gwd/Ba. – **utrücken** sw. heimlich verschwinden, davonlaufen verstr. *Dei Kierl is mit 'e Kass utrückt* Gwd/Nu. → utbücksen. – **utrümen** sw. ausräumen, leer räumen verstr. *Se hebben dat ganz Hus utrüümt* Pyr/Lt. – **utruppen** sw. ausrupfen verstr. *Dat Unkrut ward utruppt* Fra/Bn. – **utrusseln** sw. herausrieseln vereinz. *Dat Kuurn russelt ut* überreife Getreidekörner rieseln aus den Ähren Dem/Kt. – **utrüsten** sw. jmd. mit etwas ausrüsten verstr. – **utrutschen** sw. **1.** ausrutschen, ausgleiten. *Sei is up 'e Trepp utrutscht* Dem/Tp. – **2.** sich einen Ausrutscher leisten, eine Dummheit begehen.

utsabbeln sw., refl., sich bei jmd. aussprechen vereinz. – **Utsåg** f. **1.** Aussage, mündliche Mitteilung. – **2.** Art und Weise, wie man etwas ausspricht Rum/Tr, Sto/Wd. Gebräuchlicher ist das Syn. Utspråk. – **utsägeln** sw. **1.** seem., fortsegeln, eine Fahrtstrecke absegeln. – **2.** müllerspr., die Stoffbespannung der Windmühlenflügel einrollen verstr. MPom, [2]REH 194. – **utsågen** sw. mit einer Säge ausästen. *Wi möten dei Böm utsågen* Dem/De. – **utsammeln** sw. (Feldfrüchte) nach Größe oder Qualität sortieren. *Tüffel un Arften utsammeln* Gri/Mi. – **Utsåt** f., selt. n., Aussaat. **1.** das Aussäen. Bäuerliche Regel: *Tiedig Utsåt gifft dat beste Kuurn* Gwd/Da. Zum früheren Brauchtum rund um die Aussaat s. UP 15,95ff. – **2.** Saatgut. *Dei Bur hett nich dei Utsåt rutkrägen, so schlicht hett dat lohnt* Gwd/Ba. – **utsäuken** sw./unr. **1.** aussuchen, auswählen. *Wat hett sei sich för 'n Kleed utsöcht?* Dem/Kt. Abweisend zu jmd., der für sich etwas Besonderes beansprucht: *Utsöcht ward hier nich!* Ank/An, ähnl. verstr. – **2.** etwas nach Größe oder Qualität sortieren. *Äppel utsöke* Pyr/Wi. – **utsäwen** sw. aussieben, durch Sieben reinigen verstr. *Mähl utsäwen* Dem/Tp.

utschåben sw. ausschaben vereinz. *Dat Lerrer möt got utschåwt warn* Rüg/Zi. – **utschachten** sw. **1.** (mit einem Stock) verprügeln. *Dei Köster hett denn driesten Bengel orig utschacht't* Gwd/Ba. – **2.** ausschachten, ausschaufeln. – **utschålen** sw. (sich) aus der Schale lösen vereinz. – **utschämen** sw. jmd. ausschimpfen vereinz. – **utschandieren** sw. jmd. heftig tadeln vereinz., HCMWB 221. – **utschäpeln** sw. Getreide scheffelweise ausmessen vereinz. – **utschäpen** sw., fischerspr., Netze aus dem Boot laden verstr. vpom. Küste, [1]PEE 125f.

Ütsche n. Koswewort für ein (junges) Schwein verstr. VPom. Vgl. Nütsche.

utschechten sw. **1.** weit ausschreiten, große Schritte machen verstr. – **2.** davonlaufen, ausreißen vereinz. Gebräuchlichere Syn. s. utbücksen. – **utscheiden** sw., selt. st. **1.** mit etwas aufhören, bes. mit einer Arbeit. *Dei Fischer hett hüt all tiedig utscheid't* Fra/Zi. *Wenn dei Sünn unnergeiht, denn scheid ik ut* Gwd/Kr. – **2.** aus einer Gemeinschaft ausscheiden, austreten. *ut 'e Kommün utscheiden* Gwd/Wc. – **3.** veralt., sterben. *Grotmudder is* *all lang utscheid't* Gwald. – **utscheiten** st. **1.** sich nach außen wölben, seitlich hinausgleiten. *Man möt ümmer so låden, dat't Fäurer Heu nich utscheiten kann* Dem/Tp. – **2.** sprießen, austreiben. *De Böm scheite all ut* Pyr/Wi. – **3.** ausbleichen, verblassen. *Dat Kleed is bannig utschåten* Gri/Ti. – **utschellen** st., vereinz. sw., ausschelten verbr. – **utschenken** sw., selt. st., ausschenken. *Bier un Wien utschenken* Gwd/Nu. Prügelandrohung: *Ik war di glieks weck utschenken!* Gri/Go. – **utscheren** st./sw., seem., ausscheren, seinen Kurs verlassen. – **utschettern** sw. Geld vergeuden, unnütz ausgeben. *Dei schettert väl ut, hei süll leiwer sporen* Gri/Ti. – **utschicken** sw. jmd. ausschicken, aussenden. Ausruf der Verärgerung, wenn jmd. sehr lange gebraucht hat, um eine Besorgung zu erledigen: *Di schick man einer ut!* Dem/Tp. – **utschieren** sw. **1.** Eier durchleuchten, um zu prüfen, ob sie befruchtet sind. – **2.** Dachstroh glätten vereinz. – **utschieten** st. **1.** etwas über den Darm ausscheiden. *Hei süht so utschäten ut* er sieht so bleich, elend aus Dem/De. – **2.** refl., den Darm völlig entleeren. Grobe Abweisung: *Gåh hen un schiet di ut!* Gri/Mi, ähnl. verstr. – **3.** das Ausscheiden von Kot beenden. – Ral.: *Bi mi hest du utschäte!* mit mir hast du es dir endgültig verdorben! Kol/Go, ähnl. verbr. – **utschimpen** sw. jmd. ausschimpfen, ausschelten. – **utschirren** sw. abschirren vereinz. *Du kannst dei Pierd utschirren* Gri/Mi. Gebräuchlicher ist afschirren. – **utschlachten** sw. die Eingeweide geschlachteter Tiere entfernen verstr. – **utschlackern** sw. ausleiern. *Dei Ass* [Achse] *is all bannig utschlackert* Gri/Ti. – **utschlackert** Part.Adj. ausgehungert verstr. Syn. utschlœkert. – **utschladdern** sw. etwas ausplaudern verstr.

Utschlag m. **1.** Hautausschlag, Ekzem, Pickel. *Dat Kind hett Utschlag an'n Mund, dat bruukt 'ne Salf* Gwd/Ba. – **2.** in der Fügung: *denn Utschlag gäben* ausschlaggebend für etwas sein. – **utschlågen** st. **1.** schlagend aus etwas herauslösen. *Pass doch up, du hest mi binåh 'n Tähn utschlån!* Gwd/Ba. – **2.** (mit den Hufen) nach jmd. schlagen, um sich treten. *Dat Peerd schleet hinnen ut* Pyr/Lt. – **3.** sprießen, neue Triebe ausbilden. *Dat geiht tau'm Frühjohr, dei Böm schlån all ut* Use/Sw. – **4.** etwas (mit Stoff) auskleiden. – **5.** etwas Angebotenes ablehnen. *He schleet keen Vergnögen ut* er ist lebenslustig Rüg/Be. – **6.** Feuchtigkeit absondern. *Dei Wäsch schleit ut* die Wäsche trocknet allmählich Gri/Go. – **7.** in der Fügung: *denn ganzen utslån Dag* den lieben langen Tag Rüg/Ae, ähnl. verstr. Vgl. utrecken.

utschlåpen st. ausschlafen. *Nu lech di man hen un schlåp di ut!* Use/Sw. – Scherzfr.: *Wat möt 'n daun, üm gaud uttauschlapen? = Inschlapen* HuMGwd 75,1f.,4. – **utschlœkert** Part.Adj. ausgehungert. *Dei arm Kierl is so utschlœkert, dei möt ierst wat äten un drinken* Dem/De. Syn. utschlackert. – **utschlöpen** sw. **1.** Kleidung ablegen, sich ausziehen verstr. Zumeist refl.: *Dei schlööpt sik siene Jack ut* Gwd/Ze. – **2.** jmd. finanziell ausnutzen verstr. – **utschludern** sw. Kartoffeln mit der Rodemaschine ernten vereinz. MPom, Cam/Kw. – **utschlusen** sw. aus der Schale oder Hülse herauslösen vereinz. *Hest du dei Arfte all utschluust?* Nau/De. – **utschluten** st. **1.** jmd. aussperren. *Wenn du nich to Tiet nåh Hus kimmst, war ik di utschlute* Büt/Bt. – **2.** jmd. aus einer Gemeinschaft ausschließen. – **3.** jmd. an etwas nicht teilhaben lassen. – **utschluwe** sw. wie utschlusen verstr. NOPom, HomWb 223. – **utschmäle** sw. jmd. ausschimpfen vereinz. NOPom, HomWb 223. – **utschmären** sw. **1.** mit einer streichfähigen Masse ausschmieren. *dei Form utschmären* die Backform einfetten Gwd/Wo. – **2.** jmd. schwere Vorwürfe machen. *As ik nachts nåh Hus keem, hett miene Fru mi bannig utschmäärt* Rüg/Dm.

utschmieten st. **1.** etwas durch eine werfende Bewegung in eine bestimmte Position bringen, zu Wasser lassen. *Nu ward de Angel utschmäten* Uec/At; *dei Netten utschmieten* Gwd/Wc. – **2.** streuend verteilen, nach außen schleudern. *Mess utschmieten* Dung auf dem Feld verteilen Pyr/Lt. – **3.** durch Werfen aus etwas herauslösen, zerstören. – Sagw.: *Dat's so'n Treffen, seggt de Jung un schmeet den Ossen dat Oog ut* HuMGwd 5,6,3. – **Utschmieter** m., fachspr. **1.** Arbeiter, der die Torferde aus der Grube wirft vereinz., HückA 82. – **2.** Spaten, mit dem in einer Grube Torf gestochen und ausgeworfen wird vereinz.

utschmoken sw. **1.** durch Rauch desinfizieren vereinz., HomWb 223. *dei Stuf utschmoke* Gbg/Ge. – **2.** jmd. verprügeln vereinz. MPom HPom. – **utschmökern** sw. **1.** durch Rauch desinfizieren verstr. *dei Kåmer utschmökern* Dem/Tp. – **2.** durch Rauch vertreiben, verjagen verstr. *dei Immen utschmökern* Gwd/Ba. – **utschneideln** sw. ausästen, überflüssige Zweige entfernen vereinz. *Dei Åftböm möten utschneidelt warden* Gri/Go. Syn. s. utelgen. – **utschnieden** st. **1.** schneidend aus etwas heraustrennen. *Biller utschnieden* Gwd/Nu. – **2.** auslichten. *Wi möten dei Böm utschnieden, dor sitten väl drög Telgen* Dem/De. – **3.** ein Tier verschneiden, kastrieren. *Wi wille de Hingst utschniede tum Wallach* Sto/Gl. Früher wurde ungebärdigen Kindern scherzh. gedroht: *Pass up, di war ik utschniede!* Nau/De, ähnl. verstr. – **Utschnieder** m. jmd., der Nutztiere kastriert vereinz. – **Utschnitt** m. Ausschnitt an Kleidungsstücken. *Ehr Kleed hett 'n wieden Utschnitt* Gwd/Ba. – **utschnuben** st. ausschnauben, sich schneuzen. *Schnuf doch ut, treck nich ümmer up!* Cam/Ca. Abweisend zu einem vorlauten Kind: *Schnuf di man ierst dei Näs ut!* Fra/Zi, ähnl. verstr. – **utschœlen** sw. ausspülen. **1.** durch Spülen reinigen. *Schœl man dei Wäsch in'e Bäk ut!* Uec/Ue. *Schöttels un Pött möten noch utschœlt warden* Gwd/Nu. Vgl. utspäulen. – **2.** durch Wassereinwirkung aushöhlen, unterspülen. *Dei Rägen hett denn ganzen Wech utschœlt* Fra/Dr. – **utschörten** sw. mit Randstickereien verzieren verstr. Syn. langettieren. – **Utschott** m./n., auch *Utschuß*. **1.** minderwertige, unbrauchbare Ware. *Dat's nicks as Utschott, wat du köfft hest* Gwd/Nu. – **2.** junger Pflanzentrieb, Schößling. *Böm un Strük kriegen in't Frühjohr frischen Utschott* Gwald. – **utschöwen** sw., fachspr., Stroh oder Rohr zum Dachdecken auslesen vereinz. – **utschrammen** sw. ausreißen, davonlaufen vereinz. Gebräuchlichere Syn. s. utbücksen. – **Utschråpels** n. ausgekratzte Speisereste verstr. – **utschråpen** sw. anhaftende Reste auskratzen, ausschaben verbr. *Ik heff dree Pött utschråpt, dat gifft uk noch 'ne Måhltiet* Rüg/Zi. – **utschrieben** st. **1.** schriftlich ausfertigen, bescheinigen. *Schrief mi eis 'n Zettel ut!* Gwd/Ba. – **2.** fachspr., als Lehrling aus der Handwerksrolle austragen und zum Gesellen erklären. *Wenn dei Lihrling Gesell ward, ward hei utschräben* Dem/Kt. – **utschrieden** st. ausschreiten vereinz. *Ik möt gaut utschrieden, dat ik tiedig in'e Stadt bün* Ank/Br. – **utschüddeln** sw. ausschütteln. *dei Bedden utschüddeln* Gwd/Nu. – **utschüdden** sw. **1.** etwas aus einem Behälter schütten. *Dat rägent, as wenn dat Wåder mit Mollen utschüdd't ward* es regnet heftig Stral. – **2.** durch Ausschütten leeren. *Wi willen dei Säck in'e Schün utschüdden* Gwd/Wc. – **utschüern** sw. ausscheuern. *Kätels un Pött warden gaut utschüert* Dem/De. – **utschüffeln** sw. hinausschaufeln. *Wårer utschüffeln* Wasser aus einem Boot schöpfen Rüg/Gl. – **utschülpe(r)n** sw. Flüssigkeit verschütten verstr. *Pass doch up, du schülperst dei Melk ut!* Ank/An. – **utschüppen** sw. **1.** durch Schaufeln herstellen. *'n Graff utschüppen* Gwd/Ba. – **2.** wie utschüffeln. – **utschuten** sw., kindspr., jmd. verspotten, verhöhnen verstr. – Zu schut. – **utschutern** sw. **1.** etwas mit jmd. tauschen verstr. *Mit mienen Fründ schuter ik ümmer Breefmarken ut* Rüg/Dm. – **2.** etwas (versehentlich) vertauschen verstr. *Dei Häwamm hett dei Kinnings bi dei Geburt utschutert* Rüg/Ae. – **Utschüwer** m., fischerspr., loses Rundholz zur Verlängerung des Klüverbaums von Zeesbooten vereinz. vpom. Küste, [1]Pee 257. Vgl. Driftbom. – **utschwåden** sw. Getreide so mähen, daß es in Reihen liegt verstr. – **utschwälen** sw. durch schwelenden Rauch desinfizieren verstr. *Wi schwälen dei Stuf ut* Ghg/Gr. – **utschwäweln** sw. **1.** durch Schwefeldampf keimfrei machen vereinz. *Buddels utschwäweln* Fra/Br. – **2.** Insekten durch Schwefeldämpfe vertreiben vereinz. *Immen utschwäweln* Gri/Ti. – **utschweiten** sw. **1.** ausschwitzen, durch Schwitzen ausscheiden. *Wat du drinken deest, mööst du alls werrer utschweeten* Pyr/Lt. *Ik will dei Krankheit utschweiten* mit einer Schwitzkur behandeln Fra/Zi. – **2.** etwas verschwitzen, vergessen. *Sienen Buurtsdag heww ik ganz un gor utschweit't* Rüg/Ae. → vergäten[1]. – **utschwenken** sw. 'ausschwenken' jmd. verprügeln. Zumeist in der Fügung: *ein' dei Jack utschwenken* Gri/Mi, ähnl. vereinz.

utseggen sw./unr. (öffentlich) eine Aussage machen. *Hei is Tüg, hei sall utseggen vör Gericht* Gwd/Ba. – **utseigen** sw. aussäen. *Ik möt noch 'n Schäpel Arften utseigen* Gri/Go. Vgl. verseigen.

utseihn st. **1.** aussehen, einen bestimmten Anblick bieten. *Dei Twillings seihn ganz œwerein ut* Fra/Zi. *Wat süht dat Mäken schmuck ut!* Dem/Kt. *Se süht in dat Kleed sihr ståtsch ut* Gwald; *surpöttsch utseihn* Gri/Gm. – Sprw.: *As dei ein heit, süht dei anner ut* einer ist wie der andere, sie taugen alle nicht viel Gri/Go, ähnl. verstr. *So as de ein lett, süht dei anner ut* dass. Ank/Br, ähnl. verstr. – **2.** einen bestimmten Anschein machen. *Dat süht so ut, as wenn't 'n Brutpor is* Fra/Pu. *Dat süht hüt nåh Rägen ut* Gwd/Nu. Gereimter Trost: *Süht uk alls ut so schlecht, treckt sich alls werrer trecht* Fra/Br, ähnl. vereinz. – **3.** für etwas aussehen, auswählen. *Ik heff mi dat Kleed sülfst utseihn* Gwd/Ba. *Hett dei Diern sik noch keinen Mann utseihn?* Dem/De.

Phras. zu 1.: In zahlreichen phraseologischen Vergleichen wird ausgedrückt, daß jemand einen elenden, blassen oder abgemagerten Eindruck macht: *utseihn as dei düere Tiet* Dem/Kt; *utseihn as 'n höltern Herrgott* Gwd/Ze; *utsehn as 'ne aftreckt Katt* Rüg/Pu; *utseihn as utschäten* Gri/Go; *utseihn as Wadäick un Weihdåg* Ank/Km. – Weitere feste Vergleiche mit anderen Bedeutungen: *utseihn as Melk un Blaut* rosig, gesund, hübsch aussehen Gwd/Nu; *utsehn as 'ne Katt, wenn't dunnert* ängstlich oder verdutzt aussehen Pyr/Lt; *utseihn as dei Kauh vör'n Hinnelsten* sehr schmutzig aussehen Fra/Br.

Utseihn n. Aussehen. *Up sien Utseihn gifft hei nicks* Gwald. *Ehr Utseihn is nåh dei Mudder* sie ähnelt äußerlich ihrer Mutter Gri/Gm. Syn. Utsicht. – **utseihnch** Adj., nicht attr., schmutzig, dreckig. Zumeist in der Fügung: *sich utseihnch måke* sich schmutzig machen Nau/Wn, ähnl. verstr. ZPom SPom.

utsetten sw. aussetzen. **1.** ein hilfloses Lebewesen irgendwo zurücklassen. – **2.** zu Wasser lassen. *Dei Fischer will Rüsen utsetten* Fra/Pu. *Hüt warden Heringsnetten utsett't* Stral. – **3.** etwas festsetzen, verbindlich bestimmen. *Dei Richter hett hunnert Mark utsett't* Gwd/Ba; *de Pacht utsetta* Dra/Wi. – **4.** einer unangenehmen Einwirkung preisgeben. *Dat* [dieser Gefahr] *war ik mi rich utsetten!* Rüg/Ae. – **5.** sich nach außen wölben, eine Ausbuchtung bilden. *Dat Brot hett utsett't* die Brotkruste ist aufgeplatzt Uec/Ge. Von einer körperlich schweren Arbeit heißt es: *De Arbeet sett't de Riwwa* [Rippen] *ut* Dra/La. – **6.** pausieren. *bi't Koortenspäl utsetten* Gri/Ti. – **7.** (vorübergehend) nicht mehr funktionieren, still stehen. *Mi hett binäh dat Hart utsett't* Gwald. – **8.** beanstanden, kritisieren. Nur im Infinitiv mit *tau* in Vbdg. mit bestimmten Verben: *Mien Lihrer hett uk ümmer wat an mi uttausetten* Fra/Fu.

Utsicht f. **1.** Aussicht, Blick in die Ferne. *Up dissen Barg hebben wi 'ne gaude Utsicht* Gri/Gm. – Scherzfr.: *Wecker hett ümmer dei besten Utsichten? = De Tormwächter* HuMGwd 11,28,11. – **2.** begründete Hoffnung. *Sien Utsichten up Arbeit sünd gor nich gaut* Gwd/Ba. *Bi ehr is wat in Utsicht* sie erwartet ein Kind Ran/Pe. – **3.** Aussehen, äußeres Erscheinungsbild vereinz. *Dien Utsicht is so rot von'e scharp Luft* Sto/Gl. Gebräuchlicher ist das Syn. Utseihn.

utsichten sw. durch Sieben aussondern. *Is dat mit döscht, möt man dat Unkrut utsichten* Ank/An. – **utsingen** st. **1.** den Leichenzug oder die Totenwache singend begleiten. *Nahsten ward de Lik utsungen* ³NERE 1,57. – **2.** zu Ende singen. – **utsinnen** st., veraltd., aussinnen, sich ausdenken. *Ik heff wat utsunnen, dat ward woll gåhn* Ank/An. – **Utsittels** n. ausgebrütetes Gelege verstr. – **utsitten** st. **1.** Eier ausbrüten. *Uns Kluck hett söss Küken utsäten* Rüg/Ae. Syn. s. utbräuden. – **2.** eine Gefängnisstrafe verbüßt haben verstr. – **utsocken** sw. davonlaufen, ausreißen vereinz. Gebräuchlichere Syn. s. utbücksen. – **utsoren** sw. austrocknen, ausdörren. *Dei Wind soort dat Land ut* Sch/Gu. *Bi disse Hitt ward de Diek woll utsoren* Uec/Pa. – **utspaddeln** sw. nicht mehr länger zappeln vereinz. *Dei arme Fisch hett (sich) utspaddelt* ist tot Gri/Mi. – **utspälen** sw. **1.** eine Spielkarte ausspielen. *De Koort is all lang utspäält* Ran/Pe. Regel beim Kartenspiel: *Wer utspäält, jifft uk!* Kol/Go, ähnl. allg. – **2.** in der Fügung: *utspäält hebben* nichts mehr gelten, seinen Einfluss verloren haben. *Nu hest du bi denn Ollen ganz utspäält* Gri/Mi. – **utspannen** sw. **1.** Zugtiere abschirren. *Wi hebben de Peer(d) bi'm Kopmann utspannt* Pyr/Lt. – **2.** entwenden, wegnehmen verstr. *Dat Stück hett se mi heemlich utspannt* Uec/Pa. – **3.** aufspannen, weit ausbreiten vereinz. *Wi spanne de Schirm ut* Sto/Wd. – **Utspannung** f. Gelegenheit zum Ausschirren und zur Verpflegung von Pferden, die zumeist von größeren Gasthäusern angeboten wurde. *Hier is 'n Kraug mit Utspannung* Gwald. – **utsparren** sw. **1.** jmd. aussperren vereinz. – **2.** jmd. aus einem Arbeitsverhältnis entlassen vereinz. – **utspäulen** sw. ausspülen. **1.** spülend reinigen. *Wi möten dei Wäsch gaut utspäulen* Fra/Bn. Abweisend zu jmd., der ordinär daherredet: *Späul di man ierst dat Mul ut!* Dem/Tp. Vgl. utschœlen. – **2.** durch starke Niederschläge o.Ä. aushöhlen. *Dei Rägen hett denn Wech deip utspäult* Dem/Tp. – **utspektåkeln** sw. **1.** jmd. verhöhnen, bloßstellen verstr. HPom, sonst selt. – **2.** jmd. ausschimpfen vereinz. – **utspiegen** sw./st., veraltd., ausspeien. *Du sasst nich ümmer in'e Stuf utspiegen!* Gri/Go. – **utspielen** sw. **1.** Federkiele von geschlachtetem Geflügel herausziehen vereinz. *Dei Frugens spielen Gäus' ut* Gwd/Ba. – **2.** fischerspr., kleinere Reusen mit zwei Stöcken spannen, die an den Enden eingekerbt sind vereinz., RAS 129. – **utspinkelieren** sw. auskundschaften, ausspionieren verstr. *Dei Jungens hebben dat fien utspinkeliert, wurans man in dei Spieskåmer kümmt* Fra/Zi. – **utsplaren** sw. **1.** etwas ausbreiten, gleichmäßig auf einer Fläche verteilen verstr. – **2.** refl., sich breitmachen, viel Platz beanspruchen verstr. *Dau di an'n Disch doch nich so utsplare!* Lau/GW. → utbreiden. – **3.** etwas ausplaudern vereinz. *De hett alls utsplaart, wat ik em secht heff* Ran/Ro.

Utspråk f. **1.** Art und Weise, in der etwas ausgesprochen wird. *Ik hür dat gliekś an'e Utspråk* Fra/Bn. Vgl. Utsåg. – **2.** Mundart, Dialekt vereinz. – **3.** klärendes Gespräch vereinz. – **utspräken** st. aussprechen. **1.** etwas mündlich äußern. *Dat is nich uttospräken* darüber kann man nicht sprechen Pyr/Lt. – **2.** artikulieren, lautlich wiedergeben. *Hei künn dat schwore Wuurt nich utspräken* Gwd/Ba. – **3.** refl. – **3.1.** sich etwas von der Seele reden. – **3.2.** ein klärendes Gespräch mit jmd. führen.

utspreiden sw. **1.** etwas ausbreiten, gleichmäßig auf einer Fläche verteilen verbr. HPom, sonst vereinz. *Wi möten dat Heu ollig utspreiden* Rüg/Ae. Vgl. verspreiden. – **2.** refl., sich breitmachen, viel Platz beanspruchen vereinz. *De spreid't sich up de Bank ut, as wenn he alleen dorup sitte deit* Pyr/Wi. → utbreiden. – **utspringen** st. sich durch einen Riß o.Ä. aus etwas herauslösen. *Ut'm Glas is een Stück utsprungen* Pyr/Lt. – **utspucken** sw. ausspucken. *Hei spuckt vör em ut, dat's äklig* Gwd/Nu. Scherzh. sagt man zu jmd., der ununterbrochen redet: *Nu spuck man ierst eis ut!* Gwald, ähnl. vereinz. – **utspunnen** sw. jmd. aussperren verstr. *Sei hebben mi utspunnt, un ik heff keinen Slœtel* Rüg/Ae. – **utstaffieren** sw. **1.** mit etwas ausstatten, ausrüsten. *Wi wille dat Mäke utstaffiere* neu einkeiden Gbg/Gp; *de Stuf utstaffieren* das Zimmer möblieren Ran/Pe. – **2.** refl., sich herausputzen. *Se hett sich to de Hochtiet bannig utstaffiert* Uec/Pa. → upfidummen.

utståhn st. **1.** ertragen, erdulden. *Sei hett väl utståhn müsst in ehr Krankheit* Fra/Pu. *Hitt un Küll möt man utståhn* Rüg/Be. *De steht (sich) nischt ut* hat ein sorgenfreies Leben Stett. *Ik kann em up'n Dod nich utståhn* ich kann ihn überhaupt nicht leiden Ank/An. – **2.** noch zu erwarten sein, noch nicht eingetroffen sein. *Dor steiht noch väl Geld ut* Fra/Zi. – **3.** Waren an einem Stand zum Verkauf anbieten. *Se steht mit Grönkråm* [Gemüse] *ut* Pyr/Lt.

Utstäkels n. Ausstechform HUS 1901,190. Gebräuchlicher ist das Syn. Utstäker.

utstäken st. **1.** jmd. übertrumpfen, verdrängen. *Hei hett mi ustäken, dei is mi œwer* Use/Hf. – **2.** durch einen Stich aus etwas herauslösen. *Stäk mi mit dat Metz man nich dei Ogen ut!* Gri/Mi. – **3.** Teig ausstechen. *Jebäcksel utstäke* Gbg/Gp. – **4.** etwas schnitzend mit einem Muster verzieren. *Ik will dat Waschholt utstäken* Rüg/Ae. – **5.** schnell weglaufen verstr. HPom. *He is utstäke, as wenn de Düwel hinner em wier* Saa/Ja. – **6.** einen Wettkampf durch ein Stechen entscheiden vereinz. Zumeist refl.: *Ji möten juuch utstäken!* Gwald. – **7.** fischerspr., die Wassertiefe mit einer langen Stange bestimmen vereinz. – **8.** etwas herausstecken. *Sei stök em dei Tung' ut* Gwd/Ba. – **9.** jmd. aussperren vereinz.

utståken sw. **1.** jmd. etwas rigoros abgewöhnen. *Ik war di de Schelmenstücken utståken!* Rüg/Kt. – **2.** die

Fächer einer Fachwerkkonstruktion mit Leihmståken versehen vereinz. – **Utstäker** m. **1.** Ausstechform. Vgl. Utstäkels. – **2.** Plätzchen, bes. Weihnachtsplätzchen verstr. *Mudding, back doch eis wedder Utstäkers!* Dem/Tp. – **3.** Arbeiter, der Torf sticht vereinz. – **Utstand** m. Ausstand, Umtrunk beim Ausscheiden aus einem Arbeitsverhältnis. *Dei Gesell möt hüt sienen Utstand gäben* Fra/Pe. – **utstanglieren** sw. etwas auskundschaften vereinz. – **utstarben** st. **1.** aussterben. *Dei Famielj is all lang utstorben* Gwd/Ba. – **2.** vor Kälte erstarren verstr. *Bi dei Küll sünd mi dei Fingern utstorwen* Gri/Gm. – **utsteinen** sw. entsteinen. *Plumme un Kespre ware utsteint* Nau/De. – **utstellen** sw. **1.** Waren ausstellen, zum Verkauf anbieten. *Up'n Mark(t) wier allerhand utstellt* Gwd/Ba. – **2.** ein Kind zeugen vereinz. – **3.** veralt., als Witwe oder Erbin intensiv um einen (neuen) Ehemann werben Mönchg., ADL 185. *Se stellt na em ut* SCHN 179. – **utsticken** sw. mit einer Stickerei verzieren. *De Schört möt noch utstickt warn* Gwald. – **utstiegen** st. **1.** aussteigen, ein Fahrzeug verlassen. – **2.** seem., ohne abzuheuern klammheimlich von Bord gehen. – **utstiernt** Adj. sternenklar. *Dat ward nachts woll freise, dat is so utstiernt* Lau/Lt. – **utstippen** sw. **1.** Reste einer breiigen Speise aus einem Gefäß tunkend aufnehmen. *Jung', du kast nu denn Pott utstippen!* Ran/So. – **2.** jmd. verdrängen, übertrumpfen verstr. HPom, sonst selt. *Låt di bloß nich utstippe!* Sto/Go. – **utstœkern** sw. herausstochern vereinz. – **Utstoppels** n. **1.** Füllung einer gebratenen Gans verstr. – **2.** füllige Stelle am Körper [2]SAN 49. – **utstoppen** sw. ausstopfen, stopfend mit etwas ausfüllen. *Gausbråden ward mit Plummen utstoppt* Gwd/Nu. – Ral.: *sich dei West utstoppen* übermäßig viel essen Gri/Ti, ähnl. vereinz. – **utstörten** sw. ausschütten, ausgießen verstr. *Waschwåte(r) utstörte* Sch/Sl.

utstöten st./sw. ausstoßen. **1.** Worte hervorstoßen, etwas unvermittelt äußern. *De hett wat utstött* hat unerwartet etwas verlauten lassen Dra/Ko. – **2.** jmd. verstoßen. *Dei Oll wier so füünsch, hei hett sienen Sœhn utstött* Gwd/Nu. – **3.** Heu zum Trocknen ausbreiten verstr. MPom SPom. – **4.** aufgegangenen Teig kräftig durchkneten vereinz. *Dei Deig möt noch utstött warn* Gwd/Ba.

utstöwen sw. **1.** ausstauben, Staub aus etwas entfernen. *Wi willen denn Teppich utstöwen* Dem/De. – **2.** jmd. verprügeln verstr. Übertr.: *dei Dänen, dei äwerst 1864 [...] utstöwt würden* militärisch besiegt wurden HUMGWD 14,25,12. – **3.** jmd. ausschimpfen vereinz. – **utstrecken** sw. **1.** etwas von sich strecken. – Sprw.: *Man möt dei Fäut nich wierer utstrecken as dei Deck geiht* Dem/Kt, ähnl. verstr. – **2.** sich der Länge nach hinlegen. *Dei Kierl streckt sich in't Stroh ut* Gwd/Ba. – **utstreugen** sw. **1.** ausstreuen, streuend verteilen. *Dei Knecht hett de Deel mit Sand utstreugt* Use/Ah. – **2.** überreife Getreidekörner aus den Ähren abwerfen. *Dei Weiten streugt all ut* Gri/Gm. – **utstrieden** sw. raumgreifende Schritte machen (bes. beim Schlittschuhlaufen) vereinz. *Bi dat Strietschauhlopen strieden wi bannig ut* Fra/Zi. – **utstrieken** st. **1.** etwas Geschriebenes durchstreichen. *Wat verkihrt is, möt man utstrieken* Gwd/Ba. – **2.** glattstreichen. *dei Nauht* [Naht] *utstrieke* Kol/Go. – **3.** ausfegen Uec/Vo, Pyr/Wa. – **utstrippen** sw. ausmelken, leer melken. *Dei Melker möt dei Käuh gaut utstrippen* Gwd/Nu. – **utströpen** sw. **1.** etwas abstreifen. *dat Kleed utströpen* Uec/Pa. – **2.** jmd. finanziell ausnehmen. *Dei Dochter is so rachgierig sei hett ehr Öllern orig utströöpt* Dem/Tp. – **3.** das Euter ausmelken vereinz. – **utstrullen** sw. **1.** zu Ende urinieren vereinz. – **2.** ausmelken, leer melken vereinz. östl. HPcm, [4]WIN 20. *De Kauh hett so'n stramm Ieder* [Euter], *de mutt ik erst utstrulle* Rum/Ru. – **utstücken** sw. aufgegangenen Teig zu einzelnen Stücken formen und kräftig durchkneten vereinz.

Utstüer f. Aussteuer. *Sei hett dat Linnentüg as Utstüer in'e Eh mitbröcht* Rüg/Ae. *Dei Brut hett man 'ne lütt Utstüer krägen* Ank/Kr. *Se hett ehr ganz Utstüer up'm Lief* sie stammt aus armen Verhältnissen Ran/Pe. Über ein hübsches Mädchen hieß es früher: *Sei hett ehr Utstüer im Gesicht* Cam/Ca. Chauvinistischer Spruch: *Wenn de Utstüer man stimmt, an't Gesicht gewennt man sik* Rüg/Pu. Vgl. Mitgift.

utstüern sw. **1.** einer Braut zur Hochzeit die Aussteuer mitgeben. *Dei Bur hett sien Dochter gaut utstüert* Gwd/Nu. – **2.** eine Feier ausrichten. *Ehr Tanten is riek, sei hett ehr dei Hochtiet utstüert* Rüg/Ae. – **utstuken** sw. 'ausstauchen' Wäsche säubern, indem man sie in einem Bottich fest in die Lauge stößt vereinz. – **utstülpen** sw. umstülpen, von innen nach außen kehren verstr. *Dermen utstülpen* Schweinedärme nach dem Schlachten umstülpen, um sie zu reinigen Gwald. – **utstunken** Part.Adj. Nur in der Fügung: *utstunken Lœgen* dreiste, unverschämte Lügen verstr. – **utsugen** st. **1.** aus etwas saugen, leer saugen. *Dat Kind hett dei Flasch utsågen* Fra/Zi. – **2.** ausbeuten, rücksichtslos für sich ausnutzen. *Se hewwe em utsåje, richtig utplünnert* Saa/Le. – **utsüken** sw. **1.** eine Krankheit überstehen, gesunden. *Wi freugen uns bannig, dat du wedder utsüükt hest* Gwd/Nu. – **2.** durchgestanden werden (von Krankheiten). *Dei Krankheit mütt ierst ollig utsüken* Rüg/Ae. – **utsünnen** sw. **1.** in der Sonne auslüften. *Wi willen dei Bedden utsünnen* Fra/Bn. – **2.** durch Sonneneinstrahlung ausbleichen. *Dat Hemd sünnt ut* Uec/Ge. – **utsupen** st. aussaufen, austrinken. *Dei oll Supbütt* [Säufer] *hett dei ganze Buddel Schnaps utsåpen* Gwd/Nu. – Sagw.: *Proost, säd Joost, don süppt hei alls alleen ut* Ank/An.

uttågeln sw. jmd. (mit einem Stock) verprügeln vereinz. – **uttåhlen** sw. auszahlen, jmd. einen Betrag aushändigen, der ihm rechtlich zusteht. Übertr.: *Wi hewwe uttåhlt kräje* wir haben Prügel bezogen Reg/Kw. – **uttåkeln** sw. **1.** fischerspr., Risse bekommen, beschädigt werden (von Netzen) verstr., RAS 38. *Dat ganze Nett is uttåkelt*

Use/Li. – **2.** refl., sich ausziehen, entkleiden vereinz. – **uttapeten** sw. austapezieren. *De Måler ward de Stuf uttapeten* Ran/Pe.

uttehrt Part.Adj. ausgezehrt, entkräftet. *Büst du krank? Du sühst so uttehrt ut* Dem/De. – **Uttehrung** f., *-tehring* vereinz., Auszehrung, Schwindsucht. *Mien Unkel is an'e Uttehrung dotbläben* Dem/Tp. Übertr.: *Dei Acker hett dei Uttehrung* der Acker ist völlig ausgelaugt Fra/Pe.

utteihn st. ausziehen. Gebräuchlicher ist in allen Bedeutungen uttrecken. **1.** (sich) entkleiden. *Hei hett sich uttågen un schlöppt all* Gwd/Nu. – **2.** etwas durch Herausziehen entfernen. *Låt di man denn Tähn utteihn!* Fra/Zi. – **3.** eine Wohnung aufgeben und räumen. *Ik bün ut'e Wåhnung uttågen* Ank/An. – **utteiken** sw. auszeichnen. **1.** jmd. durch eine Auszeichnung ehren. *Dei besten Schäulers warden hüt utteikent* Fra/Zi. – **2.** refl., sich durch besondere Leistungen hervortun. – **3.** Waren auspreisen. – **4.** fachspr., Bäume markieren, die gefällt werden sollen. – **uttelgen** sw. ausästen verbr. *Dei Böm an'e Stråt warn uttelgt* Gwd/Ba. Syn. utästen, utlichten, utputzen, utschneideln. – **uttellen** sw. **1.** durch Zählen die exakte Anzahl ermitteln. – **2.** durch einen Abzählreim entscheiden. *Wi wille uttelle, wer seike* [suchen] *sall* Lau/GW. – **uttoben** sw., refl. **1.** sich austoben, ungehemmt verausgaben. *Kinner möten sik uk eis uttoben* Gwd/Nu. – Sagw.: *Junge Lüd möten sik uttowen, säd Hans, don jög* [jagte] *hei siene Farken in'n Busch* Gri/Go. – **2.** seinem Zorn freien Lauf lassen. – **uttochen** sw. (eine Flasche) gierig, in wenigen Zügen austrinken vereinz. *Dat Lütt hett sien Buddel all uttocht* Gri/Ge. – **Uttog** m. **1.** feierlicher Auszug aus einem Raum oder Ort verstr., DLP 5,119. – **2.** das Ausziehen aus einer Wohnung verstr. – **uttoppen** sw. Baumkronen stutzen verstr. VPom. *Ik möt dei Böm vör'n Hus uttoppen* Gwd/Ba. Syn. utzoppen. – **uttörnen** sw., seem., den Wachdienst beenden. – **utträden** st., selt. sw. **1.** aus einer Vereinigung austreten. – **2.** einen Raum verlassen, um auf die Toilette zu gehen. Nur im Inf.: *Ik möt eis utträden, œwer ik kann dat inhollen* Gri/Ge. – **utträtschen** sw. etwas ausplaudern. *Mööst du glieks wedder allens uttråtschen?* Gwald.

uttrecken st./sw. ausziehen. **1.** herausziehen, durch Ziehen entfernen. *Unkrut uttrecken* Unkraut jäten Ank/Br. *Tähnen uttrecken* Zähne ziehen Fra/Ln. – **2.** (sich) entkleiden. *He treckt sich in'e Stuf de Jack ut* Uec/Ue. – Sprw.: *Man sall sich nich ihrer uttrecken, as man to Bedd geiht* man soll sein Hab und Gut nicht zu früh an die Erben verteilen Gri/Lo, ähnl. verstr. – **3.** jmd. ausplündern. *Höd di vör em, de Kierl will di bloß uttrecken!* Ank/An. – **4.** eine Wohnung aufgeben und räumen. *Sei is mit Sack un Pack uttreckt* Saa/Le. – **5.** durch Ausziehen verlängern. *Wi möten denn Disch uttrecken* Gwd/Nu. – **6.** bewirken, daß etwas ausbleicht verstr. *De Sönn hett dat Hemd uttreckt* DKr/La. – **Uttreck(s)disch** m. Ausziehtisch verstr.

uttrudeln sw. auswürfeln, um etwas würfeln verstr. *Sei ståhn an'e Thek un trudeln 'ne Låg Schnaps ut* Gwd/Ba. Syn. uttrünneln. – **uttruern** sw. 'austrauern' die Trauerzeit hinter sich haben HomWb 223, LauWb 367. – **uttrumpeten** sw. etwas ausposaunen verstr. *Dei trumpetet allens glieks ut, dat uk dat ganze Dörp dei Såk tau weiten kricht* Rüg/Ae. – **uttrünneln** sw. wie uttrudeln vereinz. – **uttucke** sw. **1.** davonlaufen, ausreißen verstr. HPom. Syn. s. utbücksen. – **2.** Verdickungen im Garn ausstreichen vereinz. HPom. – **uttüfteln** sw. austüfteln, ausklügeln. *Dei Såk hest du di wedder fien uttüftelt* Dem/Tp. → utklamüsern. – **uttünen** sw. schadhaftes Holzgeflecht ausbessern verstr. *Se tünen denn Tun* [Zaun] *ut* Ran/Sr. – **uttuten** sw. etwas ausposaunen vereinz. – **uttutschen** sw. eine Milchflasche aussaugen verstr. *Dat Lütt hett dei Buddel reigen uttutscht* Fra/Br. – **uttuuschen** sw. austauschen.

utulen sw. mit einem Handfeger ausfegen vereinz. – Sagw.: *Alls Gewohnheit, Mies! säd de Bäcker, don uhlt hei mit de Katt den Backåben ut* UP 7,90.

Utverkop m. Ausverkauf verstr. *Dat Kleed hett sei in'n Utverkop köfft* Gwd/Ba. – **utverschåmt** Adj., *utve(r)schaamig* (veralt.) Saa/At Böh 166. **1.** unverschämt, dreist. *Måk, dat du von'n Hoff kümmst, du büst 'n ganz utverschåmten Lümmel!* Rüg/Dm. Vgl. verschåmt. → dreibastig. – **2.** adv., überaus, außerordentlich. *Dat deit utverschåmt weih* Gri/Mi. *Ja, dat wier ok würklich en utverschaamt schönes Leed* [2]Tri 38. – **utvertellen** sw. **1.** zu Ende erzählen. *Låt mi doch ierst ees utvertellen!* Gwald. – **2.** refl., sich gründlich aussprechen vereinz.

utwädern sw. durch Witterungseinflüsse ausbleichen verstr. *Dat Holt is all so utwädert* Ghg/Wt. – **utwalken** sw. **1.** fachspr., die hornigen Teile des Pferdehufes beschneiden. Syn. s. utwarken. – **2.** jmd. verprügeln vereinz. – **utwamsen** sw. jmd. durchprügeln vereinz. – **utwannern** sw. auswandern. *Mien Brauder is nåh Amerika utwannert* Gwd/Ba. Spruch: *Wenn de Schnei schwart föllt un dei Luus en Daler kost't, denn is 't Tied taun Utwannern, seggt de Buer* HuMGwd 14,34,10. – **utwarken** sw., fachspr., den Pferdehuf zurückschneiden. Syn. utwalken, utwirken.

utwarts *utwartsch* selt. HPom, *utwartsig* selt. **1.** Adv. – **1.1.** außerhalb des Wohnorts. *He is totreckt, he kümmt von utwarts* Stett. *Hei wåhnt hier in't Dörp un arbeid't utwarts* Fra/Pe. – **1.2.** außen, zur Außenseite hin. *dei Fäut utwarts setten* die Fußspitzen nach außen setzen Gwd/Nu. – **2.** Adj. auswärtig, nicht einheimisch. *utwartsche Gäst* Cam/Rm; *de utwartsigen Bläder* auswärtige Zeitungen Gwald. – **Utwartsch** m./f. jemand aus einem anderen Ort verstr.

utwaschen st./sw. **1.** durch Waschen reinigen. *Strümp utwasche* DKr/La. – Ral.: *een' dat Fell utwaschen* jmd. verprügeln verstr. MPom, sonst selt. – **2.** durch Wassereinwirkung aushöhlen. *De Wech is von'n Rägen ganz utwascht* Ank/An. – **utwassen** st. **1.** zur vollen Größe heranwachsen. *Dat Mäken is utwussen, se hett uk dat Öller un kann friegen* Ran/Pe. – **2.** (vorzeitig in der Ähre) auskeimen. *Dei Rogge is utwusse, dei hett all Kiene* [Keime] Nau/De. – **3.** Auswüchse bilden, bucklig werden. *utwussen Brot* aufgeplatztes Brot Lau/GW. Ausruf der Verärgerung: *Dat is jå taun Utwassen!* Gwd/Ze, ähnl. verstr. – **utwätern** sw. gepökeltes Fleisch oder Heringe in ein Wasserbad legen, um den Salzgehalt zu verringern. *Dat Päkelfleesch mütt noch utwätert warden* Ran/Pe. Syn. utweike. – **utwäuhlen** sw. durch Wühlen im Erdreich an die Oberfläche bringen. *De Wildschwien hewwe nachts alles utwäuhlt* Cam/Pr. – **Utweg** m. Ausweg. Ausdruck der Verweiflung: *Ik weit mi keinen Utwech mihr!* Gwd/Ba. – **utweiden**¹ sw. **1.** (Unkraut) jäten verstr. *Unkrut utweiden* Fra/Ln. – **2.** von Unkraut befreien vereinz. *Wi möten denn Roggen utweiden* Dem/De. – **utweiden**² sw. ausweiden verstr. – **utweike** sw. wie utwätern vereinz. nordöstl. HPom. *Fleisch utweike* Lau/Ke. – **utweinen** sw., refl., sich ausweinen verstr.

utwennig 1. Adj. äußerlich verstr. *Hei gifft väl up sienen utwennigen Minschen* er achtet sehr auf sein Äußeres Gwd/Ze. – **2.** Adv. – **2.1.** außen, an der Außenseite. *Dei Topp is utwennig janz schwart* Nau/De. – **2.2.** auswendig. *Sei hett dat Gedicht utwennig lihrt* Dem/De. Syn. but(en)wennig.

utwesseln sw. auswechseln. *Wi möten 'n Rad utwesseln* Gwd/Ba. – **utwichsen** sw. **1.** davonlaufen, ausreißen vereinz. → utbücksen. – **2.** jmd. verprügeln vereinz. – **utwickeln** sw. auswickeln. *dat Geschenk utwickeln* Ank/Km. – **utwieden** sw. ausweiten, durch längeren Gebrauch zu weit werden (lassen). *Dei Schauh warden sik noch utwieden* Gri/Mi. – **utwieken** st. ausweichen, aus dem Weg gehen. *Hei künn em up'e Stråt nich mihr utwieken* Gwd/Nu. – **utwiepen** sw. (den Backofen) mit einem an einer Stange befestigten Scheuertuch reinigen verstr. HPom, sonst selt. – **Utwies** m. Ausweis, Personalausweis. – **utwiesen** st. **1.** sich erweisen, herausstellen. *Dei Dierde hemm välmals väl scharpere Sinnen as 'n Minsch, as sick dat all öfters ees utwäsen hett* HuMGwd 11,29,11. – **2.** jmd. hinausweisen, aus etwas verweisen. – **3.** refl., seine Identität durch einen Ausweis belegen. – **utwilligen** sw., refl., sich etwas ausbedingen vereinz., HomWb 223. – **utwintern** sw., landw., auswintern, durch Frosteinwirkung geschädigt werden. *Dei Roggen is bös utwintert* Gwd/Ba. – **utwirken** sw., fachspr., den Pferdehuf beschneiden. *Wi möten denn Hauf utwirken* Gri/Mi. Syn. s. utwarken. – **utwischen** sw. **1.** auswischen, durch Wischen reinigen. *dat Schapp utwischen* Gwd/Nu. – **2.** jmd. gehörig die Meinung sagen. *Wisch em düchdig ut, dat em dat sur upstött!* Gbg/Gp. – **Utwischer** m. Verweis, Tadel verstr., DäHWb 515. *Wenn de Lihrer dat hüürt, krichst du 'n Utwischer* Rüg/Dm. – **utwitschen** sw. davonlaufen, ausreißen verbr., LauWb 368. *Nu dat hei Schacht hebbe sall, is hei mi utwitscht* Lau/GW. → utbücksen. – **utwitten** sw. (mit Kalkfarbe) weißen. *Wi möten dei Kœk utwitten* Gwd/Nu. Vgl. utkalken. – **utwräusen** sw. auspressen, ausdrücken. *Dei Äppel warn tau Most utwräust* Fra/Fr. – **utwribbeln** sw. **1.** durch Reiben aus etwas entfernen verstr. – **2.** behelfsmäßig auswaschen verstr. – **utwringen** st. **1.** etwas auswringen. *Ik weer so natt, ik künn mien Hemd utwringe* Pyr/Bt. *De Wäsch ward utwrunge* DKr/La. – **2.** fortlaufen, Reißaus nehmen verstr. HPom. *Dei Jung' is ut'e Schaul utfrunge* Sto/Gl. → utbücksen. – **utwruckt** Adj. schartig (von einer Schneide) verstr. MPom HPom. *Dat Metz is so utwruckt* Nau/Db.

utzacken sw. Stoffränder zackenförmig zuschneiden verstr. – **utzackerieren** sw. jmd. ausschimpfen selt., HomWb 223. – **utzoppen** sw. eine Baumkrone stutzen verstr. VPom. *Dei Böm an'n Wech möten utzoppt warn* Gri/Gm. Syn. uttoppen.

Uurt¹ m. **1.** Ort, Stelle, Platz. *Dat is 'n gauden Uurt* eine geeignete Stelle Gwd/Nu. Analog zum Hd. häufig in der Fügung *an Uurt un Stell*: *Hei is all an Uurt un Stell* er ist schon vor Ort Fra/Bn. – Spruch: *Jedet Ding an sienen Uurt spoort väl Tiet un manch bös Wuurt* Gwd/Gt. – **2.** Ortschaft. *Dat Dörp is man bloß 'n lütten Uurt* Fra/Ln. *Dei Familej is nåh'n annern Uurt treckt* Gwd/Ba; *von anner Ürder her* aus anderen Orten ²Nere 8. – **3.** veraltd., Ecke, Winkel, Zipfel. *Sei wåhnen up'n Uurt* an der Straßenekke Gwd/Nu. Diese Bedeutung ist vor allem als Erstglied in fachsprachlichen Komposita bewahrt worden. Vgl. Uurtraut, Uurtwåk. – **4.** spitz zulaufendes Stück Land, Landzunge. *Dei Wischen liggen up'n Uurt* Fra/Zi. Vor allem in dieser Bedeutung häufig als Grundwort in Flurnamen belegt, z.B. *Darßer Uurt* Fra/Pe, *Teigeluurt* Rüg/Ko. – **5.** Areal, Bereich, Grundstück verstr. *Dat is 'n ganzen Uurt* eine ziemlich große Fläche Gri/Gm. – **6.** m., selt. n./f., Schusterahle, Pfriem VPom, verbr. MPom, verstr. HPom. Vgl. DWA 12, Kt.9. *Dat möt dei Schauster mit'n Uurt neigen* Gri/Mi.

Laut- u. Formvar.: wie hd. *Ort* verbr. MPom HPom. Zur Realisierung des Stammvokals vgl. zudem PWb 1,1, LXVI, Kt.13. – Pl.: *Üürter, Üürt* verbr. VPom, *Üürder* selt., *Üür* selt. VPom, *Öre* Cam/Go. Abweichend davon in Bedeutung 6: *-s* vereinz. HPom, LauWb 259.

Rsyn. zu 6.: *Åhl, Prein, Sugel.*

Uurt² m. Ortstein, eisenhaltige, wasserundurchlässige Bodenschicht verstr. *In'n Acker gifft dat Stellen, wur Uurt unner steiht* Gwd/Ba. Syn. Ur², Uurtstein, Voss, Voss-ierd.

Uurthäling f., fischerspr., Eckloch bei der Eisfischerei Stral, RAS 177. Syn. Uurtwåk. – **Üürtken** n., Dim. zu Uurt[1], Abort, Toilette vereinz. → Aftritt. – **Uurtraut** f., müllerspr., Eckständer der Windmühle. *Dei Mœhl hett acht Uurtrauden* Fra/Br. – **Uurtscheid** f. Querholz an einem Fuhrwerk zur Befestigung der Geschirrstränge verstr.

Uurtstein m. eisenhaltige, wasserundurchlässige Bodenschicht. Syn. s. Uurt[2].

Uurtwåk f., fischerspr., Eckloch bei der Eisfischerei vereinz., RAS 177. Syn. Uurthäling.

uzen sw. necken, foppen verstr. *De Bengels uzen ümmer de Mäkens* Ran/Sr.

V

V Konsonant und 22. Buchstabe des Alphabets. Der Lautwert des Graphems, das nur im Wort- oder Silbenanlaut vor Vokal steht, entspricht zumeist dem stimmlosen Reibelaut [f], beispielsweise in *Vadder* (Vater), *Vågel* (Vogel), *vör* (vor) und *Voss* (Fuchs). Bei vielen Lehnwörtern, die mit <v> geschrieben werden, schwankt dagegen in den pommerschen Dialekten die Aussprache zwischen Stimmlosigkeit und Stimmhaftigkeit. Dazu zählen *vigelett* (violett), *Vigelien* (Violine) und *visentieren* (visitieren, untersuchen, prüfen). Nur in einem geringen Teil des Lehnwortschatzes repräsentiert <v> dagegen nach hd. Vorbild ausschließlich den stimmhaften Reibelaut [v], etwa in *Vanillj* (Vanille) und *Vås* (Vase).

Vadder[1] m. Vater. **1.** männlicher Elternteil. *Wecker is dei Vadder von dat Kind?* Gri/Go. *Dat is Vaddern sien* das gehört Vater Dem/Tp. *Us Votter rookt jiern 'ne Piep* Saa/Le. *Hei is dei tweit Varrer* der Sohn ist das Ebenbild des Vaters Gwd/Ze. *Dei Jung' is nåh'm Våder nennt* der Sohn hat denselben Rufnamen wie der Vater bekommen Bel/Kw. *Dei hett kein Varrer un Murrer nich* ist ein Waisenkind Gwd/Ba. *Hei is dei niege Vadder* der Stiefvater Dem/Kt. Scherzh.: *Vadding hett blot wat tau seggen, wenn hei allein tau Hus is* Gwald. – Ral.: *Dat is wat för mienen Vadder sienen Sœhn!* das gefällt mir sehr! Ank/An, ähnl. verstr. Einen altklugen Jungen fragt man spöttisch: *Wekkern sien Varrer büst du?* Ank/Br, ähnl. verbr. Scherzh. Aufforderung zur Ruhe: *Still Kinner, Vadder will sienen Nåmen schrieben!* °Ghg, ähnl. verstr. – Sprw.: *Ein Varrer kann woll sœben Kinner ernähren, sœben Kinner œwer keinen Varrer* Ank/Br, ähnl. verstr. *As de Votter, so de Jungens* Stett. – **2.** Bezeichnung und ehrende Anrede für einen älteren Mann. *Dei oll Vadder pusselt noch ümmer 'n bäten in'e Wirtschaft rüm* Dem/Tp. Oft mit dem Familiennamen verbunden: *Våder Schult, ik sull sei wat fråje!* Lau/Lt. Früher auch verbreitet als Anrede des Bauern durch das Gesinde. – **3.** Gottvater. *Dei Vadder un dei Engel sünd båben in'n Himmel* Gwd/Nu. – **4.** in festen nominalen Fügungen. – **4.1.** *Vadder Krus* (bes. in Rätseln u. Kinderreimen), Maulwurf verstr. Auch: Kothaufen verstr. – **4.2.** *Vadder Philipp*, Gefängnis verstr. – Mnd. *vāder*.

Laut- u. Formvar.: In VPom hat sich die jüngere Form *Vadder* (angelehnt an mnd. *vadder(e)* Gevatter) weitgehend durchgesetzt. Dazu gehören die Varianten: *Varrer* verstr. VPom, sonst selt., *Vaddern* (aus dem Dat.Sg.) vereinz., *Vadders, Varrers* (bes. im familiären Gebrauch) verstr. VPom, *Votter*, *Vodder* verstr. MPom HPom. – Dagegen gehen folgende ältere Varianten auf mnd. *vāder* zurück: *Vader* selt. VPom, *Våder* verstr. HPom, [5]TITA 78, LAUWB 369, *Voder* vereinz. NOPom, *Våter* selt. MPom ZPom, *Vauder*, *Vaurer* verbr. im Belbucker Abteibezirk, sonst selt. HPom, [5]TITA 78, *Vōuder* °Büt [2]MIS 16. Historisch belegt ist zudem die Variante *Vaåtsch* HOMWB 229. – Dim.: In VPom gelten *Vadding*, *Varring* (zumeist in Bed.1), sonst *-ke(n)*. – Pl.: *-s*, *-sch* vereinz. NOPom, JOSTWB 114.

Phras. zu 1.: Sagw.: *Vadder, fäng keen Schlägerie an, säd de Jung', don süll hei Schacht kriegen* Gwald. *Dat schåd't mien Varrern gor nicks, wenn ik Prügel krich, sär dei Jung', worüm hett hei mi nich bäter uptreckt* Rüg/Ae. *Wi künnen so schön as Bröder tauhop läben, säd de Jung tau Vaddern, wenn du blots dat entfamigte Haugen nahlaten wullst* HUMGWD 8,18,5. *Vadder, hemm' de Plummen uck Been'? frög de Jung, don har hei 'ne Pogg äwerschluckt* HUMGWD 10,37,8. *Öller geiht vöran, säd dei Jung', dor stött hei sienen Vadder dei Trepp hendål* Gwd/Nu. *So möt't kåmen, wenn ik Bur warden sall, säd dei Jung', don föl sien Vadder ut'e Bœnluk* Gri/Gm, ähnl. HUMGWD 7,4,10f.

Vadder[2] m., veraltd., *Varrer* verstr., Pl. *-n*, *-s*. **1.** Taufpate. Gebräuchlicher ist heute das Syn. Påt[1]. Vgl. zudem Gevadder, Vadder(s)mann. *He sall am Sünndag Vadder stoahn* das Amt des Taufpaten übernehmen HILL 133. – Ral.: *Den Düwel to Vaddern bidden* sich bösen Verführungen aussetzen HUMGWD 12,11,12. – **2.** guter Bekannter, Freund. *Wi willen alle Varrers dortau* [zu einer Hochzeit] *inlåden* Ank/An. Auch als vertrauliche Anrede: *Varrer* [lieber Freund], *denk di bloß!* Cam/Rm. – Ral. Abweisung: *Wat Vadder, wat Fründ! Wecker kein Geld hett, blief mi von'n Wågen!* Gwald, ähnl. verstr. – Mnd. *vadder*.

Vadderbrauder m. Onkel väterlicherseits verbr., HOMWB 229. Vgl. Mudderbrauder. – **Vadderbrauderdochter** f. Kusine, Tochter des Onkels väterlicherseits vereinz. – **Vadderbrauderpuss** m. Kuß auf beide Wangen vereinz. MPom HPom. – **Vadderbraudersœhn** m. Cousin, Sohn des Onkels väterlicherseits vereinz. Im Tanzlied: *Mien oll Vadderbraudersœhn sitt up denn Stubenbœn, rookt dei lange Piep* Gwd/Ha, ähnl. [1]BIEL 88. – **Vadderland** n. Vaterland, Heimatland.

Vaddermann s. Vadder(s)mann.

Vaddermüürder m., scherzh., Vatermörder, hoher, steifer Kragen an Herrenhemden. *Dei Lihrer drög noch dei Vaddermürders ut dei ollen Tieden* Fra/Ri. – **vaddern** sw.

nach dem Vater rufen (bes. von Kleinkindern) selt. Vgl. m u d d e r n.

Vaddersch f., veraltd. **1.** Taufpatin. – **2.** gute Bekannte, Freundin. Auch als vertrauliche Anrede: *Vaddersch, wur geihst du hen?* Fra/Zi. – **Vadderschnack** m. ungezwungenes Gespräch unter Nachbarn oder Bekannten verstr. VPom, sonst selt.

Vadderschwester f. Tante väterlicherseits vereinz. Vgl. M u d d e r s c h w e s t e r.

Vadder(s)mann m., veraltd. **1.** Taufpate verstr. Syn. s. V a d d e r[2]. – **2.** vertrauliche Anrede für einen Mann verstr. *Varrermann, so 'ne Räd låten wi uns gefallen!* Dem/Me. In der Fabel auch als Anrede, die Fuchs und Wolf füreinander gebrauchen.

Vaddersnåm' m. **1.** Familienname, Zuname. *In Jamund gew dat blot negen Vaddersnamen* [3]NERE 1,176. Syn. T a u n å m '. – **2.** veraltd. – **2.1.** männlicher Rufname vereinz. – **2.2.** Rufname des Vaters vereinz. *Dei jüngst Sœhn hett de Vottersnåme* Nau/Wa.

Vadderstand m., veraltd., Patenschaft verstr. *Bi mienen Broder sien Dochder heww ik denn Vadderstand anträden* Rüg/Zi.

Vadderunser n. Vaterunser. *In'e Kirch bäden wi tauletzt ümmer dat Vadderunser* Gwd/Nu. – Ral., wenn jmd. elend aussieht, stark abgemagert ist: *Man kann em / ehr dat Vadderunser dörch dei Backen läsen* Dem/Kt, ähnl. verbr. – Sprw.: *Je mihr Kinner, je mihr Vadderunser* je mehr Kinder man hat, desto mehr Gebete und Sorgen fallen an Ank/An, ähnl. verstr. – Scherzfr.: *Wat kümmt nåh't Vadderunser = åmen* Ank/Br, ähnl. verstr.

Vader, Våder s. V a d d e r[1].

Vågel m. **1.** Vogel. *De Vœgel sitten up'n Twieg un wippen mit'n Start* Rüg/Pu. *De Vœjel hewwe ehr Nest in'e Heck* Saa/Le. *Dei Vågel pickt an dei Finsterschief* Gwd/Ba. *Dei Väjel trecke im Harfst* Lau/GW. – Ral.: *'n Vågel hebben* nicht ganz bei Verstand sein Gri/Go, ähnl. allg. Darauf scherzh. anspielend: *Jederein hett 'n Vågel, bi weck is dat all mihr 'n Ådebor* Gwd/Nu. Über einen Dummkopf heißt es: *Dei kennt keinen annern Vågel as dei Katt* Gri/Go, ähnl. verstr. Zu jmd., der seine Kopfbedeckung im Haus oder zum Gruß nicht abnimmt: *Du hest woll Vœjel unner de Mütz!* Pyr/Lt, ähnl. verstr. – Sprw.: *Dat's 'n schlichten Vågel, de sien eegen Nest beschitt* Rüg/Pu, ähnl. allg. *Denn Vågel, dei morgens all tiedig singt, hålt åbends dei Katt* Gwd/Nu, ähnl. allg. *Wecker Vägel fangen will, möt nich mit Knüppels dormank schmieten* HuMGwd 8,51,8. *Wecker Vœgel fängen will, möt fien piepen* Gwald, ähnl. verstr. *Ein Vågel in'e Hand is bäter as twei in'n Busch* Ank/Km, ähnl. [4]Gil 1,85. *Heww ik is 'n bätern Vågel as har ik* Ank/An. *Jêre Vågel brûkt sien Feddre* Sto/Ku [1]Kno 55. *Denn Vågel kennt man an sien Feddern* Gwald. Pragmatischer Rat für die Suche nach einem Ehepartner: *Man sall ok dat Nest, nich blot denn Vågel ankieken!* Dem/Tp, ähnl. verstr. – Volksgl.: *Wenn di 'n Vågel up'n Kopp schitt, bedüd't dat Glück* Gri/Mi, ähnl. verbr. *Wenn 'n Vågel an't Fenster schitt, jifft't Besök von wiether* Ran/Sr. *Wenn 'n Vaujel in't Hus kümmt, jifft' 'n Dore* wenn ein Vogel ins Haus fliegt, gibt es einen Toten Gbg/Gp, ähnl. vereinz. – **2.** Vogelfigur aus Holz als Ziel beim Schützenfest. *Sei scheiten hüt nåh denn Vågel up'e Stang'* Fra/Zi. – **3.** saloppe Bez. für eine Person, die durch ihre Art besonders auffällt. *Dat's 'n lichten Vågel* ein leichtfertiger Mensch Stral. – **4.** scherzh., Kopflaus verstr. – **5.** in festen nominalen Fügungen. – **5.1.** *Vågel Bülow*, TiN, Pirol verbr. VPom. – **5.2.** *Vågel Griep*, Hebamme verstr. zwischen Oder und Rega, sonst selt. ZPom, [6]Kai 150 mit Kt.IV,18. Vgl G r i e p s c h[1].

Laut- u. Formvar.: *Vagel* südl. °Ghg, [2]Tita 20, *Voagel* nördl. °Ghg, [2]Tita 20, *Våγel* °Rum [2]Mis 48, °Sch Mah 39, *Vaujel, Vauγel* verbr. im Belbucker Abteibezirk, Slo/La, *Våugl* Neu/Rt [10]Teu 245, *Vōuγel* °Büt [2]Mis 48, Stri 20, *Voajel* nördl. °DKr [3]Tita 12. – Pl.: *Vœgel* VPom, verstr. MPom, *Vägel* HoefAMsc 516, *Vœjel* verbr. MPom, verstr. HPom, *Väjel* südl. °Ghg, [2]Tita 20, Rum/Km [5]Tita 47, verstr. NOPom, JostWb 1[illegible]5, *Väγel* °Rum [2]Mis 48, *Väujel, Väuγel* verbr. im Belbucker Abteibezirk, *Våijel* Mah 39, [5]Tita 78, *Voijels* LauWb 369, *Vēijel* °Büt [2]Mis 48, Stri 20, *Vēiγel* vereinz. NOPom Stri 20, *Vœdjle* Neu/Rt [10]Teu 245.

Phras. zu 1.: Sagw.: *Wat frag ick nah 'n Vagel, wenn 't Nest man god is, säd dat Mäken, as se 'n ollen Mann friegen wull* HuMGwd 11,49,5. *Dat is mi nich üm denn Vågel säd dei Diern, as sei friegen süll, dat is mi üm dat Nest* Gwd/Nu. *Dat schmeckt doch nåh'n Vågel, säd dei oll Fru, dor kåkt sei Supp up'n Twieg, wur 'ne Hääster up säten harr* Gri/Gm. *Mann för Mann 'n Vågel, säd dei Paster, un för mi dei Bråtgaus* Gwd/Nu, ähnl verstr. *Schad, dat myn Voegelken boll* [hohl] *was! säd Jenn, aß hei dei Braatgaus alleinij uppfräten hedd* Eur 1,46. – Rä.: *Wecker Vågel weit nicks as sienen Nåmen?* = Kuckuck Fra/Di. *Wecker Vågel buugt up Däker, sich sien Nest, dat grot un säker? Wenn he singt, schont he sien Lung', sech mål, kennst du em, mien Jung'? Täuf mål eis, ik help di råden! He hett Hosen nich un Wåden, un sien Rock is schwart un witt, un dien Schwesting bröcht he mit* = Storch Stral.

Vågelafschmieten n., veralt., Belustigung für Kinder, bei der es galt, eine hölzerne Vogelfigur abzuwerfen. *Jeder bringt 'ne Kül* [Schlagholz, Knüppel] *taum Vågelafschmiete mit* Bel/Gn. – **Vågelbeer** f. **1.** Vogelbeere, Frucht der Eberesche (Sorbus aucuparia) verstr. Vereinzelt auch als PflN für diesen Baum gebraucht. → Q u i t s c h. – **2.** Holunderbeere Gwd/Lu, Uec/Ha. – **Vågelbeerbom** m., PflN, Vogelbeerbaum, Eberesche (Sorbus aucuparia) vereinz.

Vågelbunk m. Nichtsnutz Nib 68. Vgl. H a n s b u n k. – **Vågelbunt** m., Pl. *-bunnen*, Vagabund, Landstreicher. *Vågelbunnen will ik hier nich seihn!* Rüg/Ae. – Sagw.: *Läwen un läwen laten, säd de Vagelbunt, greep 'ne Luus un sett sei up 'n Tuunpaal* HuMGwd 10,8,11.

Vågelbur n. Vogelbauer vereinz., HomWb 229. – **Vågelbuurken** n. **1.** Vogelkäfig verstr. Gebräuchlicher ist

Buurken. – **2.** kleiner Wohnraum oder Anbau vereinz. – **Vågeldunst** m., jägerspr., feinster Schrot für die Vogeljagd. – **Vågelhåfk** m., TiN. **1.** Sperber Kol/Jr, Kol/Wa. – **2.** Kuckuck Kol/Pr. – **Vågelheck** f., veralt., Käfig für brütende Vögel vereinz. – **vågelig** Adj. **1.** verrückt, geisteskrank vereinz. Gebräuchlichere Syn. s. mall. – **2.** hochmütig vereinz. MPom. – **Vågelkesper** f. wie Vågelkirsch vereinz. HPom, LauWb 369. – **Vågelkirsch** f., PflN, Vogelkirsche (Prunus avium) verbr. – **Vågelkrut** n., PflN. **1.** Vogelknöterich (Polygonum aviculare) vereinz. – **2.** Vogelmiere (Stellaria media) vereinz. – **Vågelmier** f., PflN, Vogelmiere (Stellaria media) verbr., [5]Tita 49. *Vågelmier fräten dei Häuhner giern* Dem/De. – **Vågelnest** n. **1.** Nest eines Vogels. *Dei Bengels hemm' dat Vågelnest utnåhmen* Gwd/Ba. Mahnung, sich von Vogelnestern fernzuhalten: *Œwer Vågelnester dörf man keinen Åten* [Atem] *gåhn låten!* Gri/Ti. – Sagw.: *Uns Herrgott weit allens, seggt de Jung, öwer nich mien Vågelnest, dat sitt in'n Durnbusch* SundTr 1,62. – **2.** kranzförmig aufgestecktes Haar. *Sei hett 'n Vaujelnest up'm Kopp* Gbg/Gp. – **Vågelscheiten** n. Schützenfest, bei dem nach einer auf einer hohen Stange angebrachten Vogelfigur aus Holz geschossen wird. – **Vågelschiet** m./f., vereinz. n., Vogelmist. – Volksgl.: *Vågelschiet up'e Kleedung bringt Glück* Fra/Br. – **Vågelschu** f. Vogelscheuche verstr. Übertr.: häßlicher, liederlich gekleideter Mensch. – **Vågelschugels** n. dass. *Wi möten up'n Acker Vågelschugels upstellen* Dem/De. – **Vågelstang'** f. lange Stange, an deren Spitze ein hölzerner Vogel als Ziel beim Vågelscheiten angebracht wird. – **Vågeltrittholt** n. **1.** Holz, auf das Vögel getreten haben. Nur als scherzh. Antwort auf die Frage nach einer bestimmten Holzart. *Wat is dat för Holt? = Vågeltrittholt* Ank/An, ähnl. vereinz. Vgl. Trittvœgel(ken)holt. – **2.** PflN, Ahorn Lau/Zw, vgl. DWA 1, Kt.6. – **Vågelwark** n., Koll., Vögel. *Bi Winterdag hemm' wi väl Vågelwark in'n Goren* Gri/Gm. – Wetterr.: *Wenn dat Vågelwark sich väl båd't, gifft dat Rägen* Gri/Bo. – **Vågelwieh** f., TiN, Habicht Gri/Zf, Rum/Tr.

Vågt m., veralt., 'Vogt' Statthalter auf einem Gut vereinz.

vaken s. faken.

Vaker s. Wåker.

väl viel. Komp. mihr, Sup. meist, mihrst. **1.** Indefpron. – **1.1.** in großer Menge, in erheblichem Ausmaß. *Dei Bur hett väl Land* Fra/Bn. *Dat Johr hett väl Dåg* Stral. *In'n Harfst gifft't väl Plummen* Ank/An; *väl Lür* viele Leute Reg/Do. *Hei hett nich so väl Geld as ik* Gwd/Nu. – Sprw.: *Väl Schwien måken denn Drank dünn* Fra/Br, ähnl. verstr. *Wo väl Dreck is, is uk väl Speck* Rum/Tr, ähnl. verbr. – Sagw.: *Väl Kinner, väl Sägen, säd dei Köster, don stök hei denn Döpschilling in sien Tasch* Gwd/Nu. *Väl Köpp, väl Sinn, säd dei Düwel, don schöf hei 'ne Kor vull Poggen* Fra/Br. *Väl Schriegerie un wenig Wull, säd dei Düwel, don schråpt hei 'ne oll Sœg* Dem/Kt. – **1.2.** eine große Anzahl, Menge. *Dat wier 'n bäten väl* Rüg/Ae. *Du wist ümme(r) väl hewwe* Reg/Kw. In fester Vbdg.: *väl un noch wat* sehr viel, allerhand Gri/Go, ähnl. verbr. Floskelhafte Abweisung für jmd., der sich beklagt, zu wenig bekommen zu haben: *Väl führt dei Bur up'n Wågen!* Dem/De, ähnl. allg. – Sagw.: *Is dat nich väl, is dat doch wat, säd de Jäger, don schöt he 'ne Kreih* Stral. *Wenn't uk nich väl is, is dat doch wat, säd de Diern un friegt 'n Schnieder* Gwald. *Nimm mi man, säd dat Mäken, ik will uk nich väl äten* Ank/Km. – **2.** Adv. – **2.1.** oft, häufig. *Ik bün väl in'e Stadt wäást* Gwd/Nu. *Dat hett man hüt väl* das kommt heutzutage oft vor Gwd/Ba. – **2.2.** veraltd., sehr, überaus. *Dat is buten väl kolt hüt* Gri/Ti. *De is väl jiezig* sehr geizig Sto/Gd. *De Meester schimpt mi ümmer väl* beschimpft mich immer sehr Saa/St. *De gode Pudel* [...] *verschrack sich går veele* erschrak sich gar sehr Arn 13. – **2.3.** (vor Komp. und vor *tau* + Adj.) weitaus, wesentlich, bedeutend. *Dat Äten schmeckt hüt väl bäter as gistern* Rüg/Pu. *Du büst noch väl tau jung'* Use/Sw.

Lautvar.: Zur lautlichen Realisierung des Stammvokals s. PWb 1,1, LXII, Kt.7. Im südlichen SPom und daran angrenzend in Teilen von Posen-Westpreußen ist auslautendes *l* nach Langvokal zu einem silbischen *a*-Laut vokalisiert worden. Vgl. [3]Tita 10.

välerhand Indefpron., veraltd., vielerlei, allerhand vereinz. *Dat gifft välerhand Oorten von Minschen* Rüg/Ae. – **Välfråt** m., *Välfråß* vereinz., Vielfraß, gefräßiger Mensch. – Ral.: *Een Välfråt ward nich geburen, de måkt sich sülben* Gwald. – **välfråtsch** Adj. gefräßig vereinz. *Dat Veeh is hüt so välfråtsch* Uec/Ge. – **välmål(s)** Adv. vielmals, häufig vereinz. *Ik dank uk välmåls* Pyr/Lt. *Väälmal is dei Schnei natt* JostWb 114.

van s. von.

Vanillj f. Vanille. *Ik kann dei Vanillj gaut schmecken* Gwd/Ba.

Vås' f. Vase. *Wi willen dei Blaumen in'e Vås' stellen* Gri/El.

Vedder m., *Verrer* verstr. VPom, sonst selt., *Vetter* vereinz. MPom HPom, Vetter, Cousin. *Dei Kopmann is mien Verrer, sien Schwester is mien Kusien* Gri/Po. *Gistern wier mien Vedder ut Griepswold dor* Gwd/Ba. Syn. Kusäng, Mudderbraudersœhn, Vadderbraudersœhn.

Veih n. Vieh. **1.** Sammelbezeichnung für Nutztiere, besonders Rinder. *Dat Veih ward rutdräben* wird auf die Weide getrieben Gri/Go. *Veeh up'n Stall trecken* von der Weide in den Stall treiben Ran/Sr. *Dat Veih ward mit Heu faudert* Gwd/Ba; *dat Veih beschicke* versorgen Kös/Pt; *dat Veih börnen* tränken Gwd/Nu. *Dei Jung' möt dat Veih häuden* Dem/Kt. *Dei Bur hett luter schwartbunt Veih* Fra/Ff. *Dat's doch blot een Hööft / Stück Veih* das ist doch bloß ein Stück Vieh Rüg/Pu. *Dei Bur hett negen Hööft Veih* neun

Rinder Gwd/Nu. *Dat dodig Veeh kümmt nåh'n Schinner* Ank/An. Bäuerliche Devise: *Eist dat Veih un denn dei Lüd!* Gri/Gm, ähnl. allg. – In der Paarformel: *Veih un Fohrt* lebendes und totes Inventar, der gesamte Besitz vereinz. VPom, sonst selt. *Dei Hoff is verköfft mit Veih un Fohrt* Fra/Fr. – Sagw.: *Wer Veih hett, hett ok Afgang, säd de oll Fru, don harr se man een Gössel utkrägen, un dat bleef ehr dot* Ank/An. – Volksgl.: *Dat Veih kann in'e Niejohrsnacht räden* verstr. *Ein Stück Veih möt man bi'm Schlachten nich beduern, dat möt sik süss lang quälen* Dem/Tp, ähnl. verbr.; *'n Haufiesen an dei Stalldör bringt Glück för't Veih* Fra/Fr, ähnl. verstr. – **2.** zumeist pejorative Bezeichnung für jedes mögliche Tier. *Dat Veih* [der Köter] *hett mi in'e Hand bäten* Gwd/Nu.

Lautvar.: Zur lautlichen Realisierung des Stammvokals mit den Hauptvar. *Veih* und *Veeh* s. PWb 1,1,LXV, Kt.11.

Veihbrems f., TiN, Viehbremse, Stechfliege vereinz., vgl. DWA 5, Kt.12. *Dei Veihbremsen stäken hüt schlimm* Gri/Mi. → Bröms. – **Veihbunk** m./f. dass. vereinz. NOPom. – **Veihdiern** f. Magd, die sich um das Vieh kümmert vereinz., Nib 41. – **Veihdokter** m. **1.** Tierarzt. *Hei hett Veihdokter lihrt* er hat Tiermedizin studiert Gwd/Ba. Vgl. im Unterschied dazu Minschendokter. – **2.** schlechter, grob vorgehender Humanmediziner. – **Veihdrift** f. **1.** Weg, auf dem das Vieh zur Weide getrieben wird. Hist. Flurnamenbeleg: *de wech, de heten is vedrift* (1354) LibMem 1,51. – **2.** Viehweide vereinz. – **3.** das Austreiben des Viehs auf die Weide vereinz. – **Veihfauder** n. Viehfutter. *Wi bruken väl Klee as Veihfaurer* Rüg/Ae. – **Veihhaud** f. Viehherde. *Dor in'e Koppel is 'ne grote Veihhaud* Gwd/Nu. – **Veihkoppel** f. eingezäunte Weide für das Vieh. – **Veihmarkt** m./n. Markt, auf dem Vieh zum Verkauf angeboten wird. *Dei Bur will Käuh un Schwien up'n Veihmarkt verköpen* Gwd/Nu. – **Veihmarkthilligåbend** m. geselliges Beisammensein der Händler am Abend vor dem Viehmarkt Reg/La. – **Veihmess** m. Dung, Mist verstr. *Dei Bur bringt Veihmess up'n Acker* Gri/Go. – **Veihräuf** f., PflN, Runkelrübe, Futterrübe selt. Gebräuchlichere Syn. s. Runkelräuf. – **Veihstäd** f. Tränke für das Vieh Net/Hf. → Wätering. – **Veihstall** m. Viehstall. *In'n Veihstall is väl Stroh för dei Käuh* Dem/Kt. *Dei Knechts müssten früher in'n Veihstall schlåpen* Gwd/Ba. Syn. Veihtimmer. – **Veihstand** m. Viehbestand verstr., JostWb 115. *De Bur will sich 'n frischen Veehstand anschaffen* Ghg/Wt. – **Veihståpel** m. dass. verbr. *In'n Stall ståhn väl Käuh un Pierd, dat's 'n groden Veihståpel* Gwd/Nu. – **Veihtimmer** n. wie Veihstall verbr. VPom, sonst vereinz. *Dat Veihtimmer is gistern afbrennt, dor sünd väl Schwien bi ümkåmen* Gri/Ti. – Volksgl.: *In't Veihtimmer möt ümmer 'n Zägenbuck husen, denn schleit dor kein Blitz in un dat Veih kann nich verhext warden* Gwald, ähnl. HuMGwd 76,170f.,3. – **Veihtucht** f. Viehzucht. *Mien Nåber hett all lang 'ne Veihtucht* Gwd/Nu. – **Veihtüg** n. Viehzeug. **1.** Sammelbezeichnung für Nutztiere. *Dat Veihtüg* [Geflügel] *löppt all werrer up'n Hoff rüm* Gwd/Ba. – **2.** lästige Tiere aller Art.

Veilk n., PflN, Veilchen verstr. NOPom, HomWb 231.

veir s. vier.

Veloziped s. Feluzipee.

venerisch Adj. geschlechtskrank, syphilitisch.

Lautvar.: Belege mit stl. Anlaut: *fenerisch* vereinz., *finerisch, fineersch* vereinz., *finedisch, fineedsch* selt.

Venien, veniensch s. Fenien, feniensch.

ver- Das unbetonte Präfix wird lautlich ohne klare Raumbildung zumeist [fɐ] oder [fə] realisiert, in HPom auch [fɔ]. Nur relikthaft ist in Vorpommern noch die sprachgeschichtlich ältere Form *vör-* belegt. – Mnd. *vor-, vör-.*

Veracht f., veralt., Verachtung, Geringschätzung selt. *De Veracht weer vör em schlimm* die Verachtung der anderen war für ihn sehr belastend Ghg/Li. – **Verachtels** n., veralt., etwas, das man geringschätzt und bespöttelt vereinz. VPom. – Sprw.: *Jeder kricht sien eigen Verachtels* jeder bekommt (gelegentlich) etwas, das er partout nicht haben wollte Gri/Wd. – **verachten** sw. geringschätzen. *Os Platt* [plattdeutsch] *dat wad oschüll'g* [unschuldig, grundlos] *vaacht't* Bul 8. – **veraffolgen** sw., veralt., verabfolgen, verabreichen verstr., HomWb 231. – **verafräden** sw. verabreden. **1.** etwas gemeinsam beschließen. – **2.** refl., ein Treffen mit jmd. vereinbaren. *Wi hemm uns to Klock achten verafräd't* Use/Wl. – **veräkeln** sw. verekeln, verleiden. *Sei will em dat Supen veräkeln* Gwd/Ba. – **verakkedieren** sw. **1.** etwas vereinbaren. *Ik heff dat so mit em verakkediert* Gwald. – **2.** über etwas verhandeln. *He verakkedeert üm sien Daglohn* Ran/Pe. – **verakziesen** sw., veralt. **1.** etwas versteuern, verzollen vereinz., HuMGwd 5,13,10. – **2.** steuerlich veranschlagen vereinz. – Sprw.: *as de man deit, so wert he verakzîset* durch sein Tun erwirbt sich ein Mann Achtung oder Mißachtung KosWb 178. – **veramüsieren** sw., refl., sich amüsieren vereinz.

Veranda f., *Feranda* vereinz., wie hd. *Hei hett sich 'ne Veranda vör't Hus buugt* Kol/Pr.

verännerlich Adj. veränderlich, unbeständig. *Dat Wärer is hüt so verännerlich, dat gifft woll noch Rägen* Gwald. – **verännern** sw., refl. **1.** sich äußerlich oder charakterlich verändern. *Du hest di bannig verännert in dei Johren* Fra/Br. – **2.** seine berufliche Stellung wechseln. *Sien Arbeit is schwor, dorüm will hei sik verännern* Gwd/Nu. – **3.** sich verheiraten. [*Hei*] *is gistern bi den Preister west un het em mellt, dat hei sik wedder verännern wull* Spi 79. – **verantwuurden** sw. **1.** für die Folgen von etwas einstehen. *Dei Såk kann ik nie nich verantwuurden!* Gri/Go. – **2.** refl., sich für seine Taten rechtfertigen. – **veråpen** sw. jmd. veralbern vereinz. *Markst du dat nich, dat* *hei di veråpe deet?* Lau/GW. – **veräppeln** sw. jmd. zum Narren halten. *Dei Bengel is so driest, dei kann nicks as anner Lüd veräppeln* Dem/Tp. – **verarben** sw. etwas vererben, vermachen. *Dat Geld hett sien Tanten em verarft* Gwd/Ba. Syn. vermåken. – **verargen** sw. **1.** schlimmer werden (bes. auf eine Wunde bezogen) vereinz. – **2.** jmd. etwas verübeln vereinz. *Dat du nich up em tööft hest, hett he di verargt* Rüg/Pu. – **3.** jmd. etwas verleiden selt. – **verargern** sw. **1.** (sich) verschlimmern (bes. von einer Wunde). *Du hest (di) de Wunn dull verargert* Ank/An. – **2.** jmd. verärgern. – **veråsen** sw. **1.** etwas vergeuden, verschwenden. *Du mööst nich dat schöne Geld in'n Kraug veråsen!* Gri/Mi. *Sei hett bi't Backen dei ganze Bodder veråst* Fra/Zi. – **2.** verkommen lassen, nicht ordentlich mit etwas umgehen. *Dei Bur is 'n Süper, hei hett denn Hoff veråst* Gwd/Ba. – **3.** unbrauchbar werden, verderben. *Dat ganze Fleesch is bi de Hitt veråst* Pyr/Lt. – **verasten** sw. **1.** jmd. verprügeln vereinz. → nüschen[1]. – **2.** jmd. zum Narren halten Uec/Pa, Ran/Sr. – **veraukschonieren** sw. versteigern verstr. *dei Burhof* [*müßt*] *veraukschoniert warden* NIB 101.

verbackäppeln sw. jmd. verulken verstr. VPom. *Dei Kierl späälte sich so up, don hebben wi em orig verbackäppelt* Dem/De. – **verbacken** sw./st. durch Backen verbrauchen. *Mähl verbacken* Pyr/Lt. – Ral.: *Du hest bi em verbackt* Du hast dich bei ihm unbeliebt gemacht Ghg/Li, ähnl. vereinz. – **verbåhlen** sw. einen Raum mit Dielenbrettern auslegen. *Wi verbåhlen hüt dei Stuf* Dem/De. – **verbalke** sw. Kartoffeln häufeln vereinz. NOPom, vgl. DWA 14, Kt.6. – **verbällen** sw., refl., *verballen* selt., sich eine Verstauchung zuziehen. *Ik bün henfollen un heff mi denn Fot verbällt* Rüg/Zi. → verstuken. – Mnd. *vorballen.* – **verballern** sw. **1.** jmd. verprügeln vereinz. – **2.** etwas sinnlos verschwenden vereinz. *Geld verballern* Gwald. – **Verband** m. Wundverband, medizinischer Verband. – **verbankern** sw. Hab und Gut verspielen vereinz. VPom. – **verbargen** st., vereinz. sw., verbergen. **1.** verstecken, fremden Blicken entziehen. *Hei wull sich in't Schapp verbargen* Gwd/Ba. – **2.** etwas verheimlichen. *Verbarg mi nicks!* sag mir die Wahrheit! Ank/Br. – Sprw.: *Leiv un Hausten laten sik nich verbargen* HUMGWD 77,99,4, ähnl. verstr. – **verbåst** Part.Adj. **1.** verwirrt, verstört. *Hei wier so verbåst in'n Kopp, dat hei kein Wuurt seggen künn* Fra/Pe. *Ji måken mi noch ganz verbåst!* ihr bringt mich noch völlig durcheinander! Gri/Gm. Vgl. verbiestert. – **2.** verblüfft, erstaunt. *Ik wier ganz verbåst, as ik dei Geschicht hüürt heff* Gri/Ge. – **verbäten** Part. Adj. verbissen, hartnäckig, zäh. *De Lüd arbeiden verbäten denn ganzen Dag* Uec/Ue. – **verbätern** sw. verbessern. **1.** qualitativ besser machen. *Dei Bur hett dei Tucht verbätert* Kol/Pr. – **2.** etwas korrigieren, berichtigen. *Hei hett em dei Fählers verbärert* Gwd/Ba. – **3.** refl., in beruflicher, sozialer Hinsicht aufsteigen. *Ik will mi verbädern, dorüm war ik in'e Stadt trecken* Ank/Br. – **verbeiden** st. etwas verbieten, untersagen. *Ik heff em dat verbåde, œwer hei möckt dat ümmer wedder* Saa/Le. *Von di låt ik mi nicks verbeiden!* Gwd/Ba. *Dei Wisch is verbåden* das Betreten der Wiese ist verboten Fra/Zi. – Sprw.: *Wenn de Minsch verbaden Spill makt, giwwt de Düwel ümsünst de Musik dorto* HUMGWD 12,10,11.

Verbeit n. Gebiet, Bezirk, Revier verstr. VPom. Gebräuchlicher ist das Syn. Rebeit. Hist.: *So was he dem Bösen in sin Vörbet kamen* ARN 28.

verbidden st., refl. **1.** sich etwas verbitten. *Ik heff mi dat Schriegen verbäden* Gwd/Ba. – **2.** sich entschuldigen, Abbitte leisten. *Se bruken sich nich bi mi to verbidden, denn Se hebben sik nix vörtosmieten* [3]TRI 100. – **verbiestern** sw. **1.** sich verirren, in die Irre gehen. *In'n Düüstern kann man licht verbiestern* Gwd/Ba. *Ik bün gistern in'n Busch verbiestert* Rüg/Be. Refl.: *Ik heff mi in'n Näbel verbiestert* Gwd/Wi. – **2.** einen Irrtum begehen, sich täuschen. *in'e Klock verbiestern* sich in der Uhrzeit irren Gwd/Nu. – **3.** jmd. verwirren verstr., [7]BAND 133. – **verbiestert** Part. Adj. **1.** verwirrt, nicht ganz klar im Kopf. *Wat seggst du dor? Du büst woll verbiestert!* Dem/Tp. Verstärkend in der Fügung: *verbiestert un verbåst* verstr. – **2.** verärgert, unzufrieden verstr.

verbieten st. **1.** refl., sich (ineinander) verbeißen, festbeißen. *Dei beiden Hunn' hemm' sich verbäten* Gwd/Ba. – **2.** eine Kleinigkeit essen vereinz. VPom MPom, verbr. HPom. *Dat's bloß 'n Happs, 'n bäten to'm Verbieten* Ran/Ro. – **3.** sich etwas nicht anmerken lassen. *Hei verbitt sienen Arger* Dem/Tp; *sik dei Weihdåg verbieten* Fra/Pe. – **4.** refl., sich in etwas verrennen, von etwas nicht mehr loskommen. *Hei hett sik stief dorup verbäten* Gwd/Nu. – **5.** refl., sich etwas aus dem Sinn schlagen. *Dat verbiet di man, dor ward doch nicks ut!* Dem/Tp.

verbimsen sw. **1.** jmd. verprügeln. → nüschen[1]. – **2.** etwas verschwenden, verprassen verstr. MPom HPom. *He hett dat Jild* [Geld] *all werrer verbimst* Pyr/Wi. – **Verbinnels** n. Wundverband Kol/Pr. – **verbinnen** st. **1.** einen medizinischen Verband anlegen. *Dei Dokter verbünn em denn Arm* Ank/Br. – **2.** Einzelteile zusammenfügen. *De Balken sind all verbunnen* Pyr/Lt. – **verbläuden** unr. **1.** verbluten. *Hei is in'n Krieg binåh verblött* Gwd/Ba. Auch refl.: [*He*] *stök em in'n Buk, dat dat Deerd sick verblöden müßt* DLP 4,152. – **2.** refl., allmählich in Vergessenheit geraten, an Brisanz verlieren. *Dei Såk verblött sik mit dei Tiet* Fra/Pe. – **verbläugen** sw. verblühen. *Dei Rosen sünd dit Johr all tiedig verbläugt* Gri/Mi. – **verblennen** sw. jmd. durch den äußeren Schein blenden, täuschen. – **Verblenner** m. Klinkerstein verstr. – **verblickst** Adj. verdattert, verwirrt, wie vom Blitz getroffen verstr. VPom, [17]BAND 41. *Hei stünn ganz verblickst dor un künn nicks mihr seggen* Gri/Ti. – **verblüffen** sw. wie hd. *So licht låt ik mi nich verblüffen!* Gwd/Ba. – Scherzfr.: *Wur heet* *dat elfte Gebott?* = *Låt di nich verblüffen!* Uec/Pa, ähnl. verstr. – **verblümmen** sw. etwas vergeuden, verschwenden vereinz. MPom. *He verblümmt dat janze Jeld* Ran/Sr. – **verbœgeln** sw. jmd. verprügeln vereinz. Syn. s. nüschen[1]. – **verbögen** sw. etwas verbiegen. – Ral.: *De is in'n Kopp verböögt* ist verrückt, geistesschwach Ank/An, ähnl. vereinz.

verbolgen Adj., veralt. **1.** frech, unverschämt vereinz., DÄHWB 518. *Dei Jung' ward ümmer verbolgener, hei mutt in dei Lehr* Sch/SB; *'n verbolgen Strick* ein durchtriebener Kerl Kol/Zw. – **2.** waghalsig, verwegen HOMWB 231: *Up dem Seil to danze, dat is ein sehr verbolgen Wark.* – Mnd. *vorbolgen.*

verbollwarken sw. **1.** fachspr., ein Schiff besonders stabil bauen. – **2.** jmd. verprügeln verstr. *Bi denn Striet in'n Krog hebben se eenen Kierl düchdig verbollwarkt* Rüg/Dm. → nüschen[1]. – **3.** stark beschädigen, ruinieren verstr. *Låt dei Bengels nich up'n Hoff, dei verbollwarke alls!* Sch/Sd. – **verbolzen** sw. **1.** *verbolten* selt., mit Bolzen verbinden. – **2.** jmd. verprügeln vereinz. *Wohr di, süss war ik di verbolzen!* Ank/An. – **verbomen** sw., *verbömen* vereinz. MPom HPom, *verbeeme* NOPom, verrotten, verfaulen, stockig werden. *Dei Såt is in'e Ierd verboomt* Gri/Mi; [...] *verbomen, as en Appel vermullschen deit, den stęken hett de Worm?* [2]SCHWA 63. Auch refl.: *De Roggen verboomt sik* Rüg/Zi. → verfulen. – **verbören** sw. **1.** refl., sich verheben. *Ik heff mi verböört, nu deit mi dat Krüz weih* Fra/Zi. *Verbör di nich mit denn schweren Korf!* Gwd/Ba. Syn. verhäben. – **2.** etwas an eine andere Stelle als gewohnt legen und deshalb nicht wiederfinden verstr. HPom. → vermuschen. – **verborgen** sw. etwas verleihen, jmd. vorübergehend überlassen. *Hei is knickerig, dei verborgt keie Gild* Kol/Zw. – **Verbott** n. Verbot. *Hei hett Verbott krägen, dat werrer tau daun* Gwd/Ba. – **verbottern** sw. **1.** nicht geraten, mißlingen verstr. – Ral.: *Wat eis verbottert is, dat blifft verbottert!* Dem/Pz, ähnl. vereinz. – **2.** etwas vergeuden, verschwenden vereinz. *Hei hett sien ganzes Geld verbottert* Dem/Tp. – **verbrabbeln** sw., refl., sich versprechen, verhaspeln verstr. – **verbråden** st./sw. **1.** (Fleisch) zu lange, zu stark braten. *Dat Fleisch verbrött in'e Pann* Dem/De. – **2.** durch Braten aufbrauchen. *Wi möten dei basche* [ranzige] *Bodder verbråden* Gwd/Nu. – **3.** vergeuden, verprassen verstr. *Geld verbråden* Gwald.

verbräken st. **1.** etwas verbrechen, Unrechtes anstellen. Zumeist im Perfekt: *Wat hett dei Bengel nu all werrer verbråken?* Gwd/Ba. – **2.** refl., sich verheben verstr. *Bi't Drägen von de schworen Säck heww ik mi verbråken* Rüg/Dm. – **Verbräken** n. Verbrechen, schwere Straftat. *Dat kannst du ruhig daun, dat is doch kein Verbräken nich!* Gwd/Ba. – **Verbräker** m. **1.** Verbrecher. *Dei Kierl süht ut as 'n gemeinen Verbräker* Gwd/Nu. – **2.** unberechenbares, überaus störrisches Pferd verstr. *Dei Kutscher will denn Verbräker nich vörspannen* Dem/Tp.

verbraudern sw. **1.** refl., sich verbrüdern. Abweisend, wenn sich jmd. sehr anbiedert: *Du wist di woll mit mi verbrödern!* Ghg/Wt. – **2.** (in geselliger Runde) verprassen verstr., [1]BAND 4,86. *Hei hett sien Geld in'n Kraug verbraudert* Gwald.

Lautvar.: *verbräudern* vereinz., *verbrodern, verbrorern* verbr. °Rüg, verstr. MPom, *verbrödern, verbrörern* vereinz. MPom, *verbreid(e)re* verstr. NOPom, *verbrudern* vereinz.

verbräugen sw. verbrühen. *Ik heff mi dei Tung' verbräugt* Rum/Pr. – **verbreiden** sw. **1.** etwas verbreiten, in die Öffentlichkeit tragen. *Lœgen verbreiden* Gri/Gm. – **2.** verbreitern, breiter machen. *Wi willen denn Gråben verbreiden* Ank/Br. – **verbreiwen** sw., veralt., verbriefen, schriftlich garantieren. *Dat Recht is em verbreift* Gwd/Nu.

verbrennen unr. **1.** durch Feuer vernichtet werden. *Dei ganze Schün is bi't grode Füer verbrennt* Dem/Kt. – Sagw.: *Wenn de Lihrer nich mit verbrennt is, kann't all nicks helpen, säd de Jung, don was dat Schoolhus dalbrennt* HUMGWD 8,46,2. – **2.** in Flammen aufgehen lassen. *Wi willen all dat olle Tüügs tau Asch verbrennen* Fra/Ln. – Sagw.: *Dat gifft 'n heiten Dag, säd de Hex, don süll se verbrennt warden* Stral. – **3.** anbrennen, durch zu starke Hitzeeinwirkung ungenießbar werden. *Dat rüükt hier in'e Kœk so verbrennt* Gri/Gm. *Dei Kauken verbrennt in'n Åben* Gwd/Nu. – **4.** verdorren. *Dat is hüt so heit, dat't Kuurn up'n Acker verbrennt* Dem/Tp. – **5.** refl., sich eine Brandwunde zuziehen. *Ik heff mi dei Hand an'e heite Hierdplatt verbrennt* Gri/Go. – Ral.: *sik dei Näs verbrennen* sich (durch unvorsichtiges Handeln) schaden, sich eine Abfuhr einhandeln Fra/Ar, ähnl. verstr. – Volksmed.: *Hett man sich verbrennt, möt man Tüffelmähl* [Kartoffelmehl] *up dei Stell streugen* Gri/Mi, ähnl. verstr. – **6.** durch Brennenlassen verbrauchen. – Ral. heißt es über unsinniges Verhalten: *Hei söcht eenen Penning un verbrennt föör 'n Gröschen Licht* HUMGWD 74,324f.,1.

verbringen unr. etwas verprassen, verschwenden. *Dei Schnapsbrauder hett dat ganze Geld verbröcht* Gri/Gm. *Dei malle Kierl ward noch Hus un Hoff verbringen* Gwd/Nu. – **verbringern** Adj. verschwenderisch selt. – **verbringlich** Adj. dass. vereinz. HPom.

verbruddeln sw. **1.** etwas verpfuschen, verhunzen verbr. *Du hest dei Arbeit verbruddelt, vördem wier dat väl bäter* Dem/Tp. *Dei Oll hett sien Läben dörch dat väle Supen verbruddelt* Gri/Ti. → verbumfiedeln. – **2.** (Geld) verschwenden vereinz. – Zu bruddeln[2]. – **verbruken** sw. **1.** verbrauchen, aufbrauchen. *De Botter mutt hüt verbruukt warn* Pyr/Lt. – **2.** akzeptieren, hinnehmen. – Ral.: *Wi möten all so verbruukt warn, as wi sünd* Gwald, ähnl. verstr. – **verbrussele** sw. etwas verpfuschen vereinz. ZPom. → verbumfiedeln. – Zu brusseln[2]. – **verbuchten** sw. verwühlen, zertrampeln selt. MPom HPom. *dei Berre verbuchte* die Betten zerwühlen

Kol/Go. Vgl. BBWB 1,793: ²*buchten*. – **verbucken** sw. etwas verbocken vereinz. – **verbuddeln** sw. vergraben. *Dei Hund hett 'n Knåken verbuddelt* Gwd/Nu. – **verbuern** sw., *verburen* vereinz., bäurisches, unfeines Verhalten annehmen verstr. *Dei Paster wier all ganz verbuert up sien Dörp* Gwd/Ba. – **verbuffen** sw. jmd. Schläge verabreichen vereinz. – **verbugen** sw. **1.** Geld für Bautätigkeiten ausgeben. – Ral.: *Hus un Hoff verbugen* sich beim Bauen übermäßig verschulden Gri/Ti, ähnl. vereinz. – **2.** stümperhaft, unzweckmäßig bauen. – **verbülen** sw. **1.** verbeulen, eindellen verstr. HPom, sonst vereinz. – **2.** jmd. verprügeln selt. MPom, vereinz. HPom. – **verbullern** sw. durch starke Erschütterungen geschädigt werden (von bebrüteten Eiern) vereinz. Vgl. verdrœnen.

verbumfeien sw. verprassen, verschwenden vereinz. VPom. *Hei hett sien ganzes Geld verbumfeit* Gri/Bo. Vgl. verfumfeien.

verbumfiedeln sw. **1.** leichtsinnig Geld ausgeben verbr. *Nu hett hei keinen Gröschen mihr, hei hett allens verbumfiedelt* Gri/Gm. Vgl. verfumfiedeln. – **2.** etwas vermurksen, verpfuschen verstr. *Hei hett dei Arbeit verbumfiedelt* Gri/Bo. – **3.** ruinieren, zugrunde richten verstr. *Dei Bur hett Hus un Hoff verbumfiedelt* Dem/Tp. – **4.** etwas durch Nachlässigkeit verlieren, verlegen verstr. → vermuschen. – **5.** schwängern vereinz.

Rsyn. zu 2.: *verbruddeln, verbrussele, verkölksen, vermuddeln, vermurksen, vernuddeln.*

verbummeln sw. **1.** Zeit vertrödeln. *Twei Johr hett hei in'e Stadt verbummelt* Gwd/Ba. – **2.** durch Achtlosigkeit verlieren, verlegen. *Ik heff mien Metz verbummelt* Uec/Pa. → vermuschen. – **3.** verkommen, verwahrlosen. *De Bengel verbummelt ganz un gor* Pyr/Lt.

verburen s. verbuern.

verbuschen sw. **1.** verstecken, verbergen. *Mit dat Geld låten se di nich œwer de Grenz, wenn du dat nich verbuschen kannst* Rüg/Zi. *In'n Krieg hebben wi dat Sülwertüg verbuscht* Gwd/Nu. – **2.** verheimlichen, vertuschen vereinz. – **3.** durch Unachtsamkeit verlegen, verkramen verstr. HPom, sonst selt. → vermuschen. – **verbutten** sw. **1.** verkümmern, im Wachstum zurückbleiben verstr. *Dat arme Mäken is ganz verbutt't* ist kleinwüchsig Ran/Ro. → vermückern. – **2.** nicht vorankommen, steckenbleiben vereinz.

Verdacht m. wie hd. *Ik heff em up Verdacht, dat he dat måkt hett* Saa/Le. – **verdächtig** Adj., gesprochen zumeist *verdächdig*, wie hd. vereinz. *Dei Kierl måkt sich verdächdig* Gwd/Ba. – **verdaddert** Part.Adj., *verdattert* vereinz., *verdarrert* selt. VPom, verwirrt, verdutzt, perplex. *Hei is so verdaddert, dat hei kein Wuurt rutbringen kann* Dem/Tp. *De oll Mann stünn ganz verdaddert dor un wull dat nich glöben* Ank/An. – **verdåksen** sw. jmd. verprügeln VPom, sonst verstr. *Ik heff em orig verdåkst, nu ward hei sich woll gaut benähmen* Gri/Mi. – **verdamme** sw. etwas zertrampeln vereinz. HPom. *De Schåp hewwe dat Korn verdammt* Cam/Rm. – **verdammeln** sw. etwas leichtsinnig verschwenden vereinz. *Hei hett all sien Geld verdammelt* Neu/We. – **verdammen** sw. wie hd. Vor allem in Flüchen belegt: *Gott verdamm mi!* Gwd/Ba, ähnl. verbr. – **verdammt** Adj. wie hd. *Schmiet dat verdammt Wief rut!* Dra/Bu. *Dat hebben dei verdammten Slüngels* [Schlingel] *dån* Rüg/Ae. Auch als Steigerungspartikel: *Dat is hüt verdammt kult* sehr kalt Pyr/Lt. – **verdammtig** Adj. verdammt, verflucht verstr. – **verdampen** sw. verdampfen, verdunsten. *Dat Wåter is all verdampt* Gwd/Nu. – **verdanken** sw. wie hd. *Dat hest du allens mi tau verdanken* Gri/Go.

verdarben st., *verdarwen* verstr. VPom MPom, *verdarwe* verbr. HPom, verderben. **1.** ungenießbar, unbrauchbar werden (bes. von Lebensmitteln). *Dat Fleesch verdarft nich* Pyr/Lt. *Ji hebbe de Wurscht verdarwe låte* Sto/Gl. *Dat Heu verdarft all up'e Wisch* Dem/De. – **2.** schädigen, ruinieren, unbrauchbar machen. *Dei Schnieder hett dat niege Kleed verdorben* Dem/Kt. Refl.: *sik dei Måg verdarben* sich den Magen verderben Gri/Lo. – **3.** schlechten Einfluß (in moralischer Hinsicht) auf jmd. ausüben. *Dei Bengel is so schlimm, hei verdarft dat Mäken ganz un gor* Gri/Gm; *e' vodorwen Meesch* ein verkommener Mensch Gbg/Gz. – **4.** jmd. etwas verleiden. *Du büst all werrer so brummsch. Wisst du mi denn Sünndag verdarben?* Gwd/Nu. – **5.** in prekäre Verhältnisse geraten, zugrunde gehen. *Dei Kopmann is riek, dei ward nich verdarwen* Gwd/Ba. – Spruch: *Wenn de Schåp got ståhn, de Immen got schwarmen un de Frugens got starwen, denn kann de Buer nich verdarwen* Gwald, ähnl. HUMGWD 11,49,5.

Flex.: Genannt werden nur Hauptvarianten ohne Berücksichtigung der lautlichen Realisierung des Präfixes *ver-*. – Präs.Sg.1.: *verdarf, verdarw.* – 3.: *verdarft* verbr., *verdirft* JOSTWB 116. – Prät.Sg.1. u. 3.: *verdürf* verbr. VPom, *verdurf* verstr., *verdörf* vereinz. MPom. – Part.Prät.: *verdorben* verbr. VPom, *verdorwen* verbr. MPom. In HPom dominieren die Varianten *verdorwe, verdurwe.* Vgl. hierzu PRI/TEU 135.

Verdarben n. wie Verdarf selt. – **Verdarf** m./n. Verderben, Verhängnis verstr. *Dat Supen is sien Verdarf* Gwald.

verdau(g)en sw. verdauen. *Dat fette Äten verdaugt mien Måg nich gaut* Fra/Br. Übertr.: *Hei kann dat Unglück verdaugen* mental verarbeiten, bewältigen Ank/Br.

Lautvar.: Die geringe Beleglage für dieses Verb erlaubt keinen aussagekräftigen Überblick über die lautliche Differenzierung. Genannt werden sollen lediglich folgende Varianten für den ostpommerschen Sprachraum: *vedōγə* °Rum, ²MIS 23, *vodōγə* Reg/Kt, *ve(r)daue* °Büt.

verdaun st. vertun. **1.** nutzlos verschwenden, vergeuden. *Hei hett sien Geld verdån* Gwd/Ba. – **2.** etwas verleihen, verborgen verstr. *Dat Bauk kannst du nich kriegen,* *dat heww ik all verdån* Rüg/Ae. – **3.** refl. – **3.1.** sich irren, einen Fehler begehen. *Du kümmst so låt. Hest du di in'e Tiet verdån?* Ank/Br. *Dei Kopmann hett sich woll verdån, dei Räknung stimmt nich* Gri/Go. – **3.2.** sich entfernen, fortbegeben. *Wi willen uns in'e Düüsternis nich so wiet von Hus verdaun* Fra/Bn. *Ik kann mi nu nich verdon, mien Mann kümmt fuurts to'n Meddag* Rüg/Dm. – **3.3.** sich durch eine falsche Bewegung eine Verletzung zuziehen. *Ik heff mi dei Hand verdån* ich habe mir die Hand verstaucht Gwd/Nu. *Verdau di nich!* verhebe dich nicht! Gri/Ti. Auch: sich überanstrengen, verausgaben vereinz. – **3.4.** sich ausruhen, verschnaufen verstr. *De Arbeitsmann möt sich ierst 'n bäten verdon* Stral. – **3.5.** aufgebraucht werden (bes. von Lebensmitteln) verstr. MPom HPom. *De Zucker verdeet sich rasch* Stett.

verdecken sw. **1.** wie hd. *Verdeck mi nich de Sicht!* Uec/Ge. – **2.** zum Dachdecken verwenden vereinz. *Ruhr verdecken* Gwd/Nu. – **verdeffen** sw. jmd. verprügeln verstr. → nüschen[1]. – **verdeffendieren** sw., refl. **1.** sich mit Worten verteidigen, rechtfertigen. *Hei hett sich bi't Gericht gaut verdeffendiert* Gri/Ti. *Sei ward sich all verdeffendieren, dat Mulwark hett sei dortau* Dem/De. – **2.** sich vor einem Angriff schützen. *De Stadt hett dat Recht krägen, sich to verdeffendieren* Gwald. Vgl. deffendieren. – **verdeilen** sw. **1.** etwas verteilen, an mehrere Personen austeilen. *Hüt ward dei Gewinn verdeilt* Gwd/Nu. Scherzh. heißt es über jmd. mit einer sehr großen Nase: *Dei hett bi't Verdeilen düchdig taulangt* Fra/Pe. – **2.** gleichmäßig ausbreiten. *Wäsch up'e Bleik verdeilen* Dem/Kt. – **3.** sich zerteilen, auflösen verstr. *Dat Schwark verdeilt sich* die Gewitterwolke verzieht sich Gwd/Ba.

verdeinen sw. verdienen. **1.** etwas (bes. Geld) für eine Tätigkeit erhalten oder als Gewinn erzielen. *Dei Schipper verdeint bannig väl Geld* Gri/Go. *Sei verdeint noch 'n bäten wat näbenbi* Fra/Ln. *De Daglöhner mütt sich sien Brot sur verdeinen* Uec/Ge. – Ral.: *sik ('n Por) rode Strümp verdeinen* Geld mit der Vermittlung einer Heirat verdienen verstr.; *sich 'n Por lang Stäwle verdeine* dass. verstr. HPom, [6]KAI 164. – **2.** einen berechtigten Anspruch haben, einer Sache oder Person würdig sein. *Du hest di denn Pries ihrlich verdeint* Gri/Gm. *Dei Bedreiger hett sien Stråf nich anners verdeint* Gwd/Ba.

Verdeinst[1] m. der Verdienst, Lohn, Einkommen. *Hei hett bloots 'n lütten Verdeinst* Gwald. *Dat geiht em von'n Verdeinst af* das wird ihm vom Lohn abgezogen Gri/Mi. *Dor is keen Verdeenst bi* daran kann man nichts verdienen Pyr/Lt. *He jütt sien Verdeenst dörch de Kähl* er versäuft sein Geld Ran/Sr. Spruch: *Lütten Verdeinst un säker is bäter as groten Verdeinst klackerwies* Rüg/Lb. – **Verdeinst**[2] n./m. das Verdienst, Anerkennung verdienende Leistung. *Sei hett dat Verdeinst, dat olle Bauk uphäägt tau hebben* Gri/Ti. – **verdelgen** sw. vertilgen. **1.** veraltd., etwas vernichten, ausmerzen. *Unkrut verdelgen* Gwd/Nu. – **2.** Lebensmittel in großen Mengen verzehren. *Dat Äten kannst du nich alleen verdelgen* Ran/Ro. *De hett e' ganz Schöttel Fleesch verdelgt* Saa/Ja. – **3.** etwas verschwenden, verprassen verstr. HPom, HOMWB 231. – **verdenken** unr. **1.** jmd. etwas verübeln. *Dei Schaulmeister hett mi dei Antwuurt verdacht* Gwd/Ba. Stoßseufzer: *Dat verdenkt mi Gott un alle Welt!* das verübeln mir alle! Gwald. – **2.** veralt., jmd. verdächtigen HOMWB 231. – **verdingen** st., selt. sw., refl., wie hd. *Hei hett sich as Knecht bi'n Buern verdungen* Gri/Gm. Flex. s. dingen. – **verdoktern** sw. viel Geld für Ärzte und Medikamente ausgeben verstr. – **verdœmeln** sw. **1.** etwas vergessen, verschwitzen verstr. → vergäten[1]. – **2.** jmd. verdummen vereinz. – **verdoren** sw., refl., *verdåren* vereinz. VPom, Uec/Ue, sich von etwas erholen verbr. VPom, [3]GIL 77. *Hei hett sich nich mihr von dei Krankheit verdoort* Dem/Tp; *sik von'n Schreck verdoren* Ank/An. Vgl. MWB 7,799. → verhålen. – **verdöschen** sw. jmd. verprügeln verstr. *Dei Bengel hett dat woll verdeint, dat sei em gehürig verdöschen* Dem/De. → nüschen[1]. – **verdœsen** sw. **1.** etwas vergessen, aus dem Gedächtnis verlieren verbr. *De Jung' verdœst ümmer allens, wat he lihrt hett* Ank/An. → vergäten[1]. – **2.** seine Zeit gedankenlos, ohne Sinn verbringen verstr. *de Tiet verdœsen* Uec/Pa. – **verdösten** sw. verdursten. *Dat Veih ward bi dei Hitt doch nich verdösten?* Gwd/Nu. – **verdöwen** sw. durch starken Lärm das Hörvermögen schädigen verstr. VPom, sonst selt. *Wat måken ji för'n Spektåkel? Ji verdöwen einen jå dei Uhren!* Gwd/Ze. Syn. verdrœnen. – **verdräben** Part.Adj. **1.** liederlich, verkommen, verwahrlost. *Dei Rümdriewersch* [Herumtreiberin] *süht all ganz verdräben ut* Gri/Mi. – **2.** übernächtigt vereinz. – Zu verdrieben.

Verdrag m. **1.** Vertrag. *'n Verdrag upsetten* Gwd/Wc. – **2.** gutes Einvernehmen, harmonisches Miteinander. *Wenn junge Lüd bi ehre Öllern wåhnen, denn gifft dat keenen Verdrag* Rüg/Zi. *Mit em is keen Verdrag* mit ihm gibt es nur Streit Rüg/Pu. Spruch: *Dull up dull, dat gifft keinen Verdrag!* Rüg/Ae, ähnl. vereinz. – **3.** veraltd., Versöhnung. *Nåh denn Striet kümmt woll uk Verdrag* Ran/Pe. Syn. Verdrägnis.

verdrägen st. vertragen. **1.** etwas schadlos verkraften, aushalten. *Dei Bom kann Hitt un Küll verdrägen* Ank/Br. *Dei Kierl is so mastig* [robust], *hei kann woll 'n Kniff verdrägen* Gri/Ti. – Sagw.: *Küll kann ik gaut verdrägen, säd dei Bur, don seet hei achtern warmen Åben* Dem/Tp, ähnl. HUMGWD 8,10,5. – **2.** etwas ohne negative Folgen zu sich nehmen können. *Dat fette Äten verdrecht mien Jung' nich* Fra/Bn. *Hei kann väl Schnaps verdrägen* Use/Sw. – Ral.: *Een pommerschen Mågen kann allens verdrågen* Stral, ähnl. verbr. – **3.** refl. – **3.1.** gut miteinander auskommen, sich gut mit jmd. verstehen. *Dei beiden Mannslüd hemm' sich ümmer gaut verdrågen, dor geef dat keinen Striet nich* Use/Sw. – Ral.: *sich verdrägen as Katt un Hund* sich ständig streiten verbr.; *sich verdrägen as Füer un Wåter* dass. verstr. – Sagw.: *Wi verdrägen uns gaut, säd dei Ehmann. Ik dau, wat sei will, un sei deit, wat sei will* Gri/Ti. – **3.2.** sich versöhnen. *Kumm her mien Lütt, wi willen uns man werrer verdrägen!* Rüg/Ae. Veraltet ist nicht reflexiver Gebrauch: *He hätt mi mit min oll Swester wedder verdragen* er hat mich mit meiner alten Schwester wieder ausgesöhnt [4]HoefE 208. – Sprw.: *Pack schleit sik, Pack verdrecht sik* Gri/Gm, ähnl. verbr. – **3.3.** zusammenpassen, aufeinander abgestimmt sein. *Arm un riek, dat kann sich nich verdrägen* Dem/De. – **4.** durch langes Tragen abnutzen. *Dei Rock is all ganz verdrågen* Dem/Tp; *de Kleeder verdrägen* Rüg/Pu. – **5.** an einen anderen Ort, irgendwohin tragen. *Hest du denn Büdel verdrågen?* Gwd/Nu. *Du mußt de Heihupes wat verdräje* die Heuhaufen etwas verrücken JostWb 116. – Ral.: *Dat is all lang in'e Schauh verdrågen* das ist längst vergessen Gwald, ähnl. vereinz. – **6.** austragen, zustellen vereinz. *Zeitunge verdräje* JostWb 116.

Verdrägnis n., veralt., Versöhnung [1]Tib 104: *un nu willen wi uns wedder verdrägen un Sei sälen Paden stahn bi dat Verdrägniß.* Syn. Verdrag. – **verdragsåm** Adj. verträglich, umgänglich vereinz., [7]Band 3. – **verdrecken** sw. verschmutzen, verunreinigen verstr. – **verdreigen** sw. verdrehen. **1.** über das normale Maß hinaus drehen. *De Schruf is verdreecht* Pyr/Lt; *de Ogen verdreigen* mit den Augen rollen Gwald; *sik dei Hand verdreigen* sich die Hand verrenken Fra/Zi. – **2.** etwas (bewußt) unrichtig darstellen. *Ji verdreigen all werrer dei Wohrheit* Gwd/Nu. – **verdrei(g)t** Part.Adj. **1.** überspannt, verschroben. *Hei is 'n ganz verdreigten Kierl, man kann nich orig mit em räden* Gwd/Ba. – **2.** chaotisch, aus den Fugen geraten. *Wat is dat hüt för 'ne verdreigte Welt!* Fra/Bn. – **verdreischen** sw. verunkrauten vereinz.

verdreiten st. verdrießen. *Du sühst so trurig ut, verdrütt di wat?* Gwd/Nu. *Dat sall mi nich verdreiten* das grämt mich überhaupt nicht Fra/Ln. *Dat verdrütt em bet up't Blot* das verdrießt ihn sehr Pyr/Wi. *De Bengel måkt allens, wat de Lü' verdrütt* macht nur Dummheiten, verärgert die Leute Stral.

Lautv.: Zur lautlichen Realisierung des Stammvokals s. PWb 1,1,LXV, Kt.11.

Flex.: Hauptvar.: Präs.Sg.3.: *verdrütt.* – Prät.Sg.3: *verdröt, verdrot.* – Part.Prät.: *verdråten.*

verdreitlich Adj. verdrießlich. **1.** mißmutig, mürrisch. *Du sühst so verdreitlich ut. Hest du di argert?* Fra/Br. – **2.** Verdruß bereitend. *Dat is 'ne verdreitlich Såk* Gri/Bo. – **Verdreitlichkeit** f. Verdruß, Ärger vereinz., [2]Tib 161. – **verdrellt** Part.Adj. verheddert, ineinander verschlungen vereinz. – **verdrieben** st. vertreiben. **1.** fortjagen, verscheuchen. *Dei Lüd hemm' mi von'n Hoff verdräben* Gwd/Ba. – **2.** etwas zum Verschwinden bringen, bekämpfen. *dat Schlimm verdriewe* das Geschwür durch Besprechen heilen Büt/Wu. – **3.** *(sich) dei Tiet verdrieben,* (sich) mit etwas die Zeit verkürzen, kurzweilig gestalten. – Sprw.: *Leiv verdrifft dei Tiet, un Tiet verdrifft dei Leiv* HuMGwd 74,95f.,3. – **verdriesten** sw., refl., sich erdreisten, erkühnen vereinz. *Ik verdriest mi u'fraug em* ich nahm meinen Mut zusammen und fragte ihn Nau/Rh. – **verdrimme** sw. jmd. verprügeln selt. östl. HPom. Syn. s. nüschen[1]. – **verdrinken** st. **1.** ertrinken. *Drei Fischers sünd bi denn Storm in'e See verdrunken* Gwd/Ba. – Sprw.: *Wenn dat Kind verdrunke is, denn ward dei Sod taudeckt* Cam/Bn, ähnl. verstr. Syn. s. versupen. – **2.** vertrinken. *Hei verdrünk sien ganzes Geld in'n Kraug* Ank/Br. – **verdrögen** sw. vertrocknen, verdorren. *Wenn du dei Blaumen nich begüttst, denn verdrögen sei* Dem/De. *Dat hett wedder nich rägent, dat Kuurn verdröögt all* Gri/Gm. *Dei Kauh is up ein Titt verdröögt* die Kuh gibt aus einer Zitze keine Milch mehr Reg/Me. Wenn jmd. heiser ist und kaum sprechen kann, heißt es: *Em is de Stimm verdröögt* Neu/Lt. Im Vergleich: *dünn as 'n verdröögten Hiering* sehr dünn, abgemagert Gwd/Ba. – **verdrœnen** sw. **1.** refl., sich eine Verstauchung oder Prellung zuziehen. *Ik bün henfollen un heff mi dei Hand verdrœnt* Gwd/Nu. → verstuken. – **2.** durch starken Lärm das Hörvermögen schädigen verstr. *Jungs, ji verdrœne mi de Ohre!* Sch/Pu. Syn. verdöwen. – **3.** durch heftige Erschütterungen geschädigt werden (von bebrüteten Eiern) verstr. *Dei Eiger sünd verdrœnt* Fra/Bn. Syn. verbullern. – **verdröömt** Part.Adj. verträumt, versonnen verstr. *Dat Mäken steiht so verdröömt dor* Dem/De. – **verdrücken** sw. **1.** viel und mit großem Appetit essen. *Hei hett vier dicke Schnäden Brot verdrückt* Gri/Mi. Vgl. verquetschen. – **2.** refl., sich unauffällig entfernen. *Dei hett sich fuurts verdrückt, as dat an't Betåhlen güng* Gwd/Ba. – **verdrüdden** sw., hist., in drei gleiche Teile aufteilen DähWb 520. – **verdrummeln** sw., *verdrümmeln* vereinz., verschrumpeln verstr. HPom, sonst vereinz. *Dei oll verdrümmelt Beer will ik nich hemm'* Dem/Tp.

Verdruß m. **1.** wie hd. verstr. *De Krankheet måkt em väl Verdruß* Pyr/Lt. – Volksgl.: *Verdruß gifft dat, wenn man mit dat linke Bein ut't Bedd kümmt orer dat Soltfatt ümstött* Gwd/Ba. – **2.** verwachsener Rücken. *Ik mücht em süss woll friegen, he hett œwer 'n lütten Verdruß* Rüg/Pu.

verdrüüschen sw. **1.** jmd. verprügeln verbr. *Ik war di verdrüüschen, dat du dien Knåken in'n Sack tauhopsammeln kannst!* Rüg/Ae. – **2.** refl., sich eine Verstauchung oder Prellung zuziehen vereinz. *Ik heff mi de Hand verdrüüscht* Uec/Ue. → verstuken. – **verdubbeln** s. verduwweln. – **verduddeln** sw. etwas vergessen, aus dem Gedächtnis verlieren Gwald, Pyr/Wi, Saa/Ja. → vergäten[1]. – **verduften** sw. wie umgspr. Zumeist refl.: *De hett sich Hals œwer Kopp verduft't* Ank/An. *Nu verduft di man!* hau (endlich) ab! Ran/Ro. – **verdükern** sw., refl., sich unbemerkt entfernen vereinz. – **verdummdüweln** sw. jmd. verdummen, für dumm verkaufen verstr. *Ik låt mi von di doch nich verdummdüweln!* Gwd/Nu. – **verdummen** sw.

dass. vereinz. – **verdümpeln** sw. etwas vertuschen, verheimlichen vereinz., DähWb 520. – **verdunnern** sw. **1.** jmd. verurteilen, bestrafen. *Sei hebben em tau twei Johr* [zu zwei Jahren Haft] *verdunnert* Dem/Tp. Vgl. verknakken. – **2.** schwängern verstr. HPom, sonst selt. – **verdünnisieren** sw., refl., wie umgspr. – **verdüsen** sw. etwas vergessen, verschwitzen vereinz. VPom. → vergäten[1]. – **verdusseln** sw. **1.** etwas vergessen, aus dem Gedächtnis verlieren verstr. *Sei wull wat besorgen, hett dat œwer verdusselt* Gwd/Ba. → vergäten[1]. – **2.** etwas irgendwohin legen und nicht wiederfinden vereinz. – **verdutten** sw. verblöden vereinz. Vgl. Dutt. – **verdutzt** Adj. wie hd. verstr. – **verdüütschen** sw. jmd. etwas erklären, verständlich machen. *Hei versteiht dat allens nich. Ik möt em dei Såk woll ierst verdüütschen* Dem/Tp. Syn. verkloren. – **verdüwelt 1.** Adj. – **1.1.** verwegen, wagemutig. *Dat is 'n verdüwelten Kierl* ein Teufelskerl Rüg/Be. – **1.2.** knifflig, heikel. *Wat is dat för 'ne verdüwelte Geschicht!* Rüg/Ae. – **1.3.** teuflisch gut, vorzüglich. *Ja, he wier en verdüwelten Dichter!* [2]Tri 109. – **2.** als Steigerungspartikel. *Dat smeckt verdüwelt gaut* schmeckt überaus gut Fra/Pe. – **verduwweln** sw., *verdubbeln* verstr., verdoppeln. *Sien Lohn ward verduwwelt* Gwd/Ba. – **verdwallen** sw. sinnlos vergeuden vereinz. *Jild verdwalle* Geld verprassen Sto/Dö; *denn Dag verdwallen* den Tag nutzlos verbringen Gwd/Ba.

verdwass 1. Adv. – **1.1.** quer, rechtwinklig oder schräg zu etwas. *Hei geiht verdwass œwer dat Feld* Dem/Tp. *Mit dei Kist kümmst du nich verdwass dörch dei Dör* Gri/Mi. – **1.2.** verquer, verkehrt, schief. *Dei Mütz sitt em verdwass up'n Kopp* Gwd/Ba. *Dat licht allens so verdwass* es liegt alles durcheinander Stral. *Dat Kind leech verdwass* das Kind lag verdreht im Mutterleib Rüg/Rp. *Dei Bur löppt so verdwass* torkelt hin und her Reg/Me. – In festen Vbdg.: *verdwass gåhn* mißlingen, schiefgehen. *Hüt geiht allens verdwass, dor hett woll dei Düwel sien Spill mit* Fra/Pe. Im Sagw.: *Hüt geiht allens verdwass, sär dei Jung', don kreech hei 'ne Dracht* eine Tracht Prügel Rüg/Ae. – *verdwass kieken* schielen. Spöttisch: *De kiekt verdwass, mit ein Og in'n Rönnsteen, mit dat anner in de Böm* Uec/Ue. – *verdwass räden* (energisch) widersprechen verbr. Auch: unsinnig daherreden verstr. – *ein' verdwass kåmen* jmd. in die Quere kommen verbr. – *sik verdwass leggen* stur auf seiner Position beharren, sich widersetzen verbr. Syn. verquass, verquer. – **2.** Adj. – **2.1.** widerspenstig verstr. *Nu wäs doch nich ümmer so verdwass!* Rüg/Ae. – **2.2.** heikel, verzwickt vereinz. *Dat is 'ne verdwast Såk* Ran/Pe. – **2.3.** irritiert, verwirrt vereinz. *Hei keek mi verdwass an un künn nicks seggen* Gri/Ti.

Laut- u. Formvar.: *verdwars* verstr. VPom, *vertwass* verstr. MPom HPom, *verdwast, vertwast* selt., *vertwarsch* JostWb 119.

Verein m., Pl. *-e, -s,* wie hd. – Ral., um das Verhalten einer bestimmten Personengruppe zu mißbilligen: *Wat dau ik mit so'n Verein, wenn dei Vörstand Lüs' hett?* Gwd/Ze, ähnl. vereinz.

verenge(r)n sw. verengen. **1.** enger, schmaler machen. *Wi möten dei Kähl* [trichterförmige Reusenöffnung] *verengen* Gri/Ti. – **2.** refl., enger, schmaler werden. *De Footstieg ward sich dorhinnen verengern* Ran/Sr. – **verenken** sw. Obstbäume veredeln vereinz. *Dei Beerbom is verenkt* Neu/We.

verfallen st. **1.** baufällig werden. *Dei olle Schün is all ganz verfollen* Gwd/Ba. – **2.** gebrechlich, hinfällig werden. *De Ollsch süht so älendig ut, de verföllt ümmer mihr* Gwald. – **3.** versterben verstr. *Mien Grotvadder is all lüngst verfollen* Stral. *Wenn ik verfallen bin, kannst du dat Jeld nähmen* Ran/Ro. – **4.** schwanger werden verstr. – **5.** einen Einfall haben, auf einen bestimmten Gedanken kommen. Anerkennend über jmd., der zahlreiche Ideen entwickelt: *Up wat de uk alls verföllt!* Gwald.

verfåmigt Adj. verflixt selt. *Dei verfåmigte Koort* [Spielkarte] *verdarft allens* Gri/Ti. Vgl. entfåmig.

Verfang m. Viehkrankheit, Blähsucht vereinz. *Wi möten bi dat Schwien denn Verfang stillen* [magisch besprechen] *låten* Dem/Kt. – **verfangen** st., *verfängen* verstr. **1.** refl. – **1.1.** die Blähsucht bekommen, an Koliken leiden (vom Vieh). *De Schwien verfänge sich, wenn se so hastig schlucke* Pyr/Wi. *De Koh hett sich verfongen* Rüg/Pu. – Volksgl.: *Dat Schwien hett sich verfunge, wi meete en 'ne Kar in't Ohr schniede* wir müssen ihm eine Kerbe ins Ohr schneiden Sto/Gl, ähnl. verstr. *Wenn man ein Stück Veih 'n rode Band ümbinne deit, denn verfingt sich dat nich so schnell* Sch/Sl. – Magische Heilsprüche: *Büst du verfongen in Wåder* [durch gieriges Saufen], *so help di Gott de Våder. Büst du verfongen in Wind* [durch das Schlucken von Luft], *so help di Gottes Kind* Gwd/Wo, ähnl. verstr. Um Kälber vor der Krankheit zu schützen, sollte man dreimal in das Wasser für die Tiere spucken und dabei sagen: *Sup as 'n Wulf, åwer verfäng di nich* °Pyr, vgl. [2]Jahn 296. Syn. vergriepen. – **1.2.** sich den Magen durch gieriges, übermäßiges Essen verderben. *Verfäng di nich bi dien Fräterie!* Uec/Pa. – **2.** seem., jmd. im Dienst ablösen. *dei Wach verfangen* Rüg/Sn; *denn Utkiek verfangen* den Matrosen im Ausguck ablösen Fra/Zi. – **Verfangsdruppen** Pl. Medikament in Tropfenform gegen die Blähsucht des Viehs verstr.

verfarken sw. 'verferkeln' eine Fehlgeburt erleiden (von Sauen) vereinz. → versetten. – **verfarwen** sw., refl., sich verfärben (bes. von der Gesichtsfarbe). *Hei verfarft sich rot* er errötet Kol/Go. – **Verfåt** m. **1.** körperlicher oder seelischer Zustand, in dem sich jmd. befindet. *Hei keem in ein' klœterigen* [jämmerlichen] *Verfåt tau Hus* Gri/Ti. *Hüt bin ik in'n Verfåt, dat ik Böm utriete künn* Saa/Ja; [...] *un't gew nicks, wat em ut sinen ruhigen Verfat brin-*

gen künn [14]BAND 101. – **2.** Beschaffenheit vereinz. *Dat låt man in denn ollen Verfåt!* daran solltest du nichts ändern! Gwald. – **3.** die Verfassung eines Gemeinwesens selt., [2]NERE 55. – **verfåten** sw./st. einen Fehlgriff tun verstr. – **verfatzen** sw. Stoff fehlerhaft zuschneiden vereinz. *Dei Schnieder hett dat Kleed verfatzt* Dem/De. – **verfaudern** sw. **1.** verfüttern. *Dei lütten Tüften warn an dei Schwien verfaurert* Gwd/Ba. – **2.** Vieh überfüttern, falsch füttern verstr. – **verfelgen** sw. ein Rad mit einer neuen Felge versehen.

Verfier m., veralt., auch *Verfeer*, Schreck, Schrecken selt., POP 11. – **verfieren** sw., *verfeeren* verbr. MPom HPom. **1.** refl., sich erschrecken, einen Schreck bekommen. *Wat heww ik mi verfiert, as hei in'e Düüsternis üm'e Eck keem* Gwd/Ba. *He verfeert sich so, dat em schlimm un unsacht* [unwohl] *wür* Ran/Pe. – Sagw.: *Verfier di nich, säd dei Voss, don kreech hei dei Gaus tau fåten* Gwd/Nu, [...] *don sprüng hei up dat Hauhn* Gri/Ti. *Verfier di nich, leif Seel, säd dei Bur, don nähm hei 'n groten Schluck ut'e Schnapsbuddel* Fra/Ln. Syn. verjågen, verschrekken. – **2.** jmd. einen Schrecken einjagen. *Wur kannst du mi bloß so verfieren!* Rüg/Be. *De schlimme Nåhricht hett em düchdig verfiert* Ank/An. – **3.** Eier abschrecken vereinz. *Wi möten dei Eiger verfieren* Gwd/Ba. – Mnd. *vorfêren*. – **verfierlich** Adj. schrecklich, fürchterlich vereinz. *dat is en verfierliches Weder* [7]BAND 12.

verfinzeln sw. **1.** (Stoff) stümperhaft zuschneiden verstr. – **2.** etwas in kleine Stücke schneiden verstr. *Du hest dat Fleesch so vafinzelt* Dra/Dr. – **verfipsen** sw. (Stoff) fehlerhaft zuschneiden verstr., [7]KNO 58. *Dei Schniedersch hett mi dat Kleed verfipst* Ghg/Li. – **verfirksen** sw. dass. verstr. *Dei Rock is ganz verfirkst* Gwald. – **verfitzeln** sw. **1.** dass. verstr. – **2.** etwas in kleine Stücke schneiden verstr. *De Jung' verfitzelt dat Blatt Poppier* Stett. – **verfitzen** sw. Garn in Unordnung bringen verstr. *Nu hest du dat Goorn ganz un gor verfitzt!* Rüg/Ae.

verfläuken sw., oft schon wie hd. *verfluchen*, verfluchen, verwünschen. Beteuerung: *De Welt sall mi verflöken, wenn dat nich stimmt!* Ank/An. – **verfläukt** Adj., oft schon wie hd. *verflucht*, verflucht, verdammt. *dei olle infamdige, verflökde Süke* [2]ADAM 19. Ausruf der Verärgerung: *Verfläukt up'n Söcken!* Fra/Bn. Auch als Steigerungspartikel: *De Beer is verflucht suer* Pyr/Lt.

verfleigen st. **1.** refl., sich verfliegen, in die Irre fliegen. Litspr.: *Un kann't nich verfleigen* [ich kann die Sehnsucht nach Freiheit nicht (wie ein Vogel) im Flug stillen], *so giern ik ok müggt* WUTA 190. – **2.** sich verflüchtigen, verdunsten. *Dei Druppen sünd all verflågen* Gwd/Ba. – **verfleiten** st. verfließen, vergehen. *Vaflate sünd all Jahr o Dag* BUL 87. – **verflirren** sw. verprassen, verjubeln vereinz. *Dei Bengel hett dat Jild verflirrt* Lau/GW. – **verflixt** Adj. wie hd. Ausruf der Verärgerung: *Verflixt noch ees!* Ank/An.

verfluchen, verflucht s. verfläuken, verfläukt.

verfräten[1] st. **1.** Geld für (übermäßiges) Essen verbrauchen. *Dei Kierl hett all sien Geld verfräten* Gwd/Nu. – **2.** refl., sich überfressen. – **verfräten**[2] Part.Adj. verfressen, gefräßig. *Wat is dat bloots för'n verfräten Bengel!* Gwd/Ba.

verfreisen st., zumeist schon durch hd. *verfrieren* verdrängt. **1.** erfrieren, durch Kälte zu Tode kommen. Spöttisch zu jmd., der ständig friert: *Du verfreerst noch an Johanni!* Net/Sl. – **2.** durch Kälte absterben, gefühllos werden (bes. von Gliedmaßen). *Bi dei Küll sünd mi dei Fingern verfroren* Gri/Mi. – **3.** durch Frosteinwirkung geschädigt werden (von Pflanzen). *Dat Kuurn verfrüst in düssen Winter* Gwd/Nu.

verfriegen sw. verheiraten. **1.** refl., eine Ehe eingehen, heiraten. *Brut un Brüjam willen sich noch disse Wäk verfriegen* Uec/Ue. *Dei hett sich schlicht verfriegt* ist unglücklich verheiratet Gri/Ti. Scherzh., wenn jmd. lange ausbleibt: *Dei hett sich woll verfriegt!* Sch/Pu. *Sei is mit'n ollen Kierl verfriegt* Gwd/Ba. *Dei sünd all half verfriegt* sind schon verlobt Dem/Tp. Warnung vor der Eheschließung: *Di warn de Ogen noch upgåhn, wenn du ierst verfriegt büst!* Ank/An. – **2.** jmd. zur Ehe geben. *De Bur hett toletzt sien Dochder verfriegt* Ran/Sr. Syn. verheuråden.

verfrieren s. verfreisen.

verfucken sw. stümperhaft zuschneiden vereinz. – **verführen** sw. **1.** refl., sich verfahren, in die Irre fahren. *Ik heff mi in'e frömde Gägend glieks verführt* Dem/Kt. – **2.** jmd. zu etwas verleiten. *Dei Kräuger* [Gastwirt] *wull mi taun Supen verführen* Gwd/Ba. – Frauenfeindliches Sprw.: *Wenn dei Düwel ein' verführen will, nimmt hei sich 'n olles Wief tau Hülp* Gwd/Nu. – **verfuhrwarken** sw. **1.** etwas durch ungeschicktes Hantieren beschädigen vereinz. – **2.** Geld verprassen, vergeuden vereinz. *He hett von siene Öllern väl arft, man dat hett he allens verfuhrwarkt* Rüg/Dm.

verfulen sw. **1.** verfaulen, verrotten. *Dei Tüften verfulen all in'e Ierd* Gwd/Ba. *Dat Holt is janz verfuult* Reg/Rg. – **2.** verwesen. *Dei is all lang verfuult* ist schon lange tot Dem/Kt.

Rsyn. zu 1.: *verbomen, vergåhn, vergammeln, vermoddern, vermuddeln, vermulschen, verolmen.*

verfüllen sw., refl., sich mit Eiter füllen verstr. *De Wunn' hett sich verfüllt* Gri/Ge. – **verfumfeien** sw. **1.** verschwenden, verprassen verstr., HUMGWD 5,32,7. *He hett sien Geld verfumfeit* Gwd/Wc. Vgl. verbumfeien. – **2.** etwas ruinieren, beschädigen verstr. *Worüm hest du dat schöne Kleed verfumfeit?* Gwald. – **3.** schlechten Einfluß (in moralischer Hinsicht) auf jmd. ausüben, den Ruf von jmd. besudeln. *Sei verfumfeien jå anner Lüd dei Ihr!* Gri/Ti. – **4.** refl., sich einen schlechten Ruf einhandeln. *Dei Dochter hett sich dreemål verfumfeit* hat drei uneheliche Kinder bekommen Pyr/Pe. – **verfumfiedeln** sw. **1.** verprassen, verjubeln verstr. *Hei hett sien Arfdeil verfumfiedelt* Dem/De. Vgl. verbumfiedeln. – **2.** etwas ruinieren, verderben. *Nu hett mi dei Bengel doch dat niege Metz verfumfiedelt!* Rüg/Ae. – **verfutschen** sw. etwas vergeuden, verschwenden vereinz.

vergääfs Adv. **1.** vergebens, vergeblich. *Ik bün all dreemål vergääfs bi em wääst* Rüg/Dm. *Wat hei dor måkt, dat is doch vergääfst* Gwd/Nu. *All dat Säuken was vergäwens* UP 6,394. – **2.** ohne triftigen Grund, umsonst. *Vergääfs is hei nich so mall* ohne Grund verhält er sich nicht so komisch Gwd/Ba.

Laut- u. Formvar.: *verjääfs* verstr. MPom HPom, *vergäbens* vereinz., *vergäwens* vereinz., *vergääfst* vereinz. VPom.

vergäätsch Adj., *verjäätsch, vojäätsch* verstr. HPom, JostWb 116, vergeßlich verbr. HPom, sonst vereinz. Spöttisch zu einer vergeßlichen Person: *Du büst so vergaetsch as Musche* [verniederdeutscht aus frz. *monsieur* Herr] *sîe Oss, dem dörschd' naegen Dåg', un as hei nåm Wåter kamm, harr hei noch vergaete, dat em dörschd'* Sto/Zz [4]Kno 23. → vergätern.

vergäben st./unr. vergeben. **1.** etwas weggeben, verschenken. *Verjiff doch dat schöne Kleed nich!* Ran/Ro. – **2.** zur Ehe versprechen. *De Bur hett sien Dochter vergäwe* Pyr/Wi. *Dat Mäken is noch nich vergäben, se is noch to hebben* Rüg/Bi. – **3.** jmd. etwas verzeihen. *Dat sall di alles vergääft sinn!* Pyr/Lt. *Vergaewe will ik di dat, åber nich vergaete* Sto/Zz [4]Kno 23. *Dat is all lang vergäben un vergäten* Gwald. – **4.** veraltd., vergiften, durch Gift töten verbr., DähWb 521. *Wi möten dei Rotten in'e Schün vergäben* Gwd/Nu. – **5.** einen Auftrag erteilen. *De Arbeet heww ik all vergäben* Ank/An. – **6.** (Spielkarten) falsch austeilen. *Pass bäter up, du hest dei Koorten vergäben!* Gwd/Ba.

vergäbens s. vergääfs.

Vergaderung f., veralt., Versammlung, Zusammenkunft vereinz., Arn 138. – Mnd. *vorgāderinge.*

vergåhn st. vergehen. **1.** verstreichen, vorübergehen (von der Zeit). *Dei Stunnen mit di vergåhn ümmer so fix* Dem/Kt. Wenn jmd. die Zeit lang wird, heißt es: *Dei Tiet vergeiht, as wenn sei anbunnen is* Gri/Mi. Floskelhaft, wenn Zeit unnütz vertrödelt wird: *De Dag vergeiht, dat Licht verbrennt un dån ward nicks!* Gwald, ähnl. verstr. Stoßseufzer: *De Tiet vergeht, un wi mit ehr. So'n Johr is so fix üm!* Uec/Nu. – Sprw.: *Wenn dei Dag is vergåhn, härrn dei Fulen giern wat dån* Dem/De. – **2.** dahinsiechen. *Dei Ollsch vergeiht von Dag tau Dag mihr* Gri/Mi. Oft in Vergleichen: *vergåhn as dei Dag / as 'n Licht* Rüg/Ae. – **3.** schwinden, erlöschen. – Sagw.: *Schönheit vergeiht, Dugend besteiht, säd dei oll Fru, don leeg sei in'n Rönnstein* Gwd/Wc. – **4.** verrotten, verfaulen. *Dat Kuurn vergeiht up'n Acker* Fra/Bn. → verfulen. – **5.** (beim Bakken) aus der Form geraten. *Dat Brot is in'n Åben vergåhn* Ghg/Wt. – **6.** die Lust an etwas verlieren. *Mi is dei Aptiet vergåhn* Gwd/Nu. Ironisch zu einem heiratswilligen Mädchen: *Frieg Diern! Denn vergåhn di de Nücken* Rüg/Be. – **7.** (eine Mahlzeit) auslassen. *Ik war ees 'ne Måhltiet verjåhe* Nau/Fg. – **8.** refl., ein Unrecht begehen, sich an jmd. versündigen. *De Knecht hett sich an dat Mäke vergåhn* Pyr/Lt. – **Vergåhn** n. Vergehen, strafbare Handlung vereinz.

vergällen sw. jmd. die Freude an etwas verderben. *Dei Gautsbesitter is so dickköppsch, dei vergällt mi dat Läwen* Gwd/Nu. – **vergaloppieren** sw., refl., vereinzelt entstellt zu *vergoldpapieren*, wie hd. *Hei hett sich in dei Såk bannig vergaloppiert* Dem/Tp. – **vergammeln** sw. wie hd. *Dat Äten von vörgistern is bi dei Hitt all vergammelt* Gri/Bo. Abweisung einer Aufforderung *Dor kannst du täuwen, bet du vergammelst!* Gwald. → verfulen. – **Vergang** m. Ende (eines Vorgangs), Abschluß vereinz. *Bi denn Arger is kein Vergang in* der Ärger nimmt kein Ende Fra/Bn. – **vergängeln** sw. jmd. verprügeln verstr. MPom. Vgl. BBWb 4,592. → nüschen[1]. – **vergåpen** sw., refl., sich vergaffen, verlieben vereinz. *Un dei Kirls* [...] *vergapen sick furts in ehr* HuMGwd 13,13,5. – **vergarben** sw. jmd. verprügeln verbr. Zumeist in den Fügungen: *einen dat Fell / Ledder vergarben.* Drohend zu einem ungezogenen Kind: *Mutt ik di eis dat Fell vergarwe?* Reg/Me.

vergäten[1] st. vergessen. **1.** aus dem Gedächtnis verlieren. *Ik heff väl nåhgrübelt, äwer ik heff dat doch vergäten* Gwd/Ba. *Vergäten heff ik dat nich, ik heff dor blot nich an dacht* Gwald. *Dei Såk is all lang vergäten. Dor räd't kein Minsch mihr von* Gri/Mi. Wenn man jmd. beim Reden unterbricht, heißt es: *Vergät dien Red nich!* Fra/Zi, ähnl. allg. Über einen Angeber, der aus einfachen Verhältnissen stammt: *Dei vergett ümmer, wat hei von Hus ut is* Fra/Pe. Stoßseufzer einer sehr alten, gebrechlichen Person, die auf den Tod wartet: *Oos Herrgott hett mi woll vergäten!* Pyr/Lt. – Sprw.: *Nicks ward lichter vergäten as dat Danken* Rüg/Ae. *Wat gistern nich wier, kann hüt all vergäten sin* man kann sich auf nichts fest verlassen Rüg/Pu. *Dei Koh verjett licht, dat se ok ees 'n Kalf wääst is* Stett, ähnl. allg. *Dei oll Sæg vergett giern, dat sei uk eis 'n Farken wäässt is* Fra/Bn, ähnl. verbr. – Sagw.: *Dat lett sik licht vergäten un wedder lihren, säd de Jung', as hei dat Vadderunser upseggen süll* Ank/An. – **2.** jmd. entfallen, aus dem Gedächtnis geraten. *Dei Geschicht is mi all lang vergäten* Gwd/Nu. *Dat is mi ganz un gor vergäten* Rüg/Zi. *Sien Nåm' is mi vergäten* Gwald. – **3.** nicht mehr an etwas oder jmd. denken. *Nu heww ik doch dienen Buurtsdag vergäten!* Stral. *Dei Lihrer hett woll in'e Fröhnd sien Mur-*

rerspråk vergäten Gwd/Ba. *Dei hett Stick un Stund vergäten* ist unpünktlich Fra/Zi. Scherzh., wenn jmd. etwas gestohlen hat: *Dei hett dat Betåhlen vergäten* Fra/Pe. – **4.** versehentlich liegenlassen, nicht mitnehmen. *Nu heww ik doch dat Metz vojäte!* Nau/De. An eine vergeßliche Person gerichtet: *Du vergettst noch dienen Hinnelsten!* Ank/An, ähnl. verstr. – Sagw.: *Wecker kann allens in'n Kopp hebben, säd dei Diern, don wull sei Wåter pumpen un har dat Spann* [den Eimer] *vergäten* Gwald. – **5.** refl. – **5.1.** die Beherrschung verlieren. *Nu vergät di man nich!* nun beruhige dich doch! Gri/Gm. – **5.2.** veralt., gegen moralische Normen verstoßen. *Dat Mäken hett sich vergäten* hat sich unehelich schwängern lassen Dem/Tp.

Lautvar.: Hauptvar.: *verjäten* verbr. MPom, *verjäte, vojäte* verbr. HPom, *verjaite, vojaite* vereinz. °Pyr, verstr. °Neu, *vodjaite, vädjaite* nordöstl. °DKr [3]Tita 14.

Flex.: Hauptvar.: Präs.Sg.1.: *vergät* VPom, *verjät* verbr. MPom, verstr. HPom, *vojät, vajät* verbr. HPom, *verjait, vojait* vereinz. °Pyr, verstr. °Neu, DKr/La. – 3.: *vergett* VPom, *verjett, vojett, vajett* verbr. MPom HPom. – Prät.Sg.1. u. 3.: *vergeet* VPom, *verjeet, vojeet, vajeet* verbr. MPom HPom, *verjatt, vojatt, vajatt* vereinz. HPom, [5]Tita 69. – Part.Prät.: wie Infinitiv.

Rsyn. zu 1. u. 3.: *utschweiten, verdœmeln, verdœsen, verduddeln, verdüsen, verdusseln, vernusseln, verschusseln, verschweiten, versusen.*

vergäten[2] Part.Adj. vergeßlich. *Dei ull Mann is all wat vergäten un rappelköppsch* [verwirrt] Kolbg. *Ik bün so vergäten, mien Gedanke reike nich mehr wiet* Sch/Sl. → vergätern. – **vergäterig** Adj., *vegätenich* °Sch Mah 90, dass. verstr. *Ik bün upstunns so vergäterig, dor kann ik mi nich up besinnen* Rüg/Pu. → vergätern.

vergätern Adj. vergeßlich. *Dat kann ik nich allens behollen, ik bün sihr vergätern* Rüg/Zi. *Mien Kopp is all so vergätern* Ran/Pe. – Sagw.: *Ik bün doch all vergätern, sär dei Bur, don slög hei sien Ollsch taun tweiten Mål dat Fell vull* Rüg/Ae.

Rsyn.: *vergäätsch, vergäten*[2]*, vergäterig.*

Vergät(er)nis f. Vergessenheit vereinz. [*De Dod*] *smitt di achter sik in de Vergeterniß* [2]Vog 145.

vergattbœdeln sw. jmd. verprügeln vereinz. VPom. Vgl. gattbœdeln. Syn. s. nüschen[1]. – **vergatteiern** sw. jmd. zum Narren halten vereinz. VPom.

vergäuden sw., *vergäuren* selt., vergüten vereinz. *Hei lett sich denn Verlust vergäuden* Dem/Tp.

vergäwens s. vergääfs.

vergeiten st. vergießen, verschütten. *Pass up, nu hest du binåh dei Melk vergåten!* Ank/Km. – **vergellen** st. **1.** vergelten. – **2.** jmd. etwas vergeben, verzeihen vereinz. *Wat dei Kierl dån hett, dat vergell ik em nie nich* Gwd/Ba. – **vergiften** sw. wie hd. *Rotten un Müs 'warden wi vergiften* Gri/Mi. Syn. vergäben. – **vergiftig** Adj., veralt., giftig. In den seltenen Belegen aus dem 20. Jahrhundert nur noch als Steigerungspartikel: *Is dat hüt vergiftig* [sehr] *kolt* Sch/SB. – **vergissen** sw., seem., die Position, den Kurs eines Schiffes falsch berechnen. – **verglåsen** sw. verglasen, mit einer Glasscheibe versehen. *dei Finstern verglåsen* Gri/Ti. Spöttisch zu einer ungeschickten Person: *Låt di man dei Fingern verglåsen!* Uec/Pa, ähnl. verstr. – **verglåst** Part.Adj. glasig, trüb (auf die Augen bezogen). *Dei Kierl is dun, hei hett ganz verglåste Ogen* Fra/Pe. – **Vergliek** m. Vergleich. **1.** vergleichende Betrachtung. – **2.** außergerichtliche Einigung. – Sprw.: *'n mågern Vergliek is bäter as 'n fetten Prozeß* Ank/An, ähnl. verbr. – **vergliеken** st. **1.** einen Vergleich anstellen. *Du kannst di doch mit denn Paster nich vergliеken!* Gwd/Ba. – **2.** refl., sich gütlich einigen. – Sprw.: *Verglieken un verdrågen is bäter as strieden un klågen* Stett. – **verglœsen** sw. verglimmen, verglühen verbr. *Dei Dacht in'e Lamp is verglœst* Gwd/Nu. *Em sünd dei Ogen verglœst* er hat glasige Augen Gwald. – **vergnaddert** Adj. verärgert, unzufrieden verstr. – **vergnättert** dass. vereinz. – **vergnatzen** sw., refl., sich zanken VPom, sonst verstr. *De hebben sich beid vergnatzt* Ank/An. Oft als Part.Adj.: *De süht hüt so vergnatzt* [verärgert] *ut* Stett.

vergnäugen sw., refl., sich vergnügen. *Brut un Brüjam willen sich bi dei Fier vergnäugen* Gwd/Nu.

Lautvar.: Zur lautlichen Realisierung des Stammvokals mit den Hauptvar. *vergnäugen, vergnögen* vgl. PWb 1,1,LXVIII, Kt.15.

Vergnäugen n., Lautvar. s. vergnäugen, Vergnügen. **1.** Freude, Spaß. *Ik wünsch di väl Vergnögen* Pyr/Lt. – **2.** gesellige Veranstaltung, Tanzvergnügen. *Sünndag is in't Gasthus Vergnäugen* Gri/Mi. – **vergnäugt** Adj. vergnügt, fröhlich. *Ik bün so vergnäugt, hüt is Hochtiet* Use/Sw. – Sagw.: *Man ümmer vergnäugt, säd dei oll Fru, mien Mann liggt in't Bedd un hett 'n Haut up* Dem/Kt. – **Vergnäugungsstüer** f., scherzh., 'Vergnügungssteuer' Alimente vereinz.

vergniddert Adj., *vergnittert* verstr. **1.** verärgert, mürrisch. *Hett di wat argert? Du sühst so vergniddert ut* Ank/An. – **2.** verbittert verstr. *Us Tant is recht vergnittert, sei hett dat uk schwor in ehren Läwen* Sto/Gl. – **vergnitzt** Adj., *vergnitscht* selt. VPom, wütend, zornig verstr. *Worüm büst du hüt so vergnitzt? Heww ik di wat dån?* Dem/Tp. → füünsch.

vergnögen, Vergnögen s. vergnäugen, Vergnäugen.

vergnötert Adj. verdrießlich, mürrisch vereinz. MPom. – **vergnuppen** sw., refl., sich eine Verstauchung oder Verrenkung zuziehen vereinz. *Ik heff mi denn Fot dull vergnuppt* Pyr/Sh. → verstuken. – **vergnurren** sw., refl., sich zanken, streiten verbr. *Dei beiden Frünnen hebben sich vergnurrt, nu räden sei nich mihr mit'nanner* Rüg/Ae.

vergoldpapieren s. vergaloppieren.

vergollen sw. vergolden. Ironisch sagt man zum Kartengeber, mit dem man unzufrieden ist: *Låt di man dei Fingern vergollen!* Dem/Tp, ähnl. verstr. – **vergœtern** sw., fischerspr., *vergöttern* [1]Pee 238, überlappende Bootsplanken vernieten verstr. °Rüg. – Zu Gott[2]. – **vergråben** st., selt. sw. **1.** etwas vergraben. *Hier is dat Geld vergråben* Gwd/Nu. – **2.** begraben, beerdigen verstr. *Dei Liek war hüt verjråwe* Nau/Rh. → inkuhlen. – **vergrågen** sw. grau werden, altern verstr. Syn. vergriesen. – **vergrämeln** sw. jmd. verärgern vereinz. – **vergrämen** sw. **1.** jmd. verärgern verstr. – **2.** fachspr., Wild verscheuchen. *Nu hest du de Reh vergräämt* Uec/Pa. – **vergrannatieren** sw. garantieren selt. VPom. [...] *ob ick noch einen vergeten heww, will ick nich vergrannatiern* HuMGwd 7,3,5. – **vergrätzt** Adj., *vergrätscht* selt. VPom, *vergritzt* vereinz. **1.** wütend, verärgert verbr. *Uns Vadder is so vergrätzt, dor is kein vernünftig Räden mit em* Dem/Tp. → füünsch. – **2.** verbittert verstr. *Hei is so vergrätzt, wiel hei alls in sich rinfrett* Gri/Mi. – **vergrellt** Adj. zornig, wütend verstr. *Se süht so vergrellt un buckig* [trotzig] *ut* Stett. → füünsch.

vergriepen st., refl. **1.** danebengreifen. *Dei Kopmann hett sich vergräpen* hat die falsche Ware herausgegeben Dem/Tp. – **2.** sich die Hand, das Handgelenk verstauchen. *Ik heff mi bi dei Arbeit dei Hand vergräpen* Gri/Bo. – **3.** tätlich gegenüber jmd. werden. *Vergriep di nich an dei Kinner!* Gwd/Ba. – **4.** sich an fremdem Eigentum vergreifen, stehlen. *Verjriep di nich an anner Lüd Såken!* Stett. – **5.** die Blähsucht bekommen, an Koliken leiden (vom Vieh) verstr. *Dei Kauh hett sich vojräpe, dei hett tau gnietsch* [hastig] *fräte* Nau/Fg. *Dat Veih* [...] *vagräp sick o würr schlecht bi Liw* Bul 85. Gebräuchlicher ist das Syn. verfangen.

vergriesen sw. **1.** graues Haar bekommen, alt werden. *Wi hebben em lang nich sehn, he is jå all vergriest* Rüg/Zi. Syn. vergrågen. – **2.** einen Grauschleier bekommen. *Dei Wäsch is mit dei Tiet ganz vergriest* Dem/Tp. – **vergrimmeln** sw. **1.** einen Grauschleier bekommen verstr. – **2.** unleidlich, griesgrämig werden verstr.

vergritzt s. vergrätzt.

vergrugeln sw. jmd. vergraulen vereinz. – **vergrusen** sw. zu Grus zerfallen, zerbröckeln. *Wi möten Törf upringe* [ringförmig aufstellen], *bi denn Rägen vergruust hei süss* Rüg/Ae.

verhäben st., selt. sw., refl. **1.** sich verheben verstr. *An dei schworen Körf hett sei sich verhåben* Gwd/Ba. Gebräuchlicher ist das Syn. verbören. – **2.** frühzeitig niederkommen vereinz. HPom. – **Verhacht** m. **1.** Ruhepause verstr. VPom. *Bi dei Arbeit geef dat hüt kein Verhacht* Gri/Mi. – **2.** (dauernder) Aufenthalt, Verbleiben verstr. VPom. *Dei Kierl hett hier kein Verhacht* der Kerl wird hier nicht geduldet Fra/Bn. – **Verhack** m. Zusammenhang vereinz. *Ik will di eis denn Verhack verkloren* Ank/Ar. – **verhaften** sw. inhaftieren, festnehmen. – Ral.: *Wi willen einen verhaften* wir wollen Schnaps trinken Gri/No, ähnl. verstr. – Sagw.: *Di will 'ck verhaften, säd jenn' Mann, don har hei 'ne Spickgaus tau faten* HuMGwd 11,32,8. – **verhågeln** sw. durch Hagel beschädigt werden. *Dat Kuurn is verhågelt* Gwd/Ba. – Ral. analog zum Hd.: *Di is woll dei Peiterzilch verhågelt!* Fra/Bn, ähnl. verbr. – **verhåken** sw. **1.** refl., sich verhaken, an etwas hängenbleiben. – **2.** fachspr., ein Flügelhäkchen an der Spindel des Spinnrades anbringen vereinz., [4]Rosf 479. – **verhåkern** sw., refl., sich beim Sprechen verhaspeln verstr. *He verhåkert sich all in sien Räd, wenn du em bloß scharp ankieken deist* Ghg/Gn.

verhålen sw. **1.** refl., sich von einer Krankheit oder Anstrengung erholen. *Ik mütt mi ierst verhålen, ik bün ganz ut Puust un Åten* Rüg/Ae. *Hei was all half dot, nu hett hei sich werrer vahålt* Sto/Dö. *Dei Wind verhålt sich* der Wind weht weniger stark, macht eine Pause Fra/Pu. – **2.** seem., ein Schiff an einen anderen Liegeplatz bringen. *Sei verhålen hüt dat Schipp* Gwd/Wc; [...] *as wi mit uns' Fohrtüg verhalen süll'n* [2]Seg 2.

Rsyn. zu 1.: *verdoren, verhelpen, verkobern, verlöschen, vermüntern, vernusseln, versinnen.*

verhämeln sw. jmd. verzärteln, verwöhnen vereinz. → verpimpeln. – **verhandschlågen** st. einen Verkauf mit Handschlag besiegeln vereinz. – **verhängen** sw./st. **1.** mit etwas zuhängen, bedecken. *Sei verhängen dat Finster* Gwd/Nu. – **2.** etwas aufhängen vereinz. NOPom, JostWb 116. – **3.** refl., nicht richtig aufgehängt oder angebracht sein und deswegen in eine Schräglage geraten. *De Stein* [der untere Mühlstein] *verhängt sich* Dem/Kt. – **verhanneln** sw. **1.** etwas an jmd. verkaufen. *De Bur verhannelt de Peer* [die Pferde] Pyr/Lt. – **2.** über etwas mit jmd. verhandeln. *Mit em verhannel ik gor nich* Gwd/Ba. – **verhåsen** sw. jmd. zum Narren halten vereinz. *Låt di doch nich so verhåse!* Sto/Dö. – **verhaspeln** sw., refl. **1.** sich versprechen, beim Reden steckenbleiben. *Hei räd't so fix, dat hei sich ümmer verhaspelt* Gwd/Ba; *sich bi 't Upseggen verhaspeln* Fra/Fr. – **2.** sich verwickeln, verheddern. *Se hett sich in dat Strukwark verhaspelt* Uec/Ue. *Dat Pee(r)d verhaspelt sich in'e Lien* Nau/De. – **verhåten** sw., veralt., etwas (vollständig) verbrauchen, verzehren vereinz. *Dei Kauh kann dat* [das Futter] *nich vohaute* Gbg/Lw. Hist.: *Sik verhaten.* "Feindseligkeiten verüben" DähWb 521. – **verhäuden** sw./unr. **1.** durch nachlässiges Hüten Tiere verlieren. *Dei Scheper hett nich uppasst, hei hett verhött* Gwd/Nu. – Ral.: *Du hest woll einen verhött!* du bist wohl verrückt, nicht ganz bei Trost! Gwd/Ze, ähnl. verstr. – **2.** etwas verlegen, verlieren. *Nu heww ik doch mienen Schlœtel verhött!* Dem/Tp. → vermuschen. – **3.** etwas verhüten, verhindern. *Wi willen 'n Unglück verhäuden* Fra/Bn. – Sagw.: *Gefohr möt* *man verhäuden, säd de Bur, don bünn he 'n Hund an, de all drei Dåg dot wier* Stral. – **verhäudern** sw., refl., sich verheddern, verwickeln verbr. MPom HPom. *Dat Goorn hett sich so verhäu(d)ert* Ran/Pe.

verhaugen sw., selt. st. **1.** jmd. verprügeln. Syn. s. nüschen[1]. – **2.** etwas fehlerhaft ausführen. *Ik heff de Arbeet verhaugt, dat hett nich klappt* Ank/An. – **3.** refl., sich täuschen, verkalkulieren. *Dei Kopmann hett sich verhaugt un väl tau väl anräkent* Gwd/Ba. – **4.** Hackfrüchte mit der Hacke verziehen, vereinzeln. *Dei jungen Räuben warden verhaugt* Fra/Pe.

verhäuschen sw. etwas verschachern selt. MPom. *De Bur hett sien Peerd verhäuscht* Ran/Pe. – **verheddern** sw., *verherrern* vereinz. **1.** refl., sich verwirren, in Unordnung geraten. *Dei Wull hett sich verheddert* Gri/Go. – **2.** in Verwirrung bringen, ineinander verschlingen. *Sei hett dat Goorn verheddert* Dem/Tp. – **3.** refl., sich beim Sprechen verhaspeln. *De Börgermeester hett sich bi sien Räd verheddert* Uec/Ue. – **verheilen** sw. wie hd. *Dei Wunn is gaut verheilt* Gwd/Nu. – **verhelpen** st. **1.** jmd. zu etwas verhelfen. *Ik will em to 'ne Fru verhelpen* Pyr/Lt. Prügelandrohung: *Sall ik di tau 'ne Dracht verhelpen?* Dem/Kt. *Ik heff em tau 'n Stück Brot verhulpen* habe ihm eine Arbeit vermittelt Gri/Gm. – **2.** refl., sich von einer Krankheit oder Anstrengung erholen verstr. Derb, wenn jmd. gestorben ist: *De verhelpt sich ni' mehr* Saa/Te. → verhålen. – **verheuråden** sw. **1.** refl., jmd. heiraten. *De Paster will sich nu woll doch verheuråden* Gwald. Scherzh., wenn jmd. lange auf der Toilette bleibt: *Dei verheuråd't sich dor woll!* Fra/Br, ähnl. verstr. – **2.** jmd. zur Ehe geben verstr. *Dei Bur hett sien öllst Dochder verheuråd't* Gri/Mi. Syn. verfriegen. – **verhexen** sw. wie hd. *De Düwel hett dat Veeh verhext* Pyr/Lt. – **verhinnern** sw. verhindern. *Wi mäute verhinnre, dat't schlimm ward* Saa/Le. – **verhitten** sw., refl., sich überanstrengen, zu eifrig sein verstr. *Vohitt di nech bi de Arbeit!* Gbg/Gp. – **verhoddeln** sw., refl., sich verwickeln, in Verwirrung geraten vereinz. MPom, verstr. SPom. *De Fåmt* [Bindfaden] *hett sich vehoddelt* Dra/Bu. – **verhoddern** sw. etwas ineinander verschlingen vereinz. *Worüm hest du dat Goorn so verhoddert?* Gri/Mi. – **verhögen** sw. erhöhen, höher machen. *De Damm mutt verhööcht warn* Ran/Pe; *dat Graff verhögen* Gwald. – **verhohnacken** sw., veraltd., jmd. verspotten vereinz. – **verhohnepiepeln** sw. jmd. verhöhnen, lächerlich machen verbr., [2]Adam 46. *Von di låt ik mi noch lang nich verhohnepiepeln!* Rüg/Pu. – **verhœkern** sw. etwas (im Kleinhandel) verkaufen, veräußern. *Sei hett dat Åft up'n Mark(t) verhœkert* Gwd/Ba.

verhollen st. **1.** refl., sich in bestimmter Weise verhalten, benehmen. *Ik weet nu nich, wo ik mi verhullen sall* Pyr/Lt. – **2.** jmd. etwas vorenthalten verstr. *Dat verholl ik em* das sage ich ihm nicht Ghg/Li. – **3.** innehalten, einhalten vereinz. *Ik verhöl* ich verlangsamte meine Schritte, blieb stehen Ank/Br. – **Verholt** m., *Vehull* Dra/Bu, Sachverhalt vereinz. *Ik will di denn Verholt verkloren* Gri/Go.

verhucheln sw. ineinander verschlingen, verheddern Rüg/Pu, Ghg/Wt, vereinz. NOPom. *Du hest dat Chårn* [Garn] *verhuchelt* Büt/Bt. Vgl. verhuddeln. – **verhuddeln** sw. **1.** refl., sich verzögern vereinz. HPom, [2]Kno 54. *Dei Såk verhuddelt sich noch e' bät* Nau/Fg. – **2.** leichtfertig vergeuden, verspielen verstr. NOPom, sonst selt. *He hett all sien Jild vehuddelt* Sto/Dö. – **3.** (ein Kind) verzärteln verstr. MPom, sonst selt. *Ji verhuddeln bloß dat Kind!* Ran/Ro. → verpimpeln. – **4.** wie verhucheln Pyr/Wi, verstr. °Nau. – **verhüern** sw., seem., refl., auf einem Schiff anheuern. *Sei hebben sik verhüert, sei gåhn nu tau See* Fra/Bn. – **verhulwåkt** Part.Adj. übernächtigt, verschlafen verstr. VPom. [...] *wur leeg seeg sei ut! So blassing un verhulwakt!* HuMGwd 13,52,10. – **verhumpsen** sw. etwas verprassen, leichtsinnig durchbringen vereinz. – **verhungern** sw. wie hd. *Hei süht so dünndarwig* [elend] *un verhungert ut* Gwd/Nu. Wenn irgendwo große Armut herrscht, heißt es: *Dor verhungern dei Müs' in't Brotspind* Dem/De, ähnl. verstr. – Sprüche: *Bäckers un Schlachters sünd dei letzten, dei verhungern* Gwd/Ba. *Bi dicke Arfte u' Speck is no keen vehungert* Saa/Jk. – **verhunn'åsen** sw. **1.** etwas verhunzen, in einen üblen Zustand bringen. *Dei Schnieder hett dat niege Kleed so verhunn'åst* Gwd/Nu. *Nåh denn Krieg seeg dat trurig ut, de Göder wiern meist verlåten un verhunn'åst* Gwald; *'n verhunn'åst Stück Land* Gri/Mi. Vgl. verunåsen. – **2.** Geld verprassen. *Dat Jild hest du alles verhunn'åst?* Pyr/Wi. – **verhunzen** sw. wie hd. *Worüm hest du de Bücks so verhunzt?* Pyr/Wa. *De Bengel is verhunzt* ist charakterlich verdorben Uec/Pa. – **Verhür** n., wie hd. *Verhör* verbr. MPom HPom, Verhör, polizeiliche Vernehmung. – **verhuren** sw. **1.** zur Hure machen. *Dei Bur hett dat Mäten verhuurt* hat das Mädchen geschwängert Fra/Bn. *Dat Mäke süht so verhuurt ut* sieht verlebt, verkommen aus Nau/Da. – **2.** Geld mit Hurerei verprassen. *Hei hett sien ganzes Geld verhuurt* Gwd/Ba. – **3.** etwas ruinieren, unbrauchbar machen verstr. *Schmiet man dei verhurten Schauh in't Füer!* Gri/Mi.

verhüren sw. **1.** jmd. ins Verhör nehmen, vernehmen. *De Schandarm hett denn driesten Kierl verhüürt* Ank/An. – **2.** jmd. mündlich prüfen, erworbenes Wissen abhören. *Mudding sall mi noch dei Schaularbeiden verhüren* Fra/Zi; [...] *un denn verhürte he em de Lex* [Lektion] *un fünn, dat dei sik allens richtig markt harr* [2]Tib 211. – **3.** jmd. die Beichte abnehmen. *Dei Paster ward em dei Bicht verhüren* Fra/Br. – **4.** (viel) von etwas essen oder trinken. *Ik heff hüt denn Koken schön verhüürt* Stral. *Ji hebben dei Buddel Schnaps ollig verhüürt* Rüg/Ae. – **5.** refl., sich verhören, falsch hören.

verhuschen sw. **1.** etwas leichtsinnig verschwenden. *Hest du denn dat ganze Jild verhuscht?* Ran/Pe. – **2.** jmd. verprügeln vereinz. *De Jungs hebben denn Bengel, de so* *klokräden wull, up 'e Stråt düchdig verhuscht* Rüg/Zi. Syn. s. nüschen[1]. – **verhutzelt** Adj. verschrumpelt, runzlig vereinz. *De Ollsch ehr Jesicht süht so verhutzelt ut* Ank/An.

veriewern sw., refl., sich ereifern vereinz., HECK 69. – **verihren** sw. **1.** jmd. verehren, bewundern. – Ral.: *Wecker Gott verihrt, sin Glück vermihrt* HUMGWD 7,47,2. – **2.** jmd. etwas als Geschenk überreichen. *Hei hett mi sien Bild verehrt* Saa/Le. – **Verihrer** m. Mann, der eine Frau verehrt. – Volksgl.: Wenn eine Frau eine Haarnadel verlor, sagte man zu ihr: *Di geiht 'n Verihrer verloren!* Fra/Pe, ähnl. verstr.

verjacken sw. wie verjacksen vereinz. MPom HPom. – **verjacksen** sw. jmd. verprügeln VPom, sonst verstr. *Wenn du nich orig büst, war ik di verjacksen!* Fra/Br. → nüschen[1]. – **verjågen** sw./unr. **1.** verjagen, fortscheuchen. *De Wind hett de Wulken verjågt* Ghg/Li. – **2.** refl., einen Schreck bekommen verbr. VPom, sonst vereinz. *Ik heff mi orig verjågt, as ik dat hüren dee* Gwd/Ba. *Sei maakte verjagt* [erschrocken] *dei Döör von eer Stuuv up un horkte na unnen* HUMGWD 74,18f.,1. Syn. s. verfieren. – **verjalken** sw. jmd. verprügeln vereinz. Syn. s. nüschen[1]. – **verjanken** sw., refl., wie verjappen vereinz. *Ik bin so dull lopen, nu mutt ik mi verjanken* Ghg/Li. – **verjappen** sw. **1.** refl., sich ausruhen, verschnaufen Ran/Pe, Gbg/Gp, Lau/GW, LAUWB 372. Syn. s. verschnuben. – **2.** etwas ausplaudern Sch/Wa. – **verjisch(er)t** Adj. atemlos, abgehetzt vereinz. HPom. *Nu verpuust di ma', du büst jå so vejischet!* Dra/Nt. – **verjohren** sw. verjähren verstr. *Dei Såk is all lang verjohrt* Dem/Tp. – **verjohrs** Adv. **1.** im vergangenen Jahr selt., [1]TIB 12. – **2.** in diesem Jahr selt. VPom. – **verjökeln** sw. jmd. verspotten, zum Narren halten vereinz. – **verjopen** sw. jmd. verprügeln verstr. MPom HPom. → nüschen[1]. – **verjubeln** sw. wie hd. verstr. *De Bur hett all sien Jild verjubelt* Ghg/Wt. – **verjucke(l)n** sw. etwas leichtsinnig verprassen vereinz. *Dau doch nich dien Jild so verjucke!* Lau/GW. – **verjumfern** sw. **1.** schwängern. *De Kierl hett dat Mäken verjumfert* Gwald. – **2.** refl., ein uneheliches Kind bekommen. *Ihrdem wier dat 'ne Schann, wenn een Mäten sich verjumfert hett* Rüg/Zi. – **verjupsen** sw. etwas verjubeln, verprassen vereinz., LAUWB 372. *De hett all sien Jeld verjupst* Uec/Ge. – **verjuuchen** sw. **1.** Geld mit Vergnügungen verprassen. *Hest du all dat schöne Geld verjuucht?* Gri/Mi. – **2.** hist., refl., sich ein (unerlaubtes) Vergnügen gönnen DÄHWB 522. – **verjuuchheien** sw. Geld mit Vergnügungen verschwenden. *He hett 'ne schöne Arfschaft måkt, dat ward nu œwer allens verjuuchheit* Rüg/Zi. *De Kierl hett sien Geld mit anner Wiewer verjuuchheit* Gwald. – **verjuxen** sw. verjubeln, verprassen. *He hett bi 't Koortenspäl all sien Geld verjuxt* Dem/Kt.

verkacheln sw. **1.** verheizen, als Heizmaterial verbrauchen verstr. *Ik heff dei ganzen Kåhlen verkachelt* Fra/Bn. *Dat Holt ward in 'n Åben verkachelt* Dem/Tp. – **2.** schwängern verstr. *De Mågd hett sich vo' em vekachla laute* Dra/Dr. – **verkackeiern** sw. jmd. foppen, zum Narren halten verstr. – **verkackern** sw. dass. verstr. *Dat stimmt nie nich! Du wist mi woll verkackern!* Gwald. – **verkåhlen** sw. zu Kohle verbrennen, verschwelen. *Dat Holt in 'n Åben is all ganz verkåhlt* Gwd/Ba. – **verkåken** sw. verkochen, zu weich kochen. *Hüt sünd dei Tüften ganz un gor verkåkt* Dem/Tp. – **verkalfåtern** sw., seem., Plankenfugen abdichten. Üblicher ist kalfåtern. – **verkallern** sw. etwas ausplaudern verstr. VPom. – **verkalüren** sw., refl., *verklüren* verstr., sich verfärben. Zumeist auf die Gesichtsfarbe bezogen: *Sei verkalüürt sich* sie erblaßt Gri/Bo. Litspr. über eine Freundschaft: *Dei sick nie het ein bät 'n verklürt* die nie getrübt worden ist MÜLC 24. – **verkalwen** sw. eine Fehlgeburt erleiden (von Kühen). *De Koh hett in 'n Stall vekalft* Dra/Dr. → versetten.

verkåmen st. verkommen. **1.** verwahrlosen, herunterkommen. *De Kierl verkümmt in sien egen Mess* Ank/An. *Dat Hus süht so verkåmen ut* Saa/Le. *Dat is e' vokaume Meesch* ein verkommener Mensch Gbg/Gp. – **2.** verderben, ungenießbar werden. *Dei Kœksch lett nicks verkåmen* Gwd/Ba. *Dat Fleisch is all vekåme* Büt/Bt. – **3.** die Übersicht verlieren, sich täuschen. *Hei verkümmt bi 't Upseggen* er verhaspelt sich beim Aufsagen eines Gedichts Dem/De.

verkåtert Adj., *verkårert* vereinz., verkatert verstr. Syn. s. verschwiemelt. – **verkatten** sw. **1.** seem., ein Schiff mit einem zusätzlichen Anker sichern. Vgl. Kattanker. – **2.** fischerspr., Reusenpfähle setzen Rüg/Gl [1]PEE 126. – **verkäuhlen** sw., refl., sich verkühlen, erkälten vereinz., LAUWB 372. Gebräuchlicher ist das Syn. verküllen. – **Verkäuhlung** f. Erkältung selt. Syn. Verküllung. – **verkåweln** sw. (ein Stück Land) durch das Los zuteilen. *De Wischen warden hüt verkåwelt* Uec/Ge. – **verkawwe** sw. etwas durchkauen und die Reste ausspucken verstr. HPom. *Dat hett mi nich schmeckt, ik heww dat verkafft* Saa/Jk.

verkehrt s. verkihrt.

verkennen sw. jmd. nicht mehr kennen, allmählich aus dem Gedächtnis verlieren. Stoßseufzer eines Vaters, der in der Fremde arbeitet: *Dei Kinner lihren mi jå verkennen!* Rüg/Pu. – **Verkiek** n., veralt., Unterschied HOMWB 233: *Dat is ein groot Verkiek.* – **verkieken** st., refl. **1.** sich irren, täuschen. *Du hest di in 'e Tiet verkäken* Ran/Pe. *Verkiek di nich in em, hei is füünsch!* [hinterlistig] Gwd/Ba. – **2.** sich in jmd. verlieben. *Hei hett sich in dei Diern verkäken* Gri/Gm. – **3.** veralt., vom bösen Blick heimgesucht, erschreckt werden. Im Volksgl. spielte die Vorstellung vom bösen Blick eine wichtige Rolle. Auf diesen magischen Einfluss wurde u.a. auch die Geburt behinderter Kinder zurückgeführt: *Dei Fru hett sich verkäken, as sei mit dat Kind güng, dat dor Schåden an nehm* Dem/Tp. Vgl.

verseihn. – **verkielen** sw. **1.** verkeilen, mit Keilen befestigen. – Ral.: *einen denn Kopp verkielen* jmd. etwas einreden, aufschwatzen verstr. – **2.** jmd. verprügeln vereinz. Syn. s. nüschen[1]. – **3.** etwas verschwenden, vergeuden vereinz. – **Verkihr** m. Verkehr. **1.** Umgang mit anderen Menschen. – **2.** Zeitvertreib, Beschäftigung. – **3.** Straßenverkehr. – **verkihren** sw. **1.** etwas verdrehen, umwenden. *Sei verkihrt dei Ogen* Gwd/Nu. – Ral.: *Dei ward dat Mul verkihre!* der wird sich noch wundern! Sto/Wd. – **2.** Umgang mit jmd. haben. *Sei verkihren miteinanner* Gri/Go. – **Verkihrschaft** f. **1.** Verwandtschaft verstr. NOPom, sonst selt. Gebräuchlicher ist Fründschaft. – **2.** Umgang mit anderen Menschen selt.

verkihrt Adj. verkehrt, nicht richtig. *Hüt kann ik måken, wat ik will, hüt jeht allens verkihrt* Ank/An. *Ik heff dei Såk verkihrt anfungen* Ank/Br. *Du hest dei Strümp verkihrt antreckt* Gri/Go; *verkihrt rüm* verkehrt herum Gwd/Nu. *Ik heff wat in'e verkihrte Kähl krägen* ich habe mich verschluckt Uec/Ue. Zu jmd., der schlechte Laune hat: *Du büst woll verkehrt upståhn!* Stett, ähnl. allg. – Sagw.: *As ein dat måken deit, is't verkihrt, sär dei Bur, dunn kreeg sien Fru drei Kinner un sien Sœg bloß ein Farken* Rüg/Ae. *Dat's verkihrt, säd dei oll Kierl, don pisst hei sich in'e Bücks* Fra/Br.

Laut- u. Formvar.: wie hd. *verkehrt* verbr. MPom HPom, *vetjehrt* Slo/Sl, *verkihrtsch, verkehrtsch* vereinz. NOPom.

verkitten sw. mit Kitt abdichten oder ausfüllen. *Wi möten dei Finstern verkitten* Gwd/Ba. – Ral.: *einen dei Ogen verkitten* jmd. verprügeln vereinz. – **verklackern** sw. **1.** kleckernd verschütten verstr. *Sei verklackert dei Melk* Gwd/Ba. – **2.** Geld für unnütze Dinge ausgeben vereinz. *Nu verklacker nich werrer gliek, wat ik di gäben heff!* Rüg/Ae. – **verklacksen** sw. (mit Tinte) Geschriebenes verschmieren vereinz. – **verklågen** sw. jmd. verklagen. *Dei Kierl hett mi schlån, nu will ik em verklågen* Fra/Br. Verhüllend in der Ra.: *einen verklågen gåhn* zur Toilette müssen verstr. – **verklåmen** sw. **1.** vor Kälte erstarren. *Dat is buten so kolt, mi sünd dei Hänn' ganz verklåmt* Dem/Tp. *Mi früst so, ik bün ganz verklåmt* Gwald. *Dat Veih verklåmt bi dit Wärer* Gwd/Nu. – **2.** verarmen verstr. *Dei Kopmann is nu ganz verklåmt* ist nun völlig bankrott Gri/Ge. – **3.** ermüden, schläfrig werden vereinz. *Büst du bi dat Bok verklåmt?* hat dich das Buch gelangweilt? Saa/Ja. – **verklappern** sw. etwas verschachern, verhökern vereinz. *Wi mütten tauseihn, dat wi dei Såken verklappert kriegen* Rüg/Ae. – **verklaren** sw. beim Schreiben verschmieren verstr. *Nu hest du doch dei ganze Tint verklaart!* Dem/Tp. – **verklatschen** sw. jmd. anschwärzen, verpetzen vereinz., LauWb 372. *Sei hett em bi sien Murrern* [bei seiner Mutter] *verklatscht* Gwd/Ba. – **verklatten** sw. verfilzen verstr. *Dien Hor is so verklatt't* Gri/Mi. – **verkleckern** sw. **1.** Flüssigkeit verschütten verstr. – **2.** Geld vergeuden, verschwenden verstr. *Verklecker nich dien ganzes Geld!* Dem/Tp. – **verkleeden** sw. **1.** refl., sich verkleiden. Syn. vermaskieren. – **2.** etwas verkleiden, mit einer Abdeckung versehen. – **Verkleedung** f. Verkleidung an Objekten, Abdeckung. – **verkleimen** sw. (Fachwerk) mit Lehm verschmieren verstr. *Hest du dat Lock gaut verkleimt?* Fra/Br. – **verklicken** sw. **1.** dass. vereinz. *Dat Loch in'e Wand mütt mit Lehm verklickt warden* Ran/Pe. – **2.** seem., etwas / jmd. verraten. *Hett Lowise mi verklickt, will ik ehr ok verklicken* [1]Seg 237. – **Verklicker** m., seem., kleine Flagge, die auf Schiffen die Windrichtung anzeigt. – **verkliestern** sw. mit Kleister verkleben. – Ral.: *einen dei Ogen verkliestern* jmd. etwas vormachen, vorlügen vereinz. – **verklinken** sw., selt. st., fachspr. **1.** (beim Bootsbau) die Spitze eines Nagels um einen Dorn herum ins Holz zurückschlagen verstr., [1]Pee 238f. Vgl. Klinkerboot. – **2.** mit einem umgebogenen Nagel befestigen verstr. VPom. *Wir de Ked* [war die Kette] *an'n Pahl verklunken?* [4]Seg 158. – **verklœnen** sw. verplaudern verstr. *Wi hebben dei ganze Tiet verklœnt* Gwd/Nu. – **verkloppen** sw. **1.** (unter der Hand) verkaufen, verschachern. *Dei Jung' hett all sien Bäuker verkloppt* Gri/Gm. – **2.** jmd. verprügeln. – Sagw.: *Dat wier afdån, sär dei Bur, don har hei denn Amtmann verkloppt* Rüg/Ae. → nüschen[1]. – **3.** Geld verjubeln, verprassen verstr. *Dei hett sien ganzes Geld verkloppt* Dem/Tp.

verkloren sw. **1.** jmd. etwas erklären. *Hei verstünn dat nich, ik müsst em dat ierst verkloren* Dem/Kt. *Pass gaut up, ik will di dat fix verkloren!* Fra/Pe. Syn. verdüütschen, verkluwe. – **2.** refl., sich aufhellen verstr. *Dat Wäre* [Wetter] *ward sech voklore* Reg/Kt. – **Verklorung** f., seem., eidesstattliche Versicherung. *Dei Schipper leggt Verklorung af* Fra/Pe.

verklœtern sw. **1.** Geld verprassen verstr., JostWb 117. *Up'n Johrmarkt hett de Bengel all sien Geld verklœtert* Rüg/Be. – **2.** Zeit unnütz verbringen verstr. *Dei Jungs verklœtern dei Tiet* Gwd/Ze.

verklunken s. verklinken.

verklüren s. verkalüren.

verklurkse sw. wie verklurren vereinz. – **verklurren** sw. beim Schreiben verschmieren verstr. *Dat Kind hett dat Bok verklurrt* Ran/Sr. – **verkluwe** sw. jmd. etwas erklären vereinz. HPom, [7]Kno 123. Syn. s. verkloren. – **verknacken** sw. **1.** aufessen, verzehren. *Hei hett söss Snäden Brot verknackt* Rüg/Ae. – **2.** jmd. gerichtlich verurteilen. *Dat Gericht hett denn Deif tau twei Johr Tuchthus verknackt* Gwd/Ba. Vgl. verdunnern, verknasten. – **3.** refl., verrenken, verstauchen vereinz. *He hett sich denn Fot verknackt* Ran/Pe. → verstuken. – **verknacksen** sw., refl. **1.** sich eine Verstauchung zuziehen. *Ik hebb mi de Hand verknackst* Sto/Gl. → verstuken. – **2.** einen Hexenschuß bekommen vereinz. HPom. – **verknallen** sw.

schwängern verstr. *Dat Mäken hett sich von em verknallen låten* Ank/An. – **verknasten** sw. jmd. zu einer Gefängnisstrafe verurteilen vereinz. Vgl. verknacken. – **verknåstern** sw. schwängern verstr. HPom, sonst selt.

verknautschen s. verknuutschen.

verkniepen st., refl., sich etwas verkneifen, auf etwas verzichten. *Ik möt mi dei Reis' nåh Mäkelborg verkniepen* Dem/Kt. – **verkniewen** sw. ungeschickt schneiden vereinz. *Du hest dat Brot verknieft* Fla/Ta. – **verknœkert** Adj. verknöchert, geistig unbeweglich vereinz. *verknäkert un engböstig* [kleinlich] Spi 39. – **verknöpen** sw. etwas vergeuden, verschwenden vereinz. – **verknuddeln** sw. zerknittern vereinz. – **verknüllen** sw. wie hd. *Worüm hest du dat Kleed so verknüllt?* Dem/Tp. – **verknüppeln**[1] sw. (fest) verknoten vereinz. *Dat is so verknippelt, dat kann ik nich werrer upkriejen* Pyr/Lt. – **verknüppeln**[2] sw. jmd. (mit einem Knüppel) schlagen. → nüschen[1]. – **verknüppen** sw. **1.** durch Knüpfen miteinander verbinden. – **2.** mit etwas verbunden sein, zusammenhängen. Wenn für die Lösung eines Problems vielerlei zu berücksichtigen ist: *Dor is väl mit verknüppt!* Fra/Br. – **verknüppern** sw. verknoten verstr. *dat Paket verknüppern* Gwd/Ba. – **verknurren** sw. sich zanken, streiten verstr. *Du kiekst dienen Fründ gor nich mihr an. Hest du di mit em verknurrt?* Dem/De.

verknusen sw. **1.** jmd. oder etwas leiden, ausstehen können. Zumeist in der Negation: *Ik kann denn Kierl afslut* [absolut] *nich verknusen!* Fra/Zi. – **2.** etwas vertragen, aushalten. *Ik kann väl verknusen, äwer disse Arbeit is mi 'n bäten tau schwor* Rüg/Ae. *Mihr Leed kann ik nich verknusen* Dem/De. – **3.** verzehren, vertilgen. *Ik künn dat ganze Brot verknusen!* Ank/An.

verknütern sw. **1.** unbeholfen schneiden vereinz. VPom. *Hei hett dat Brot verknürert* Gri/Mi. – **2.** verheddern, ineinander verschlingen vereinz. VPom. *Dat Band wier so verknütert, dat hei nicks dormit anfangen künn* Dem/Tp. – **verknütten** sw. **1.** fehlerhaft stricken vereinz. – **2.** Garn beim Stricken verbrauchen vereinz. – **verknuutschen** sw., häufig schon wie hd. *verknautschen*, zerknautschen verbr. *Du hest dat Kleed so verknuutscht* Gri/Ti. – **verkobern** sw., refl., *verkowern* vereinz., sich von einer Krankheit oder Anstrengung erholen. *Se hett sich nåh de Krankheit wedder verkobert* Saa/Ja. Vgl. BBWb 4,603. → verhålen. – **verkohlen** sw. jmd. aus Spaß etwas vorlügen. – **verkölken** sw., refl., sich den Magen verderben Pyr/Wi, Saa/Ja, Kol/Go. – **verkölksen** sw. **1.** etwas verpfuschen, vermurksen verstr. *De Såk hest du verkolkst, du Dœmelsack!* Rüg/Pu. → verbumfiedeln. – **2.** refl., sich den Magen verderben verstr.

Verkop m. Verkauf. *De Bur hett 'ne Koh to Verkop ståhn* Pyr/Lt. – Ral.: *nicks tau Verkop hebben* schweigsam, kleinlaut sein Gri/Ge, ähnl. verbr. – **verköpen** sw./unr. verkaufen. *Dei Hannelsmann* [Viehhändler] *hett twei Käuh verköfft* Gwd/Nu. *Verköp mi man dat Schwien!* Ank/Br. *Dei Äppel hemm' sich schlicht verköfft* Gri/Mi. – Ral.: *Ik heff mi (schlicht) verköfft* ich habe eine schlechte Wahl getroffen Dem/Kt, ähnl. verbr. *Ik bün all verköfft!* ich bin schon vergeben, verlobt Kol/Go, ähnl. verbr.; *sien Fell verköpen* eine Stelle annehmen verstr. *Du wist mi woll verköpen!* du willst mich wohl auf den Arm nehmen! Uec/Ue, ähnl. verbr. – Sprw.: *De sik för Hunn' verköfft, möt Knåken fräten* wer zu bescheiden auftritt, wird auch so behandelt Rüg/Zi. – Sagw.: *Dat mütt alls sien Richtigkeit hemm', secht de Bur, verköfft sien Peerd un jeiht to Fot* Ran/Sr. *Potz Für! seggt Nottke* [FN], *wull Frucke* [Steckrüben] *verkope un hadd noch kein Såt* °Lau [4]Kno 9. – **Verköper** m. **1.** jmd., der etwas als Eigentümer verkauft. – **2.** angestellter Verkäufer. *Hei is Verköper in'n Låden* Gwd/Ba. – **verkopschlågen** st., veralt. **1.** refl., einen schlechten Handel eingehen, zum eigenen Nachteil kaufen oder verkaufen. *De Kôpmann möt to rechte Tîd wollfeil inköpen un sich nich vêkôpschlågen* [4]Gil 1,49. *Seih tau, dat du di nich verkoopsleist un nahst, wenn't tau lat is, klagen deist!* Nib 199. – **2.** etwas verschachern. *Seh man to, dat du denn ollen Schinner verkopschlågen kannst!* Rüg/Zi. – Mnd. *vorkôpslagen* (Geld) in Ware anlegen.

verkorksen sw., refl. **1.** eine günstige Gelegenheit verpassen verstr. *Dat hest du di nu verkorkst* Gwd/Nu. – **2.** sich den Magen verderben verstr. *He hett sich denn Mågen dull verkorkst* Stral. – **verkörten** sw. **1.** verkürzen, kürzer machen. – **2.** refl., sich mit etwas beschäftigen, um die Zeit kürzer erscheinen zu lassen. *Wi willen uns dei Tiet verkörten un Koorten spälen* Gwd/Ba. – **verkœteln** sw. vor Kälte starr werden vereinz. MPom. *Du sühst ganz verkœtelt ut* Ran/So. – **verkråmen** sw. etwas an einen Ort legen, wo man es nicht gleich wiederfindet verstr. – **verkratzen** sw. Geld verjubeln, verprassen vereinz., JostWb 117. *Hei verkratzt dat, wat dei annre topråckt* [zusammengespart] *hewwe* Kol/Go. – **verkräumeln** sw. **1.** zu Krümeln zerbrechen. *Brot för de Küken verkrömeln* Pyr/Lt. – **2.** refl., sich heimlich davonmachen. *Wenn dat wat to daune jifft, verkreimelt hei sich* Lau/Lt. – **verkrempeln** sw. etwas verschachern, billig verkaufen vereinz. – **verkrieschen** sw. durch exzessives Feiern verjubeln vereinz. *Hüt willen wi noch 'n Dåler verkrieschen!* Fra/Zi. – **verkrœpelt** Adj. verkrüppelt. *Hei wier Soldåt in'n Krieg, sien Bein is verkrœpelt* Gwd/Ba. – **verkrucke** sw. Schuhwerk durch zu langes Tragen austreten verstr. HPom. – **verkruden** sw. verkrauten verstr. *Dat Stück Land is bannig verkrud't* Ank/An. – **verkrumpelt** Adj. verschrumpelt verstr. NOPom. – **verkrünkeln** sw. verknautschen, zerknittern verstr. *Du hest dien Kleed wedder ganz verkrünkelt* Gwald. – **verkrupen** st., refl., sich verkriechen. *Dei Jungs hemm' sich mank dei Strük verkråpen* Gwd/Ba. *Dei Mus verkrüppt sich in ehr Lock* Dem/Tp. *De Sünn verkrüppt sich hinner* *de Wulken* Stett. – **verkrüsselt** Adj. verkümmert (von Pflanzen) verstr. HPom. *vokrüsselt Auft* verkümmertes Obst Gbg/Gp. – **verkrutschen** sw. Schuhwerk durch zu langes Tragen austreten selt. VPom, verstr. MPom HPom. *Dei Stäwel kann ik nich mihr bruken, dei heww ik verkrutscht* Fra/Zi.

verkrüz Adv. **1.** über Kreuz, kreuzweise. *Brä'* [Bretter] *verkrüz œwer dei Dör någeln* Gwd/Ba. *Se sitten mit de Beenen verkrüz* [im Schneidersitz] Stral. – **2.** wirr durcheinander, kreuz und quer. *In'e Schuf* [Schublade] *liggt alls verkrüz* Fra/Zi.

verküllen sw. **1.** refl., sich erkälten. *Treck di wat an, süss verküllst du di!* Pyr/Lt. Syn. verkäuhlen. – **2.** kalt werden lassen. *De Gâs hett de Eje vekühlt* die Gans hat die Eier nicht ausgebrütet Saa/So. – **Verküllung** f. Erkältung verstr. – Volksmed.: *Bi Verküllungen sall man dei Fautsåhlen mit Zipollen heit inrieben* Use/Us. Syn. Verkäuhlung. – **verkümmern** sw. wie hd. *Dat is so'n lütt verkümmert Diert* Gwd/Nu. → vermückern. – **verkünnigen** sw. etwas verkünden, öffentlich bekanntgeben. – **verkupeln** sw. etwas eintauschen vereinz. MPom HPom. – **verkütern** sw. etwas unnütz verbrauchen, verschwenden vereinz. *Låt de Seep* [Seife] *lijje! Du verkütерst se janz* Reg/Pl.

verlaatschen sw. Schuhe abnutzen vereinz. – **verläben** sw. **1.** Lebenszeit verbringen. *Ik heff twei Johr in'e Stadt verlääft* Gwd/Nu. Nostalgischer Spruch: *Dei verlewten Johr sünd ümmer dei besten* SUNDTR 1938,8. – **2.** etwas erleben, durchmachen. *Us Votter hett as Jung' väl valääft* Sch/Rg. – **verlåben** sw. **1.** refl., sich verloben. *Mien Sœhn hett sich mit 'ne schmucke Diern verlåft* Gwd/Nu. Eine zu lange Verlobungszeit wurde früher kritisch gesehen: *Tau lang verlåft sin döcht nich* Fra/Pe. Mahnender Spruch: *Verlåft is noch nich verfriegt!* Fra/Zi, ähnl. verbr. – **2.** ein Lebewesen verwünschen verstr. NOPom, sonst selt. *Seih di vör! Dei Ull deit di dat Veih verlåwe* Kol/Kr. – **Verlåbung** f., auch *Verlåwung*, Verlobung. *Up uns Verlåwung hett Mudder uns dei Ring' anståken* Dem/De. *Wi fiern hüt Verlåbung* Gwd/Ba. Vermieden wurde eine Verlobung zu Weihnachten: *Verlåbung unnern Wihnachtsbom is eie recht kort Drom!* Saa/Te, ähnl. verstr. Syn. Löft (veralt.), Verspruch.

verläden *verleden* verstr., *verlären* vereinz. VPom. **1.** Adj. – **1.1.** vorig, gerade erst vergangen. *Dat wier verläden Johr tau Wihnachten* Rüg/Ae. *Verläden Månd harn wi väl Krankheit in'n Hus* Ank/An; *ick heww verläden Nacht kein Og todoahn* LEH-SCH 152; *verleden Dag* gestern Uec/Ue; *verläden Harfst* Gri/Go; *verläden Pingsten* Gwd/Ba. Syn. vörrig. – **1.2.** veralt., vorvorig, vorletzt vereinz. *Verleden Dag* [vorgestern] *keem he to mi* Rüg/Be. – **1.3.** längst vergangen, früher. *Dat wier in verläden Tieden* Gwd/Nu. – **2.** Adv. neulich, kürzlich vereinz., BLFPVK 1,83. – Mnd. *vorlēden.*

verlåden st., vereinz. sw. **1.** etwas auf ein Fahrzeug laden. *Up'n Båhnhoff ward Veih verlåden* Fra/Zi. – **2.** falsch aufladen. – Ral.: *up wat verlåden sin* sich in etwas irren verstr. VPom. – **verlägen** Adj. verlegen, schüchtern, unsicher. – **verlågen** Adj. verlogen. *Dat is een verlågen Kierl, de lücht ümmer* Rüg/Zi. – **Verlägenheit** f. **1.** Befangenheit, Unsicherheit. – **2.** unangenehme Situation. – Ral.: *Wecker sich nich tau helpen weit, is nich wiert, dat hei in Verlägenheit kümmt* Gwd/Ba, ähnl. verstr. – **verlåhmen** sw. erlahmen, ermüden. *Ik glöf, du verlåhmst un schaffst de Arbeit hüt nich mihr* Rüg/Pu. *He is verlåhmt un kann nich wiejer* [kann nicht weiter] Pyr/Lt. *Bi dei Arbeit sünd mi dei Arm verlåhmt* Dem/Tp. Syn. vermäuden. – **verlangen** sw. **1.** etwas fordern, erwarten. *Up'e Schol ward hüt väl verlangt* Pyr/Lt. *Dor verlangt mi nich nåh* danach habe ich kein Verlangen Reg/Me. *Dat deet mi nich verlangen* dass. Rüg/Pu. – **2.** auf etwas gespannt, neugierig sein. *Dor sall mi nåh verlangen!* darauf bin ich schon gespannt! Gwald. *Dat sall mi verlange, wat dorut ward* Sto/Wd. – **Verlangen** n., *Verlang* vereinz., wie hd. *Dor heww ik kein Verlangen tau* Gwd/Ba. *Sei hett Verlang nåh Hus* Gri/Mi; *sei her son Verlang na sei* [nach ihnen] [2]GAHL 53. – **verlänge(r)n** sw. **1.** (räumlich) länger machen. *'n Kleed verlängern* Pyr/Lt. – **2.** eine Zeitspanne verlängern. *Ät man gesund, dor verlängst du dien Läben mit!* Ank/An. – **3.** Lebensmittel strecken, verdünnen. *Dei Supp ward verlängert* Dem/Tp.

verlangs *vörlangs* selt. **1.** Adv. – **1.1.** der Länge nach VPom, sonst vereinz. *De Bur föl verlangs up de Ierd* Rüg/Dm. – **1.2.** entlang verstr. VPom. *Wi willen hier verlangs* Rüg/Ae. – **2.** Präp. entlang vereinz. *Wi gåhn verlangs dei Eiken* Dem/Tp.

verlappen sw. etwas vergeuden, verschwenden vereinz. – **verläppern** sw. Geld für unnütze Dinge ausgeben. – **verlappt** Adj. zerlumpt, zerfetzt vereinz. *Dat Kleed is uk all so verlappt* Pyr/Wi. – **verläsen** st./sw. **1.** öffentlich vorlesen. – Ral.: *einen dat Kapittel verläsen* jmd. Vorhaltungen machen verstr. — **2.** Pflanzen auslesen vereinz. *Bohnen un Arften verläsen* Pyr/Lt. Gebräuchlicher ist utläsen. – **Verlåt** m. Verlaß. *Up uns Vaddern is ümmer Verlåt!* Use/Hf. *Wat du dor seggst, dor is keen Verlåt up!* Ran/Pe. – Ral.: *Up Leiw un Wäder is keen Verlat* HUMGWD 7,46,8.

verlåten st. verlassen. **1.** fortgehen, sich von einem Ort entfernen. *Hei verleet morgens dat Hus un keem nich werrer* Ank/Br. *Dit was üm de Ostertid, as se Richtenbarg vörleten* [3]JAHN 409. *Dat's 'ne verlåten Gägend* Gri/Go. – **2.** jmd. alleinlassen, im Stich lassen. *Dei Kierl hett Fru un Kinner verlåten* Gwd/Nu. – Ral.: *Du büst woll von Gott un dei ganze Wilt verlåten!* du bist wohl verrückt! Gri/

Gm, ähnl. verbr. – **3.** refl. – **3.1.** fest auf jmd. vertrauen. *Wat mien Fründ secht, dor kann ik mi up verlåten* Rüg/Ae. *Du kannst di up mi verlåten. Dorup gäf ik di mien Hand!* Ank/An. – Ral. zu einer unzuverlässigen Person: *Wer sich up di verlött un sien Bedd verköfft, mutt ewig up Stroh schlåpen* Uec/Pa. – Sprw.: *Wecker sich up anner Lüd verlött, dei is verlåten* Dem/Kt. – **3.2.** ausbleichen, an Farbintensität verlieren. *Dien bunt Kleed süht so verlåten ut* Saa/Ja. – **3.3.** wässrig sein (bes. von Soßen). *De Sauß hett sik verlåten* Ank/An. – **4.** als Part.Präs. in der Fügung *up ein / wat verlåten sin*, jmd. oder etwas im Sinn habend, sein Augenmerk auf jmd. oder etwas richtend vereinz. *Up em wier ik verlåten* ihn habe ich gemeint Gwd/Ze.

verlåtsch Adj. zuverlässig selt. Vgl. unverlåtsch. – **verlatten** sw. **1.** mit Latten abtrennen. *Wi willen dei Afsiet up'n Bœn verlatten* Gwd/Ba. – **2.** fachspr., Dachlatten anbringen. *Dat Dack is up Ruhr verlatt't* die Dachlatten sind für ein Reetdach angebracht worden Gwd/Wo. – **verlecken** sw. undicht werden (von Dächern) vereinz. *Dat Pappdack is all verleckt* Dra/Bu. – **verleddern** sw. jmd. das Leder versohlen, verprügeln vereinz. Syn. s. nüschen[1]. – **verleeden** sw. **1.** jmd. etwas verleiden. *Dat Danzen heww ik ehr verleed't* Gwd/Ba. – **2.** jmd. leidtun vereinz. Drohung: *Dat ward di noch verleede!* Lau/GW. – **verleggen** sw./unr. **1.** etwas verlegen, verkramen. *Håmer un Tang' hebb ik verleggt* Pyr/Lt. → vermuschen. – **2.** refl. – **2.1.** kräftig werden, an Gewicht zulegen verbr. NOPom, sonst selt. *Wenn dei Bingel wat twischen dei Tähne kriggt, ward hei sich wiss verleje* Kol/Ma. – **2.2.** sich abnutzen, verschleißen JostWb 117. – **verleigen** st. anlügen, belügen vereinz., [4]HoefE 83. – **verleihnen** sw. etwas verleihen, verborgen vereinz.

verleisen s. verlieren.

verleiwen sw., refl., sich verlieben. *Mien Sœhn hett sich in dei junge Diern verleift* Gwd/Nu. – Ral.: *Wenn eener verleeft is, is de Verstand in'n Noors* Rüg/Pu, ähnl. allg. Scherzh. Rat: *Verleif di oft, verlåf di sillen un heuråt nie!* Ank/Br, ähnl. verstr. Wenn das Essen angebrannt oder versalzen ist, heißt es: *Dei Kœksch wier woll verleift!* Gwald, ähnl. verbr. – **verlichtern** sw., refl., sich erleichtern, seine Notdurft verrichten vereinz. *Wecker hett sich hier merren in'n Stieg verlichtert?* Rüg/Ae. – **verlickert** Adj. verwöhnt im Essen verstr. NOPom.

verlieren st. wie hd. **1.** jmd. ungewollt abhandenkommen. *Verleis bloß dat Jild nich!* Sch/Pk. – Ral.: Zu einem Taugenichts: *Di hett woll dei Düwel von'e Kor verluren!* Gwd/Nu, ähnl. verstr. Über eine törichte oder unehelich geborene Person hieß es früher: *Denn hett dei Äsel in'n Galopp verloren* Gri/Go, ähnl. verstr. – Sprw.: *Hett dei Kauh den Schwanz verluren, denn markt sei irst, wur hei gaud tau is* HuMGwd 74,163f.,3. *Wenn dei Pracher nischt hewwe sall, verliert hei dat Brot ut'n Büdel* Nau/Db, ähnl. verbr. – **2.** (in einer Menschenmenge oder unübersichtlichen Situation) unbeabsichtigt von jmd. getrennt werden. *Wi hebben uns in'e Düüsternis verluren* Gwd/Nu. – **3.** jmd. durch den Tod entrissen werden. *Ik heff all Vadder un Mudder verluren* Gri/Ge. *De Fru hett all ehren tweeten Mann verloren* Ran/Pe. – **4.** etwas einbüßen. *Dei Bur verleis sienen Acker* Sto/Gl. *Dei Oll hett düchdig verloren* hat viel Gewicht verloren Fra/Bn. – Ral.: *An em is nicks verluren* seine Freundschaft habe ich nicht nötig Dem/Tp. – **5.** unterliegen, besiegt werden. *Wi verleise bi'n Koortenspäl* Sto/Gl. *As hei nu wedder dei Wedd' verlos,* [...] Sto/Wl. – **6.** (Zeit) nutzlos vergeuden. – Ral.: *Mit Äten, Mäten un Sinnieren deist du den halwen Dag verlieren* °Gwd, ähnl. HuMGwd 9,25,2. – **7.** refl., allmählich schwinden, vergehen. *Dei Wind hett sich verluren* ist abgeflaut Gwd/Wc. *Dei Schmart* [Schmerz] *verlür sich* Ank/Br. *De Farf hett sich verlåre* die Farbe ist verblichen Reg/Me. Tröstend: *De Trur verleert sich all werrer!* die Trauer wird irgendwann wieder nachlassen! Ran/Sr. – **8.** nachgehen (von Uhren) verstr. *De Klock verleert* Uec/Ge. Syn. s. verspåden.

Laut- u. Formvar.: In VPom u. MPom ist der ältere nd. Infinitiv *verleisen* (mnd. *vorlêsen*) durch Entwicklungen, die den grammatischen Wechsel von *s* zu *r* ausgehend vom Part.Prät. auf alle Formen übertragen haben, und unter jüngerem Einfluß des Hochdeutschen vollständig verdrängt worden. Bis 1945 sind aber vor allem im östlichen Hinterpommern Belege für den sprachgeschichtlich älteren Infinitiv (*verleise, verleere*) vorhanden. Vgl. hierzu auch Pri/Teu 156. In den flektierten Formen zeigt sich eine Mischung aus älteren und jüngeren Varianten, wobei in NOPom die älteren Formen überwiegen (s. unten).

Flex.: Genannt werden nur Hauptvar. – Präs.Sg.1.: *verlier, verleer* VPom MPom, *verlair* Rum/Km [5]Tita 68, *volair* LauWb 372, *verlees* Dra/Dr, *verleis* HomWb 233. – 3.: *verliert, verleert* VPom MPom, *verlüst* verstr. HPom, *verlist* NOPom, JostWb 117. – Prät.Sg.1. u. 3.: *verlür* verbr. VPom MPom, *volor* LauWb 372, *verlôs* verbr. östl. HPom, HomWb 233, *verleis* Sto/Gl. – Part.Prät.: *verloren, verlåren* verbr., *verluren* verstr. VPom, *velaura* °DKr [3]Tita 11.

verliggen st., refl. **1.** durch langes Verbleiben in Schränken o.Ä. aus der Form geraten, an Qualität einbüßen (von Kleidung). *Mit'e Tiet ward sich dat Tüg in'n Kuffert verliggen* Gwd/Ba. *Dei Wäsch hett sich veläje* Kol/Go. – **2.** sich durch eine ungünstige Haltung im Liegen Schmerzen zuziehen. *Ik heff mi dat Gnick veläja* Dra/Dr. – **verlihren** sw. etwas verlernen vereinz. – **verloddern** sw. **1.** verlottern, verwahrlosen. *Dei Bengel is so verloddert, dat hei kein Hemd mihr up'n Lief hett* Dem/Tp. – **2.** unnütz verschwenden selt. *Dei Kierl hett all dat Geld verloddert* Fra/Bn.

Verlöf n./m. **1.** Erlaubnis. *de annern Kinner deden dat* [plattdeutsch sprechen] *ahn Verlöw* [1]Mass 61. – Sagw.: *Mit Verlöf, säd dei Eddelmann, don nähm he denn Bur de Koh ut'n Stall* Rüg/Sn. Vgl. verlöwen. – **2.** Ruhepause, Erholung verstr. *Denn ik mauk Varlöf mi* denn ich nahm mir frei [2]SchwA 32. Ausruf, wenn ein Kind beim Fangenspielen eine Pause braucht: *Verlöf!* Dem/De, ähnl. verstr. –

Verlöfnis f., veralt., Erlaubnis. [...] *un hadd denn von'n Herrn up sien Bidd dei Verlöwniß krägen* NIB 49.

verlohnen sw., refl., sich lohnen verstr. *Dor gåh ik nich hen, dat verlohnt sich nich* Sto/Dö.

verlopen st. verlaufen. **1.** refl., sich verirren. *Ik heff mi nachts in'n Busch verlopen* Gwd/Nu. – Ral.: *Bäter tweemal fragen, as sick eenmal verlopen* HUMGWD 8,44,8. – **2.** etwas oder jmd. verlassen, fortlaufen. *Hei hett Pommern verlope* Nau/Db. – **3.** etwas aufgeben, nicht länger an etwas festhalten. *Ik kann't nich verlopen, so giern ik ok wull!* WUTA 190. Veralt.: *dat Spill verlopen* nicht mehr mitspielen verbr. VPom, auch: seinen Dienst aufkündigen, alles im Stich lassen verstr. VPom. – **4.** refl., abfließen, wegfließen. *Dat Wårer up'e Wisch hett sich all verlopen* Gwd/Ba. – **5.** ineinanderfließen (von Farben). *Dat Kleed süht so verlopen* [ausgeblichen] *ut* Uec/Ge.

verlöschen sw., refl. **1.** seinen Durst löschen verstr. – **2.** sich erholen, ausruhen verstr. VPom. *Ik möt mi nåh de Arbeit ierst 'n bäten verlöschen* Ank/Br. → verhålen. – **Verlöschung** f. **1.** Ruhepause, Erholung VPom. *Hei arbeid't åhn Verlöschung* Fra/Pe. – **2.** Erfrischung, Erquickung VPom. *Wi willen bi'n Krog anhollen un 'ne lütte Verlöschung to uns nähmen* Rüg/Zi. – **verlöwen** sw., veraltd., *verlöben* selt., erlauben, gestatten. *Se verlöwen dat woll* [2]WEN 102; *denn will'k di dat geen verlöwe!* [1]NERE 61. Vgl. erlauwen, Verlöf. – **verludern** sw. **1.** fachspr., verfaulen, verwesen (von Wildtieren). *Dei Rehbuck is all verludert* Gwd/Ba. – **2.** durch schlechtes Wirtschaften verschwenden verstr. – **3.** verwahrlosen, verkommen verstr. – **verlumpen** sw. schlampig mit Kleidung umgehen verstr. – **verlusen** sw. von Läusen befallen werden. *Dei schmuddelige Kierl is ganz verluust* Gwd/Nu. – **Verlust** m. wie hd. *Mien Verlust wier nich grot* Gwd/Da. – **verlustieren** sw., refl., sich amüsieren, vergnügen. *Up'e Hochtiet hebben wi uns ollig verlustiert* Rüg/Ae. – **verlustig** Adj. wie hd. Nur in der Fügung: *verlustig gåhn* etwas einbüßen, verlieren. – Sprw.: *Wecker dei Kauh schlachten will, geiht dei Melk verlustig* Dem/De.

vermackern sw., fischerspr., sich zu gemeinsamer Fischerei zusammenschließen verstr. vpom. Küste, [1]PEE 74. *In'n Harfst ward werrer vermackert* Use/He. – **vermaddelt** Adj. ungepflegt, liederlich vereinz. – **vermaddern** sw. **1.** unnütz vergeuden verstr. – **2.** nachlässig mit etwas oder jmd. umgehen verstr. – **vermåhnen** sw. jmd. ermahnen. *Dei Lihrer hett em iernstlich vermåhnt* Gwd/Ba. – Ral., wenn ein Laie einem Fachmann besserwisserische Ratschläge gibt: *Nu vermåhnt de Hund de' Schereschlieper!* Nau/Fg, ähnl. verstr. HPom. – **Vermåk** m./n. Vergnügen, Freude verstr. VPom. – **vermåken** sw./unr. **1.** jmd. etwas vermachen, vererben. *Hei hett em denn ganzen Buernhoff vermåkt* Dem/Tp. Syn. verarben. – **2.** mit allerhand Umständen verbunden sein. *Dat is nich so licht, dor is väl mit vermåkt* Gri/Ge. *Wenn'n dat bedenkt, wat dorbi all vermakt is* [7]BAND 111. – **vermallen** sw. auf törichte Weise verschwenden, vergeuden vereinz. – Ral.: *Wer Geld will vermalle, köp Gläs' un låt se falle* Cam/Bn.

vermammeln, vermampeln s. vermimmeln.

vermanschen sw. **1.** zermanschen, zu einer breiigen Masse zerdrücken. *Du hest dat Äten so vermanscht* Dem/Tp. Übertr.: *Du sühst so vermanscht ut* du siehst übernächtigt aus Rüg/Zi. – **2.** etwas durch ungeschickte Handhabung verderben verstr. – **vermarken** sw., veraltd., etwas bemerken, wahrnehmen verstr. *wenn hei dorvon redt hett, denn kann ick dor nicks Slichts in vermarken!* [7]BAND 54. – **vermåsern** sw. knorrig verwachsen (von Holz) vereinz. *Dat Holt is so vermåsert, dat klööft nich* läßt sich schlecht spalten Ank/An. Vgl. Måser. – **vermaskerieren** sw., refl., wie vermaskieren vereinz. – **vermaskieren** sw., refl., sich maskieren, verkleiden verstr. *Marieken fröög eer, wat sei* [...] *uck vermaskiert gaan wulln, un as wat* HUMGWD 74,60f.,1. Syn. verkleeden. – **vermasseln** sw. wie hd. verstr., LAUWB 373. *Du Dœmel hest mi dei ganze Arbeit vermasselt!* Dem/Tp. *Dat is 'n vermasselten Dag* ein vertaner, höchst unerfreulicher Tag Stett. – **vermäten** st. vermessen. **1.** eine Fläche ausmessen. *Sei vermäten hüt Feller un Wischen* Gwd/Nu. – **2.** die Körpermaße von jmd. feststellen. *Ik mutt mi bi'm Schnierer vamäte låte* Nau/De. – **3.** falsch messen. *Pass got up un vermät di man nich!* Uec/Ge. – **vermatschen** sw. zermatschen verstr. *Ji möten dei Kirschen nich so vermatschen!* Gri/Ge.

vermauden sw. vermuten, annehmen, erwarten. Zumeist in der Fügung: *sik wat vermauden sin.* Belege dafür: *Dat wier ik mi nich vermauden* das habe ich nicht vermutet, gedacht Gwd/Ze. *Dei Antwuurt wier hei sich vermauden* die Antwort überraschte ihn nicht Rüg/Ae. *Ik bün mi keenen Besök vermoden* ich erwarte keinen Besuch Rüg/Be. *Hei is sik nicks Gaudes vermauden* er erwartet nichts Gutes Fra/Zi. *Ik vermaud dat up em* ich habe ihn in Verdacht Kol/Go. Selten sind Belege mit dem Hilfsverb *hebben*: *Dat hebb ik mi nich vermoojt* Pyr/Lt.

vermäuden sw. ermüden. **1.** müde werden. *Dei Bur vermäud't licht bi dei Arbeit* Gwd/Ba. *Mi is dei Arm vermäud't, ik kann nicks mihr drägen* Fra/Zi. Syn. verlåhmen. – **2.** müde machen. *Dei lange Reis' hett mi vermäud't* Gwd/Nu. – **Vermaudung** f., *Vermaurung* selt., veralt.: *Vermauding, Vermauring*, Vermutung vereinz. *Dat weer ik mi nich in Vermaudung* das habe ich nicht vermutet Nau/Da. – **vermäusern** sw. etwas unnütz verschwenden, vergeuden verstr. MPom. – **vermautbasten** sw., refl., sich überanstrengen, abhetzen verbr. HPom, sonst vereinz. *Hei hett sich so vermautbast', dat em de Tung' ut'n Hals hängt* Nau/Rh. Vgl. termautbasten. – **vermeiden** sw. **1.** refl., sich bei jmd. verdingen. *Hei hett sich as Knecht up een Johr vermeid't* Ank/Br. – Ral.: *sich schlicht vermeid't heb-*

ben unglücklich verheiratet sein verstr. — **2.** eine Räumlichkeit vermieten. *Wi vermeiden 'ne lütte Stuf* Dem/Ga. *Ick vermeir in däm Ogeblick, wo mien Besäuk kümmt, an Boadgäst!* POP 124. – **vermeinen** sw. der Meinung sein, glauben. *Ik vermeen, dat du 'n groten Schåpskopp büst!* Rüg/Zi. – **vermelken** sw., selt. st., refl., mehr Milch geben verstr. *De Köh kriegen jitzt got Forer, nu warn se sich vermelken* Ran/Pe. – **vermellen** sw. vermelden, berichten verstr., HOMWB 223. – Ral.: *nicks tau vermellen hebben* nichts zu befehlen haben Gwd/Ba. – **vermeng(e)lieren** sw. vermengen, vermischen. *Dei Bur vermengeliert Håwer mit Gasten* Dem/Tp. *Sien Hor is vermengeliert* sein Haar ist grau meliert Gwd/Ba. – **vermengen** sw. dass. verstr. – **vermickern** s. vermückern. – **vermihren** sw. vermehren. **1.** dafür sorgen, daß etwas an Anzahl, Menge, Intensität o.Ä. zunimmt. – Sprw.: *Wer dei Wilt nich vermihrt, is denn Himmel nich wiert* Gwd/Nu. – **2.** refl., sich vermehren, anwachsen. *Dei Famielj vermihrt sich ümmer mihr* Dem/Ga. – **vermimmeln** sw., *vermimpeln* selt., etwas verheimlichen, vertuschen vereinz. Zumeist in Vbdg. mit *vermammeln, vermampeln. De Såk kast du nich vermimmeln un vermammeln* Ran/Ro. Vgl. bemummeln.

vermißquemen sw. im Wachstum zurückbleiben, verkümmern. *Dat is 'n Jammer üm dat lütt, vermißqueemte Lamm* Dem/De. *Wat süht dei Jung' vermißqueemt un älendig ut!* Gri/Gm. – Mnd. *vormisquêmen.* → vermükkern. – **vermißquiemen** sw., *vermißquienen* vereinz., dass. verstr. HPom, sonst selt. *Dat Farken is so vermißquient, von dem ward nischt ware* Sto/Gl. Vgl. verquienen.

vermöbeln sw. **1.** jmd. verprügeln. *Sien Vadder hett em so vermöbelt, dat hei nich mihr gåhn künn* Dem/Tp. → nüschen[1]. – **2.** etwas vergeuden, verschwenden verstr. *Dei hett all sien Geld vermöbelt* Rüg/Ae. – **vermoddern** sw. vermodern, verfaulen vereinz. → verfulen.

vermœgen unr. **1.** zu etwas in der Lage sein. *Dat vermach ik nich tau seggen* Gwd/Ba. – **2.** jmd. gerne haben, gut leiden können. *Wenn dei Lüd denn driesten Bengel nich vermœgen, verståh ik dat gaut* Gwd/Nu. – **Vermœgen** n. **1.** Leistungsfähigkeit, Macht. *Dat geiht œwer mien Vermœgen* Fra/Bn. – **2.** materieller Besitz. *Dei Kierl hett all sien Vermœgen verspäält* Gri/Ge.

vermölen sw. etwas verkramen, verlegen. *Dat Kleed kann ik nich finnen, dat heww ik vermöölt* Rüg/Pu. → vermuschen. – **vermorden** sw., veralt., ermorden selt. [...] *un dat sünt de drei Kinder, de se vermordt hett* ARN 30. Vgl. muurden.

vermorrntau Adv., *vörmorrntau* vereinz., am heutigen Morgen verbr. VPom, sonst vereinz. *Vermorrntau heww ik all tiedig Besäuk krägen* Gri/Gs. *Vermorrntau, vör Dau un Dag* heute Morgen in aller Frühe HECK 16. Syn. vonmorrntau.

vermückern sw., *vermickern* vereinz., verkümmern, im Wachstum zurückbleiben verbr., DÄHWB 524. *Dat hett lang nich rägent, dat Kuurn is vermückert* Rüg/Bi. *Olle Böm vermückern, wenn se verplant't warden* Rüg/Be.

Rsyn.: *verbutten, verkümmern, vermißquemen, vernorkeln, vernörple, verquienen.*

vermuddeln sw. **1.** vermodern, verfaulen verstr. *Dat Åft vermuddelt fix* Gri/Mi. → verfulen. – **2.** etwas verkramen, verlegen verstr. *Ik heff denn Ring irgendwur vermuddelt* Gri/Bo. → vermuschen. – **3.** etwas verpfuschen, vermurksen vereinz. → verbumfiedeln – **vermulåpen** sw., veralt., refl., sich verlieben vereinz. [...] *denn ick wir apenbor bett äwer de Ur'n in't Mäken vermulapt wes't* [4]SEG 243. – **vermulle** sw. **1.** zerbröckeln, zerfallen vereinz. HPom. *Dei To(r)f vemullt fix* Reg/Rg. – **2.** etwas zu Grus zerkleinern vereinz. HPom, [5]TITA 46. – **3.** etwas verkramen, verlegen verstr. NOPom. *Nu hebb ik doch dat Bauk vermullt!* Lau/GW. → vermuschen. – **vermulschen** sw. verfaulen, vermodern verbr., DÄHWB 524. *Dei Strohdäker vermulschen un kriegen grote Löcker* Gri/Ti; [...] *as en Appel vermullschen deit, den steken hett de Worm?* [3]SCHWA 91. → verfulen. – **vermummeln** sw. warm einhüllen, dick einkleiden vereinz., HOMWB 235. – **vermummen** sw., refl., sich verkleiden, unkenntlich machen. Übertr.: *Dat Wärer vermummt sich* der Himmel bewölkt sich stark Reg/Rg.

vermüntern sw., *vermünnern* verstr., *vermunnern, vermuntern* selt. MPom HPom. **1.** refl. – **1.1.** aufwachen, allmählich munter werden. *Hei hett so fast schlåpen, nu kann hei sik gor nich vermünnern* Fra/Zi. *Ik ståh nich ihrer up, bet ik mi richtig vermüntert heff* Gri/Mi. – **1.2.** sich von einer Anstrengung oder Krankheit erholen. *Du hest di nåh diene Krankheit all werrer 'n bäten vermüntert* Rüg/Dm. → verhålen. – **1.3.** eine Erfrischung zu sich nehmen. *Nu willen wi uns ierst vermünnern, 'n bäten äten un drinken* Rüg/Ae. – **2.** jmd. aufwecken, munter machen. *Dei Jung' wier gor nich tau vermünnern* war gar nicht wach zu bekommen Rüg/Wi. – **Vermünterung** f. Ermunterung, Aufmunterung vereinz., [1]BAND 4,41

vermuren sw., seem. **1.** jeweils einen Anker an Bug und Heck auswerfen selt. vpom. Küste. – **2.** ein Schiff an einem Poller festmachen selt. vpom. Küste. – Zu engl. *to moor* vertäuen, festmachen. – **vermurkelt** Adj. verkrüppelt, schief gewachsen vereinz. – **vermurksen** sw. wie umgspr. *Hei hett dei ganze Arbeit vermurkst* Dem/Tp. → verbumfiedeln. – **vermuscheln** sw. **1.** etwas verkramen vereinz. *Wer wett, wo ik wedder mien Handschen vermuschelt hebb?* Sto/Gl. → vermuschen. – **2.** etwas verheimlichen vereinz. VPom.

vermuschen sw. **1.** etwas verkramen, verlegen. *Dat is nich to finnen, wat du all wedder vermuscht hest* Rüg/Pu. – **2.** etwas vertuschen verstr. *Dei Såk warn wi so vermuschen, dat't nich rutkümmt* Dem/Tp. – **3.** jmd. verprügeln verstr. VPom. *Sei hemm' em düchdig vermuscht, dei steiht so fix nich wedder up* Gwd/Nu. Syn. s. nüschen[1].

Rsyn. zu 1.: *verbören, verbumfiedeln, verbummeln, verbuschen, verhäuden, verleggen, vermölen, vermuddeln, vermulle, vermuscheln, vernœlen, vernusseln, verpacken, verrümen, versaubüdeln, verschmieten, verseigen, versellen, versetten, versusen, versusengen, vertrödeln, verwäuhlen, verzåmle.*

vernågeln sw. **1.** zunageln. *Wi willen dei Kist vernågeln* Gwd/Ba. – **2.** ein Pferd durch falsches Beschlagen der Hufe verletzen verstr., DÄHWB 524. *Oh je, du hest jå dat Peerd vernågelt!* Pyr/Lt. – **vernågelt** Part.Adj. verbohrt, beschränkt verbr. *Dei olle Kierl is so vernågelt, man kann gor nich mit em räden* Gwd/Nu.

vernähmbor Adj. in Einzelteile zerlegbar verstr. NOPom, sonst selt. – **vernähmen** st. **1.** etwas wahrnehmen, spüren. *Dor is keen Wind to vernähmen* es ist windstill Pyr/Lt. – **2.** klug aus etwas werden. *Dor vernähm ik (mi) nicks ut!* das begreife ich nicht! Fra/Fr. – **3.** veralt., an Gewicht zulegen (von Mastvieh) verbr. NOPom, HOMWB 235. Vgl. benähmen. – **vernähmlich** Adj. **1.** verständig verstr. *Dat Kind kiekt all so vernähmlich in dei Welt* Kol/Pr. – **2.** verständlich vereinz. *Is di de Såk noch ümmer nich vernähmlich?* Ghg/Li.

vernarren sw. **1.** jmd. foppen, zum Narren halten. *Ik låt mi doch von di nich vernarren!* Gwd/Nu. – **2.** refl., sich verlieben. *Hei hett sich in dei schmucke Diern vernarrt* Dem/Kt. – **3.** jmd. verzärteln, verhätscheln verstr. *Dei Mudder hett dat Kind sehr vernarrt* Net/Hf. → verpimpeln. – **vernarwen** sw. vernarben. *De Wunn an'n Arm is all vernarft* Stett. – **verneigen** sw. **1.** nähend verarbeiten. – **2.** jmd. verprügeln verstr. Syn. s. nüschen[1].

vernimm Adj. **1.** verständig, klug, pfiffig VPom. [...] *un Dokting seggt jo ok, dat Sei vernimm un klauk sünd* [10]BAND 38. *Dat Lütt is sihr vernimm, dat kann all hochdüütsch verståhn* Rüg/Ae. – **2.** aufmerksam VPom. *Nu wäs vernimm!* nun paß gut auf! Ank/An. – **Vernimm** m./n. **1.** Verstand verstr. *Dat geiht öwer mienen Vernimm!* das begreife ich nicht! Gwd/Nu. *Häst du diene Vernimm verlåre?* bist du vollkommen verrückt? HOMWB 235. – **2.** Anstand, gutes Benehmen vereinz.

vernœlen sw. **1.** Zeit untätig verbringen, vertrödeln vereinz. *Sei vernœlt dei Tiet blot* Gwd/Ba. – **2.** etwas verkramen, verlegen vereinz. → vermuschen. – **vernorkeln** sw. verkümmern, im Wachstum zurückbleiben verstr. NOPom, sonst selt. → vermückern. – **vernörple** sw. dass. vereinz. HPom. *Dat Farken is so lütt, janz vernörpelt* Gbg/Gp. → vermückern. – **vernothåwe** sw., veralt., jmd. zu etwas nötigen, zwingen vereinz. HPom. *Wer hett di dortau vernothåft, dat du dat måkt hest?* Nau/Fg. – **vernüchtern** sw., refl. **1.** sich durch Essen und Trinken stärken. *Mi knurrt dei Måg, ik möt mi ierst vernüchtern* Dem/Ut. – **2.** nach einem Alkoholrausch wieder nüchtern werden verstr. – **vernucke** sw., refl., sich zanken verstr. NOPom, sonst selt. HPom. *Worim hewwe sich de beid denn all wedder venuckt?* Sto/Dö. – **vernuddeln** sw. etwas verpfuschen, verderben vereinz. → verbumfiedeln.

Vernunft f. wie hd. – Spruch: *Vernunft, Verstand un Hawergrütt, dei sünd tau allen Dingen nütt* HUMGWD 5,6,2. – **vernünftig** Adj. wie hd. *Dat ward Tiet, dat du vernünftig warst, du büst nu olt naug* Gri/Mi.

vernüschen sw. jmd. verprügeln verstr. *Ik heff denn Bengel mit'n Stock vernüscht* Ank/An. Syn. s. nüschen[1]. – **vernusseln** sw. **1.** etwas verkramen, verbummeln vereinz. *Nu heww ik doch dat Dauk vernusselt!* Sch/Pu. → vermuschen. – **2.** vergessen, nicht mehr an etwas denken vereinz. *Du büst bi'n Kopmann wäst un hest liekers dat Solt vernusselt!* Gri/Bo. → vergäten[1]. – **3.** refl., sich von etwas erholen, zu Kräften kommen selt., [1]NERE 17. → verhålen. – **vernutzen** sw. **1.** benutzen, anwenden vereinz. *Dat Handwarkstüg ka' hei nech venutze* Gbg/Gp. – **2.** (Zeit) unnütz verschwenden vereinz. *Tiet vernutzen* Zeit vertrödeln Gwald. – **3.** etwas aufbrauchen, verbrauchen vereinz. *Dat Äten möt hüt noch vernutzt warden* Gri/Bo.

verökeln sw. jmd. verspotten, verulken verstr. – **verolmen** sw. verfaulen, verrotten. *Dat Stück Holt is ganz verolmt* Gri/Ge. *Dei Tüffel in'n Keller verolmen all* Gri/Bo. Auch auf Zähne bezogen: *Mien Tähnen sünd verolmt* sind durch Karies zerstört Rüg/Ae. → verfulen. – **verörgeln** sw. elendig sterben, verrecken. *Dei Kierl kneep mi dei Kähl so fast tau, ik wier binåh verörgelt* Rüg/Ae; [...] *dei up 'ne Bänk leg, as wenn hei verörgeln wull* [14]BAND 91. – **verornen** sw. ärztlich verordnen verstr. *Wat hett dei Dokter di verornt?* Gwd/Ba. – **verœseln** sw. Heu oder Stroh verstreuen verstr. MPom HPom. – Zu œseln[1]. – **verœweln** sw. jmd. etwas verübeln verstr. – **verœwern** sw. etwas übrig behalten. *He hett dit Johr spoort un hunnert Mark verœwert* Ran/Pe.

verpachten sw. wie hd. verstr. *Dei Bur hett sienen Hoff an em verpacht't* Gwd/Ba. – **verpacken** sw. **1.** wie hd. – **2.** etwas verkramen, verlegen vereinz. *Dat Ding is so verpackt, dat ik dat nich finnen kann* Pyr/Lt. → vermuschen. – **verpäden** sw. verunkrauten, bes. mit Quecken verstr. MPom HPom. Syn. verquäken. – Zu Päd(e). – **verpåhlen** sw. **1.** mit Pfählen abgrenzen, versperren. – Ral.: *Ik heww em dat verpåhlt* ich habe seine Pläne vereitelt Ghg/Wt, ähnl. vereinz. – **2.** mit Stützen versehen. Übertr.: *De is kort verpåhlt* hat kurze Beine Rüg/Dm. – **verpannen** sw. verpfänden vereinz. *Hei hett* *kein Geld, dorüm hett hei sien Pierd verpannt* Gwd/Ba. – **verpäpeln** sw. jmd. verhätscheln, verzärteln vereinz. → verpimpeln. – **verpäpern** sw. **1.** zu stark mit Pfeffer würzen. *Dei Wust is verpäpert* Gwd/Nu. – Ral.: *een' wat verpäpern* die Pläne von jmd. durchkreuzen Ghg/Wt, ähnl. verstr. – **2.** verschwenden, vergeuden verstr. *Hei hett väl Geld arft, œwer allens in korte Tiet verpäpert* Rüg/Dm. – **verpappeln** sw. **1.** refl., sich verplappern vereinz. – **2.** jmd. anschwärzen vereinz. *Hei hett em bi'n Gautsbesitter verpappelt* Gwd/El. – **verpassen** sw. **1.** etwas oder jmd. (wegen Unpünktlichkeit) nicht mehr erreichen, antreffen. *Wi hemm' gistern dei Ieserbåhn verpasst* Gwd/Nu. – **2.** etwas versäumen, ungenutzt verstreichen lassen. *Nu hest du dei Gelägenheit verpasst* Fra/Bn. – **3.** etwas anpassen, passend anfertigen. *Ik will mi bi'n Schnieder 'n niegen Rock verpassen låten* Ank/An. – **4.** jmd. etwas Unangenehmes verabreichen. *Ik heww em 'n Ding verpasst* ich habe ihm eine Ohrfeige gegeben Dem/Kt. – **verpedden** sw. **1.** zertreten, niedertrampeln. *Dei Bengels hewwe dei schöne Blaume verperrt* Reg/Me. – **2.** refl. – **2.1.** sich den Fuß verstauchen. *Ik heff mi bi dei Arbeit denn Faut verpedd't* Dem/De. – **2.2.** sich die Beine vertreten, spazieren gehen. *Ik heff lang naug säten, nu möt ik mi ierst 'n bäten dei Bein' verperren* Dem/Tp. – **3.** Schuhwerk durch ständiges Tragen ausweiten. – **verpicht** Adj., *verpickt* vereinz., erpicht, begierig verstr. *Up dit Kleed bün ik bannig verpicht* Gwald. – **verpicken** sw. **1.** mit Pech abdichten verstr. *Wi möten dat Fatt verpicken* Gwd/Nu. Übertr.: *De sitte as verpickt* sie sitzen plaudernd beieinander, ohne ein Ende zu finden Lau/GW. – **2.** sich mit Ruß überziehen vereinz. *De Schornstein is so verpickt* Nau/Fg. – Zu picken[2].

verpimpeln sw., *verpümpeln* selt., jmd. verhätscheln, verzärteln. *Du kannst dien Gören doch nich so verpimpeln!* Rüg/Ae; [...] *du büst ok grad as din verpimpelt Gössel* GEB 13. *Wer sik tau warm antreckt, verpimpelt sik* Fra/Zi.

Rsyn.: *verhämeln, verhuddeln, vernarren, verpäpeln, verteihn* (veraltd.), *vertoddeln, vertolken, vertorren, vertrecken, verwennen*[2], *verzanzeln.*

verpirren sw. **1.** jmd. etwas unmöglich machen, verwehren verstr. MPom HPom. *Dat schall di nich glücke, dat war ik di verpirre!* Pyr/Wi. – Sagw.: *Dat kannst du mi nich verpirre, säd dei Voss, don fratt hei dei Gaus up* Sto/Dö. Vgl. PRWB 6,383. Syn. verpurren. – **2.** etwas befestigen, fest anbringen verstr. NOPom, [2]PIRK 41. – **verpissen** sw., refl., sich heimlich davonmachen. *Wenn man nåh em raupe deet, hett hei sich lingst verpisst* Rum/Ru. – **verplännern** sw. Flüssigkeit vergießen, verschütten vereinz. HPom, sonst selt. – **verplanschen** sw. dass. verstr. *Du hest väl Wåter verplanscht* Ran/Pe. – **verplanten** sw. eine Pflanze ausgraben und woanders wieder einpflanzen. *Wi möten dei Wrucken verplanten* Gwd/Ba. – Sprw.: *Olle Böm låten sich nich mihr verplanten* Gri/Gm, ähnl. allg. – **verplappern** sw., refl., etwas versehentlich ausplaudern verstr. – **verplätten** sw. **1.** jmd. schlagen, verprügeln. *De Bengel mit siene grote Schnut möt ees orig verplätt't warn* Rüg/Dm. → nüschen[1]. – **2.** jmd. eine Schußverletzung zufügen verstr. – **verplempern** sw. **1.** Geld verschwenden, verprassen. *De Kinner verplempern all ehr Jeld* Ran/Sr. – **2.** Zeit vertrödeln, unnütz verbringen *Sei hett ehr beste Johr mit em verplempert* Sch/Rg. – **3.** refl., unüberlegt, zum eigenen Nachteil handeln (bes. in Liebesdingen). *Se hett sich ganz un gor verplempert* sie hat sich mit zu vielen und den falschen Männern eingelassen Gwald. – **4.** eine Flüssigkeit verschütten. *Verplemper nich dei Melk!* Gri/Bo.

verplext Adj., nicht attr., perplex, verblüfft vereinz. *Doa wurd oll Schrödersch ganz verplext* HILL 9.

verpludern sw. Zeit plaudernd verbringen vereinz., HOMWB 235. *Ik hebb de ganze Tiet mit em verpludert* Pyr/Lt. – **verplümpern** sw. eine Flüssigkeit verdünnen verstr. *De Melk is mit Wåter verplümpert* Nau/Rh. – **verpluustern** sw. zerzausen verstr. *Dat Hor süht so verpluustert ut* Neu/Gc. – **verpolken** sw. jmd. verprügeln. *Räd nich so klauk, süss verpolken wi di!* Gwd/Ba. → nüschen[1]. – **verposematuckeln** sw. viel essen oder trinken vereinz. Vgl. BBWB 4,615. – **verposementieren** sw. **1.** Textilien mit Posamenten verzieren verstr. – **2.** restlos verzehren, aufbrauchen verstr. *Hest du denn ganzen Koken verposementiert?* Gwald. – **verposse** sw. mit Moos zuwachsen vereinz. HPom. – Zu Poss. – **verpowern** sw. **1.** refl. – **1.1.** sich mit Speisen und Getränken stärken verstr. VPom, sonst selt. *Ihrer wi gåhn, willen wi uns noch verpowern* Rüg/Pu. – **1.2.** sich gesundheitlich oder finanziell erholen vereinz., [1]TIB 113. – **2.** Geld verprassen Cam/Kw, Saa/Te. Vgl. power. – **verprassen** sw. wie hd. verstr. – **verpremse** sw. Kleidung ausweiten, ausbeulen verstr. NOPom, [2]KNO 71. *Verprems dat Kleed nich so!* Lau/GW. – **verpritzeln** sw. in kleine Stücke schneiden oder reißen vereinz. MPom, verstr. HPom, [2]KNO 71. – **verprofentieren** sw., refl., *verprowendieren* selt., sich mit Proviant eindecken vereinz. *Hei hett sich för dei Reis' gaut verprofentiert* Fra/Zi. – **verproppen** sw. **1.** mit einem Pfropfen verschließen. – **2.** Obstbäume veredeln selt. Gebräuchlichere Syn. s. proppen. – **verprudeln** sw. eine Handarbeit fehlerhaft ausführen vereinz., HOMWB 235. – **verprünen** sw. unordentlich nähen oder stricken. *Dei Schnieder hett dat Kleed verprüünt* Gwd/Ba. – **verprunzeln** sw. eine Handarbeit verpfuschen vereinz. *Du hest de Nåht verprunzelt* Ghg/Gr. – **verpulwern** sw. Geld verprassen verstr. *Dei Gautsbesitter hett sien ganzes Vermœgen verpulwert* Dem/Tp.

verpümpeln s. verpimpeln.

verpurren sw. **1.** etwas versperren, abriegeln. *Hüt hett dei Schandarm denn Fautstieg verpurrt* Fra/Zi. – **2.** jmd. an etwas hindern, die Pläne von jmd. durchkreuzen. *Dat* *war ik di verpurren, dat du ümmer danzen geihst!* Dem/De. *Dat hei dei Stell nich krägen hett, dat hett hei sich sülfst verpurrt* Fra/Bn. Syn. verpirren. – **verpürrickt** Adj. wurmstichig, von Maden befallen vereinz. *Pass up, dat is 'n verpürrickten Appel!* Gwd/Nu. – **verpütten** sw. eine Flüssigkeit verschütten vereinz. *Wåter verpütten* Gwald. – **verputzen** sw. **1.** Verputz aufbringen. *Dei Murer hett dei Wand nich orig verputzt* Fra/Ln. – **2.** in kurzer Zeit aufessen, verzehren. *Dei Jung' hett 'ne Schöttel vull Arften verputzt* Fra/Zi. – **verpuusten** sw., refl., verpusten, verschnaufen. *Nåh dei Arbeit möt ik mi iierst 'n bäten verpuusten* Gwd/Nu. Syn. s. verschnuben.

verquackeln sw. **1.** Zeit schwatzend verbringen vereinz., LauWb 373. – **2.** zu weich gekocht werden, verkochen vereinz. SPom PosWpreuß. Syn. verquucken. – **verquaddern** sw. etwas verschwenden, vergeuden verstr. *Du hest väl Seep* [Seife] *verquaddert* Cam/Kt. – **verquäken** sw. (durch Quecken) verunkrauten verstr. Syn. verpäden. – Zu quäken[2]. – **verquanschen** sw. etwas vergeuden, unnötig verbrauchen vereinz. *Verquansch de Botter nich so!* Ran/Pe. – **verquåsen** sw. verschwenderisch mit etwas umgehen, bes. mit Lebensmitteln. *Bi dei Backerie hest du väl Bodder verquåst* Fra/Zi. *Wat du nich all in'e Kæk verquåst! Dat Geld kann man gor nich verdeenen* Rüg/Dm.

verquass Adv., *verquast* vereinz. **1.** quer, rechtwinklig oder schräg zu etwas verstr. MPom HPom, sonst selt. *He löppt verquass œwer de Stråt* Ghg/Li. – **2.** verquer, verkehrt selt. VPom, verstr. MPom HPom. *Dat Kind is verquass to Welt kåmen* das Kind kam per Steißgeburt zur Welt Ghg/Gr. – In festen Vbdg.: *verquass gåhn* schiefgehen, mißlingen. – *verquass kieken* schielen. – *verquass räden* (heftig) widersprechen. Syn. s. verdwass.

verquasseln sw. **1.** Zeit schwatzend verbringen. – **2.** refl., sich verplappern. *Pass gaut up, dat du di nich verquasselst!* Gwd/Ba. – **verquasten** sw. große Mengen essen Ran/Pe, Gbg/Gp. – **verquatschen** sw. **1.** refl., etwas versehentlich ausplaudern verstr. – **2.** jmd. denunzieren vereinz. – **verqueddern** sw. unnütz vergeuden vereinz. *Hest du dien Geld wedder up'n Johrmark(t) verqueddert?* Rüg/Ae. – **verqueest** Part.Adj. übernächtigt, übermüdet vereinz. Vgl. quesen. – **verquelkt** Part.Adj. kränklich, mitgenommen vereinz. NOPom.

verquer Adv. **1.** quer, rechtwinklig oder schräg zu etwas. *verquer in't Bedd liggen* schräg im Bett liegen Gwd/Nu; *mit dei Beinen verquer sitten* die Beine im Sitzen übereinanderschlagen Ank/An. – **2.** verkehrt, anders als erwünscht. *Hei nimmt dat gliek verquer* er nimmt es gleich übel, versteht es als Vorwurf Gwald. Zumeist in der Fügung: *verquer gåhn* mißlingen. Syn. s. verdwass.

verquesten sw. unnötig verbrauchen, verschwenden vereinz. – **verquetschen** sw. **1.** zerquetschen verstr. – **2.** vergeuden, verschwenden verstr. – **3.** große Mengen essen vereinz. Vgl. verdrücken. – **verquienen** sw., *verquiemen* vereinz. **1.** verkümmern, im Wachstum zurückbleiben verstr. Vgl. vermißquiemen. → vermückern. – **2.** dahinsiechen vereinz., HomWb 235. – **verquucken** sw. verkochen, zu lange gekocht werden vereinz. MPom SPom. Syn. verquackeln.

verracken sw. **1.** scharrend verteilen verstr. *Dei Kauh hett dat Heu verrackt* Gri/Ge. – **2.** verschwenderisch mit etwas umgehen verstr. *Geld verracken* Rüg/Pu. – **verräden** sw. **1.** refl., sich versprechen. Über einen notorischen Lügner sagt man: *Hei raedt nich andersch de Woahrheit, as wenn hei sik verraedt* °Büt [1]Kno 58. – **2.** zerreden, ständig über etwas reden. *Verräd dat nich, süss ward dor nicks ut!* Dem/Tp.

verråden st., selt. sw., verraten. **1.** (ein Geheimnis) weitersagen, ausplaudern. *Ik wür mi leewer de Tung' afbieten, as wat verråden* Ank/An. – **2.** Verrat an jmd. oder etwas begehen. *Verrår mi bloß nich!* Ank/Br. – Ral.: *utseihn, as wenn man Jesum verråden hett* sehr traurig aussehen vereinz. Zu einer unzuverlässigen Person sagt man abweisend: *Wer sik up di verlett, dei is verråden un verköfft!* Rüg/Wi, ähnl. verstr.– **3.** zu erkennen geben, deutlich werden lassen. *Sien Blick hett dei Wohrheit verråden* Gwd/Nu.

verrägen sw. verregnen. Scherzhafter Spruch: *Laat den Aust* [Ernte] *verregen, wi köpen uns' Broot bi 'n Bäkker* HuMGwd 77,212f.,4. – **verräken** sw., refl. **1.** fehlerhaft rechnen. *Ik heff mi in'e Schaul verräkent* Gwd/Nu. – **2.** sich irren, täuschen. *Verräken di nich mit'e Tiet!* sei pünktlich! Reg/Me. – **verrammeln** sw. **1.** fest versperren, verschließen verstr. *Hest du dat Dur orig verrammelt?* Gwd/Ba. – **2.** zerwühlen, in Unordnung bringen vereinz. *Hei hett dat Bedd so verrammelt* Dem/Tp. – **verramponieren** sw. (stark) beschädigen vereinz. Üblicher ist das Syn. ramponieren. – **verramschen** sw. jmd. verprügeln vereinz. MPom. Vgl. BBWb 4,618. Syn. s. nüschen[1]. – **verrappeln** sw., refl., sich verplappern vereinz. *Wenn du dun büst, verrappelst du di bloß* Saa/Ja. – **verraschen** sw. beim Backen nicht aufgehen (vom Teig) vereinz. VPom, BlfPVk 4,136. Vgl. raschen. – **verrasseln** sw. **1.** etwas ausplaudern vereinz. – **2.** etwas vermasseln, verderben vereinz. – **verratzt** Adj. wie hd. verstr. *Wenn du in'n Sod föllst, büst du verratzt* Fra/Zi. – **verräuklosen** sw., oft schon in der hd. Lautform *verruchlosen*. **1.** etwas durch Nachlässigkeit verschulden. *Dat Füer hewwe dei Bengels verräukloost* Cam/Ds. – **2.** verwahrlosen. *Dei Boot is olt un verräukloost* Fra/Pu; [...] *en verkamen un verräuklosten Karninkenbuck* [6]Band 1,61.

Verraup m. Verruf, schlechter Leumund. *Dei Supbütt* [Säufer] *hett sich dull in Verraup bröcht* Gri/Gm. *Dat Mäken kümmt licht in Verrop, wenn se sich rümdrifft* Ran/Pe. Syn. Verspruch.

verraupen st. verrufen. **1.** behexen, mit magischen Praktiken Schaden zufügen. *Hüt jeht uk alles verkehrt, as wenn't verraupe is!* Reg/Rg. *Låt de Ollsch nich in'n Stall, de kann verraupa!* Saa/Ja. – Volksgl.: *Wenn du een' Strump verkehrt rüm antreckst, ka' di keener verrope* Pyr/Wi, ähnl. vereinz. *Dei Råf* [Rabe], *dei ull schwart Düwel, sitt up'm Stalldack, hei ward dat Veih verraupe* Sto/Gl. – **2.** etwas beschreien, herbeireden. *Wi willen dat Unglück man nich verraupen!* Gri/Mi.

Rsyn. zu 1.: *bedaun, bedeppern, bedüweln, behexen, beraupen, beschriegen, bespräken, betöwern.*

verrautzen sw. verrußen, rußig werden verstr. *Dei Schostein is all bannig verrautzt* Gri/Go. – **verrecken** sw. wie hd. *De Koh süht so älendig ut, as wenn se bald verrecken wull* Ank/An. – **verreisen** sw. **1.** wie hd. Verhüllend heißt es, wenn man auf die Toilette muß: *Ik möt ierst eis verreisen* Fra/Br, ähnl. verstr. Zu jmd., der in Gedanken versunken ist, sagt man: *Du büst woll verreist* Dem/Tp, ähnl. verstr. – Sprw.: *De Sprein* [Star] *verreist alle Johr un ward liekers nich kläuker* HuMGwd 8,22,2, ähnl. vereinz. – **2.** Geld für Reisen ausgeben vereinz. – **verreistern** sw. Schuhe mit Lederflicken versehen vereinz. – **verremsen** sw. jmd. verprügeln verstr. *De Bengel is so kattig, de möt ees düchdig verremst warden* Rüg/Pu. Syn. s. nüschen[1]. – **verrenken** sw. wie hd. *He hett sik denn Arm verrenkt* Pyr/Lt. – Spruch: *Leiwer denn Buk verrenken, as denn Kräuger wat schenken* Gwd/Nu, ähnl. verstr. → verstuken. – **verrieten** st. **1.** zerreißen, entzweireißen. Derbe Aufforderung zum Essen: *Dat verritt di de Oorsch nich!* Sto/Wd. – **2.** Kleidung verschleißen. *Dei Jung' verritt väl Bücksen* Gwd/Ba. – **verroken** sw. verrauchen. **1.** Geld für Tabakrauchen ausgeben. *Sien Geld ward all verrookt un versåpen* Stral. – **2.** sich allmählich in Dunst auflösen, verfliegen vereinz. Nötigung zum Trinken: *Låt dat Bier nich verroken!* Gwald. – **verrökern** sw. verräuchern. *In'e Stuf is dat so verrökert as in'n Backåwen* Gwd/Nu. – **verrossdeilen** sw., veralt., etwas leichtsinnig verschwenden vereinz. VPom. *Büst du mall? Du hest jå wedder de ganzen Äppel verrossdeelt!* Gwald. – **verrotten** sw. wie hd. *Dei Mess is all schön verrott't* Nau/Rh. – **verrücken** sw. etwas an eine andere Stelle rücken. *Wi möten dat Schapp 'n bäten verrücken* Gwd/Ba. – **verrucksen** sw. etwas um eine Kleinigkeit verrücken vereinz.

verrückt Adj., *verrickt* verstr. NOPom, wie hd. *Wo kannst du dat måken? Du büst woll heil un deil* [völlig] *verrückt!* Dem/De. – Ral.: *Wenn dei Minsch verrückt ward, kricht hei 't tauierst in'n Kopp* Gri/Ge, ähnl. verstr. Ausruf ungläubigen Erstaunens: *Verrückt un drei måkt sœben!* Gwd/Da, ähnl. verstr. Rsyn. s. mall. – **Verrücktheit** f. wie hd. vereinz. – Ral.: *Dei Verrücktheit fängt mihrsteudeils in'n Kopp an* Fra/Zi, ähnl. vereinz.

verrullen sw. jmd. verprügeln verstr. Vgl. BBWb 4,619: *verrollen.* → nüschen[1]. – **verrümen** sw. etwas verkramen, verlegen vereinz. → vermuschen. – **verrummeln** sw. **1.** refl., sich verrennen, täuschen vereinz. *Dor hest du di orig bi verrummelt* Rüg/Zi. – **2.** in der Fügung: *in'e Leif verrummelt sin* verliebt sein vereinz., [4]Seg 148. – **verrumsen** sw. Geld verspielen vereinz. – **verrung(e)nieren** sw. ruinieren, stark beschädigen. *Du hest bi dat schlichte Wäder dien Kleed verrungeniert* Rüg/Pu. Syn. rung(e)nieren. – **verrüschen** s. verrüüschen. – **verrusten** sw. verrosten, Rost ansetzen. *Dat Iesen is all verrust't* Gwd/Ba. Übertr.: *verrust't räden* mit heiserer Stimme sprechen Ank/Km. – **verrustern** sw. dass. *Dat is 'n verrusterten Läpel* Gwd/Nu. – **verrüüschen** sw., *verrüschen* selt., HuMGwd 8,2,10, jmd. verprügeln vereinz. Syn. s. nüschen[1]. – Zu Rüüsch[1].

Vers m., *Versch* vereinz. HPom. **1.** wie hd. *'n Vers ut'e Bibel* Gri/Go. – Ral.: *Dor kann ik mi keinen Vers ut måken* daraus werde ich nicht schlau Gwd/Nu, ähnl. verstr. – **2.** Strophe vereinz.

versäbeln sw. **1.** etwas durch Unachtsamkeit verlieren vereinz. MPom HPom. *Seh di vör, dat du dat ni' versäble deest!* Pyr/Wi. – **2.** jmd. verprügeln vereinz. MPom HPom. *De hett em versäbelt, dat keen Fatzen up em bleef* Ghg/Li. Syn. s. nüschen[1]. – **versacken** sw. **1.** versinken, tief einsinken. *Dei Wågen versackt in't Mur* Fra/Zi. *Wenn dat nich wohr is, will ik up'e Stell in'e Ierd versacken!* Gri/Gm. – Ral.: *Mi is dei Måg versackt* ich bin sehr hungrig Rüg/Ae, ähnl. verstr. – **2.** lange zechen. *Hei is in'n Kraug versackt* Gri/Ti. – **versåhlen** sw. **1.** Schuhe besohlen. Auch: Strümpfe mit Laufsohlen versehen. – Sagw.: *Nu kümmt't mit Hupen, säd dei Schnieder, don kreeg hei 'n Por Strümp tau versåhlen* Fra/Br. – **2.** jmd. verprügeln. Oft in den Fügungen: *ein' dat Fell / Ledder versåhlen.* → nüschen[1]. – **versäkern** sw. **1.** etwas gut befestigen, fest anbringen verstr. *De Rüsen möten versäkert warden* Rüg/Nu. *Dat heww ik so versäkert, dat't in'n Läben nich werrer los geiht* Rüg/Ae. – **2.** jmd. etwas versichern, als Wahrheit darstellen. – **versammeln** sw. **1.** refl., zusammenkommen. *Dei Lüd versammeln sich up'n Mark(t)* Gwd/Ba. – **2.** zusammenholen, zusammenrufen. – **Versammlung** f. wie hd. *Dei Arbeiders gåhn nåh dei Versammlung* Gwd/Nu. – **versannen** sw. versanden, sich allmählich mit Sand füllen verstr. *De Diek ward ficks versannen* Stett. – **versåpen** Part.Adj. versoffen, trunksüchtig *e' versåpen Strick* ein Trinker Neu/We. – **versäten** Part.Adj. versessen auf etwas, begierig. *He is versäten up de Diern* er ist in das Mädchen verliebt Ank/An.

versaubüdeln sw. **1.** etwas verderben, ruinieren. *Du hest dienen niegen Mantel all versaubüdelt* Fra/Zi. – **2.** etwas vergeuden, verschwenden. vereinz. *Hei hett dat ganze Geld versaubüdelt* Gri/Go. – **3.** verkramen, verlegen vereinz. *Wur is dei Tang' bläben? Hest du sei werrer versaubüdelt?* Gwd/Ba. → vermuschen. – **versauen** sw. **1.** verdrecken, beschmutzen. *Dat hett dull rägent, ik heff mi dor dat Kleed bi versaut* Ank/An. – **2.** etwas verpfuschen. *Du hest dei ganze Arbeit versaut* Dem/Tp.

Versäuk m. Versuch. *Dat kümmt up'n Versäuk an* Gwd/Ba. – **versäuken** sw./unr. **1.** etwas versuchen, ausprobieren. *Ik war versöken, em ball to schrieben* Uec/Pa. *Wi hemm' allens versöcht, man dat hett nich klappt* Gwd/Nu. – **2.** *sik wat versäuken*, Erfahrungen sammeln, sich bewähren. *Dei Jung' möt sich noch väl versäuken* Dem/Kt. *Versök di man ierst wat in't Läben!* Gwald. – **3.** jmd. in Versuchung führen vereinz., LauWb 374. *Giw, dat uns nich versöcht de Bös'!* [2]Schr 143. – **Versäukung** f. Versuchung vereinz. *So was doch de Vaseukung grot* Bul 47.

versäuten sw. versüßen verstr. *Wi willen em dat Läben versäuten* Gwd/Nu.

verschachern sw. wie hd. verstr. *Ik heff dat ull Peerd verschachert* Nau/De. – **verschachten** sw. (mit einem Stock) verprügeln. – Sagw.: *„Alls mit Maten!" säd de Schnieder, don verschacht' he sin' Fruu mit de Ell* HuMGwd 11,49,5. → nüschen[1]. – **verschålen** sw. mit Schalbrettern verkleiden. *Dat Dack mutt verschålt ware* Neu/We. – **verschamfieren** sw. **1.** verschandeln, verunstalten. *Dat olle Hus verschamfiert dat ganze Dörp* Gri/Ti. Vgl. verschim(p)fieren. – **2.** in Schande, Unehre bringen. *Dörch sien schlichtes Benähmen ward dei ganze Famielj verschamfiert* Rüg/Pu. – **verschåmt** Adj. verschämt, schamhaft verstr., HomWb 235. Vgl. utverschåmt. – **verschänen**[1] sw. auf dem Feld verdorren, notreif werden verstr. *De Roggen is an de schlecht Stell verschäänt* Uec/Ue. Vgl. dörchschänen[1], Schänstell. – **verschänen**[2] sw. **1.** mit einer stützenden Schiene versehen vereinz. *Ik heff de Diestel* [Deichsel] *verschäänt* Dra/Dr. – **2.** Geflochtenes mit Weidenruten ausbessern vereinz. Vgl. dörchschänen[2]. – **verschanneln** sw. verschandeln, verunstalten verstr. – **verschäten** Part. Adj. kränklich, elend vereinz. *Wat sühst du verschäten ut!* Gri/Mi. – **verscheiden** sw. wie hd. vereinz. *Mien Großvadder is all verscheid't* Gwd/Ba. [*Sei*] *vartelle, dat är Mudder äwen varscheirt weer* [3]SchwA 98. – **verscheif** Adv., *verscheift* vereinz. VPom, schief, schräg vereinz. *Dei Krågen sitt mi ganz verscheif* Gwd/Nu.

verscheiten st. **1.** ein Geschoß abfeuern, Munition verbrauchen. – **2.** durch Beschuß zerstören. *in de vöschaten Dörper* Ghg/Li [3]Mis 24. – **3.** ausbleichen, an Farbe verlieren. *Dat blåge Kleed is ganz verschåten* Gri/Ti. *De Farf verschütt all* Ghg/Li. – **4.** versiegen, stark nachlassen (von der Milchleistung). *Dei Melk von'e Kauh verschütt* Gbg/Tr. – **5.** die Gesichtszüge verziehen. *Dei Bengel verschütt kein Mien* Gwd/Ba. – **6.** refl., sich erschrecken vereinz. *Ik heff mi bannig verschåten, as ik dat hüürt heff* Dem/Tp. – **7.** Karten mischen vereinz., Gro 38. – **8.** *in ein' verschåten sin*, in jmd. verliebt sein.

verschenken sw., selt. st., wie hd. *Sei hett väl Kleedung verschunke* Lau/GW. – Volksgl.: *Gåbeln, Metzer, Nådeln sall man nich verschenken, dat gifft Striet un Unglück* Stett, ähnl. verstr. – **verschettern** sw. verprassen, verjubeln verstr., JostWb 118. *He verschettert bloß sien Geld* Uec/Ue; [*dei*] *dormit ehr poor Gröschens verschettert* HuMGwd 11,25,10. – **verschichten** sw. Backwaren im Ofen so umschichten, dass sie gleichmäßig gut ausbacken können vereinz. *Brot verschichten* Ran/Ro. – **verschicken** sw. wie hd. *Ik will 'n Breif verschicken* Gwd/Nu. – **verschieden** Adj. wie hd. *Du hest hüt twei verschieden Strümp antreckt* Dem/Tp. – Ral.: *Dei Menschen sünd all verschieden, dei ein leift dei Mudder, dei anner dei Dochter* Dem/De, ähnl. verstr. – Sagw.: *De Geschmack is verschieden, seggt Hans, as he ståts 'n Fisch 'ne Pogg tor Måhltid füng* BlfPVk 9,7. – **verschieten** st. Nur in der Fügung: *bi ein' verschäten hebben* es sich mit jmd. verscherzt haben verbr. – **verschietern** sw. jmd. veralbern, zum Narren halten vereinz. – **verschimmeln** sw. wie hd. *Låt doch dat Brot nich in't Schapp verschimmeln!* Gwd/Ba. – Ral.: *Dat is all lang' verschimmelt* das ist längst vergessen Lau/GW, ähnl. vereinz. – **verschim(p)fieren** sw. verunstalten, verschandeln. *Mit dienen Anbu verschimpfierst du dat ganze Hus* Rüg/Ae. Vgl. verschamfieren. – **verschirren** sw., müllerspr., das Kammrad der Mühle mit hölzernen Stiften versehen verstr., [2]Reh 121. – **verschlabbern** sw. **1.** Zeit schwatzend verbringen verbr. HPom, sonst selt. *Du hest 'ne Stunn våschlabbert* Nau/De. – **2.** refl., etwas versehentlich ausplaudern verstr. HPom. – **verschladdern** sw. **1.** Zeit mit Geschwätz verbringen verstr. *Dat Klatschwief hett werrer denn ganzen Vörmiddag verschlarrert* Gwd/Ba. – **2.** refl., etwas versehentlich ausplaudern vereinz.

Verschlag m., gesprochen *Verschlach*. **1.** wie hd. *Wi bugen in'n Stall 'n lütten Verschlag för dat Fedderveih* Gwd/Ba. – **2.** Bez. für verschiedene Pferdekrankheiten. Spez.: Hufentzündung verbr. Syn. Haufverschlag. Auch: Entzündung der Rückenmuskulatur verstr.; Lungenkrankheit verstr.

verschlågen[1] st. **1.** nutzen, helfen. [...] *äwer dat verslög nicks mihr* [2]Adam 17. – **2.** nahrhaft sein, sättigen. *De Supp is to dünn, de verschleet nich* Gwald. *Dat Äten verschleit gaut* Fra/Br. – **3.** mit Brettern abtrennen, verkleiden vereinz., JostWb 118. – **4.** bewirken, daß eine Fähigkeit o.Ä. für einen bestimmten Zeitraum außer Kraft gesetzt wird. *As he dormit to Platz keem, is mi de Språk verschlån* Rüg/Pu. – **5.** jmd. durch ständiges Prügeln charakterlich verderben. – **6.** refl., einen Plan aufgeben, sich etwas aus dem Kopf schlagen. *Dat verschlåh di man!* Dem/Tp. – **7.** umschlagen (vom Wetter) vereinz., LauWb 373. – **verschlågen**[2] Part.Adj. **1.** lauwarm, leicht angewärmt. *De Melk is nich heet, se is bloß verschlågen* Pyr/Lt. – **2.** hinterlistig, durchtrieben vereinz. – **verschlagsåm** Adj. nahrhaft, sättigend vereinz., DähWb 526, JostWb 118. *So 'ne Schöttel Speckarften is sihr verslagsåm* Gri/Ge.

verschlampampen sw. etwas verschwenden, vergeuden verstr., HomWb 235. – **verschlampen** sw. liederlich mit etwas umgehen, verkommen lassen. *Dei olle Bur verschlampt dei ganze Wirtschaft* Dem/Tp. – **verschlampsen** sw. dass. vereinz. MPom HPom. – **verschlanzen** sw. Kleidung durch nachlässigen Umgang abnutzen verstr. MPom, sonst selt. *Se verschlanzt dat god Tüg för all Dåg* Uec/Pa. – **verschläpen** sw. **1.** Kleidung durch liederlichen Umgang verschleißen verstr. *De verschlääpt sien Kleedåsch, as wenn't keen Jeld kost' hett* Ran/Pe. Vgl. verschlöpen. – **2.** fortbringen, wegtragen vereinz. Ausruf der Verärgerung, wenn man etwas nicht finden kann: *Dat is, as wenn de Diewel* [Teufel] *dat verschlääpt hett!* Sto/Dö, ähnl. vereinz.

verschlåpen[1] st. verschlafen. **1.** zu lange schlafen, nicht rechtzeitig aufwachen. – **2.** Zeit schlafend verbringen. *He verschlöppt de best Tiet von'n Dag* Gwd/Ba. – **verschlåpen**[2] Part.Adj. unausgeschlafen, schlaftrunken.

verschlarpen sw. Schuhwerk abnutzen verstr. *Hest du all werrer dei Stäwel verschlarpt?* Gwd/Ba. Syn. verschlurren. – **verschläten** Part.Adj. verschlissen, abgenutzt vereinz. – **verschleckern** sw. Geld für Naschereien ausgeben vereinz. – **verschlemmen** sw. Geld für Essen und Trinken ausgeben verstr. – **verschlikkern** sw., refl., sich verschlucken verstr. MPom SPom. *Ät langsåm, süss verschlickerst du di!* Saa/Ja. Syn. s. verschlucken. – **verschliemt** Part.Adj. verschleimt, voller Schleim vereinz. *He is up de Bost so verschliemt* Pyr/Lt. – **verschlingen** st. wie hd. verstr. *Verschling dat Brot doch nich so!* Ghg/Gr. – **verschlirren** sw. Kleidung verschleißen vereinz. *Dat Kleed hest du verschlirrt* Lau/Lt. – **verschloddern** sw. **1.** verkochen, zu weich kochen selt. MPom, verbr. HPom. *Pass up de Tuffle up, dat se nich verschloddre!* Kol/Kr. – **2.** Zeit mit unnötigem Gerede verbringen vereinz. HPom. – **3.** refl., etwas versehentlich ausplaudern vereinz. HPom. – **verschlœkern** sw. verhungern verstr. MPom HPom. Wenn jmd. in großer Armut lebt, heißt es: *Dor verschleekre de Lies'* [Läuse] *up'm Kopp* Sto/Gl. – **verschlöpen** sw. Kleidung auftragen verstr. *Dei oll Bücks kann doch dei Jung' verschlöpen* Gwd/Ba. Vgl. verschläpen.

verschlucken sw., vereinz. st. **1.** herunterschlucken, verschlingen. *Ik heff 'ne Plumm verschluckt* Gwd/Nu. – **2.** refl., sich verschlucken. *Ät langsåm, du verschluckst di!* Nau/De. *Ik heff mi bi dei heite Supp verschlåken* Fra/Br. Syn. verschlickern, verschlückern, verwörgen.

verschlückern sw., refl., sich verschlucken vereinz., [5]Gil 47. Syn. s. verschlucken. – **verschludern** sw. **1.** etwas leichtsinnig verschwenden, vergeuden. *Hei verschludert allens, wat Vadder spoort hett* Fra/Fr. *Dei Kierl hett sien Vermœgen verschludert* Fra/Zi. – **2.** etwas zu einem Schleuderpreis verkaufen. *Dei Kopmann hett sien Wor verschludert* Dem/De. – **3.** etwas verkommen lassen verstr., LauWb 373. *Dat is 'ne Schann, dat de Bur de Wirtschaft so verschludert hett* Reg/Rg. – **verschlumpsen** sw. nachlässig mit Kleidung umgehen vereinz. *Verschlumps dat Kleed nich so!* Uec/Pa. – **verschlunzen** sw. dass. verstr. – **verschlurren** sw. Schuhe verschleißen verstr. VPom. *Dei Bengel hett siene niegen Schauh fix verschlurrt* Dem/Tp. Syn. verschlarpen. – **verschlusen** sw. etwas aus Nachlässigkeit verlieren, verlegen vereinz. *Dat Bok, dat ik em dån heff, hett he woll verschluust* Rüg/Dm. – **verschluten** st. verschließen, zumachen. *Wi möten dei Dör verschluten* Gwd/Nu. *Em is dei Mund verschlåten* er schweigt Dem/Kt. Warnung vor einer diebischen Person: *Vör em möößt du allens verschluten!* Ank/An. – **verschmaddern** sw., veralt., verschmieren HomWb 235. Vgl. PrWb 6,402 mit abweichender Bedeutung. – **verschmåden** sw., veralt., etwas verschmähen. *Du warst mienen Gausbråden doch nich verschmåden?* Gri/Mi. *Dat de jungen Lüd versmaden un vergeten, wat Grotöllern un Öllern in Ihren hollen deden* [3]Nere 1,15. Auch mit indirektem Objekt: *Denn will ik Se dat nich verschmaden* dann will ich Ihnen diese Bitte nicht abschlagen [1]Wen 56. – Mnd. *vorsmâden*. – **verschmären** sw. **1.** Risse, Löcher in Wänden oder Decken verschmieren. *Dat Loch in'e Wand mutt verschmeert ware* Saa/Le. – **2.** Geschriebenes verwischen. – **3.** mit einer schmierigen Masse beschmutzen.

verschmieten st. **1.** gleichmäßig verstreuen verstr., JostWb 118. *Heu verschmieten* Dem/De. – **2.** wegwerfen, in den Müll geben verstr. *Verschmiet nich dei schönen Biller!* Gwald. – **3.** etwas verkramen, verlegen verstr. *Ik heff dat Bok verschmäten* Ran/Sr. → vermuschen. – **4.** refl. – **4.1.** sich körperlich verändern, kräftiger werden vereinz. *Dei Jung' hett sich in disse Tiet scheen* [schön, sehr] *verschmäte* Sto/Pf. – **4.2.** eine falsche Spielkarte ausspielen. *Verschmitt sich eie, mutt hei wat betåhle* Sto/Dö. – **5.** eine Fehlgeburt erleiden vereinz. *De Stot* [Stute] *hett verschmäte* Pyr/Wa. → versetten.

verschmölen sw. rußig werden, verkohlen vereinz. *Dei Docht is verschmöölt* Reg/Me. – **verschnabbeln** sw., refl., sich versprechen, etwas unfreiwillig ausplaudern verstr. – **verschnacken** sw. **1.** refl., wie verschnabbeln verstr. – **2.** Zeit plaudernd verbringen verstr. *Wi hebben hüt twei Stunnen verschnackt* Gwd/Nu. – **verschnappen** sw., refl. **1.** sich versprechen vereinz., LauWb 373. – **2.**

sich ausruhen, verschnaufen vereinz. Syn. s. verschnuben. – **verschnapsen** sw. Geld für Spirituosen ausgeben LauWb 373. – **verschnieden** st. **1.** abschneiden, kürzer schneiden. *de Hor verschnieden* Gwald. – **2.** falsch (zu-) schneiden. *De Schnieder hett dat Kleed verschnäjen* Pyr/Lt. – **3.** ein Tier kastrieren. *Wi willen dei Farken verschnieden* Gwd/Ba. – **verschnippeln** sw. zerschneiden, in kleine Stücke schneiden verstr. – **verschnippern** sw. dass. selt., HomWb 235. – **verschnuben** st. verschnaufen, sich ausruhen verstr. Oft reflexiv: *Ik möt mi 'n Ogenblick verschnuben* Gwd/Nu. Syn. verjappen, verpuusten, verschnappen. – **verschnuppt** Part.Adj. verdrießlich, verärgert verstr. – **verschnuwweln** sw., refl., sich versprechen, versehentlich etwas ausplaudern vereinz., DähWb 527, [2]Kno 86. – **verschonen** sw. wie hd.

verschönern sw. schöner machen, bes. durch das Haareschneiden verstr. – **Verschönerungsråt** m. SpottN für den Frisör.

verschråben Adj., *verschråwen* vereinz. **1.** verschroben, absonderlich im Wesen verstr. – **2.** verwahrlost, verkommen vereinz.

verschråg Adv. quer, schräg vereinz. *Dei Ollsch höllt denn Kopp so verschråg* Gwd/Ba. – **verschråt** Adv. dass. verstr. Spöttisch heißt es über jmd., der humpelt, einen schiefen Gang hat: *Dei geiht verschråt, as wenn dei Hunnen up Hochtiet gåhn* Fra/Br, ähnl. vereinz.

verschräugen sw. **1.** verschrumpeln, runzlig werden verstr. *Stell de Stäwel nich so dicht an'n Åben, denn verschräugt dat Ledder!* Gwald; *verschräugte Pantüffel* eingeschrumpfte Kartoffeln Fra/Zi. Syn. s. verschrumpeln. – **2.** verdorren, austrocknen verstr. *Dat Kuurn verschräugt bi dei Hitt* Gri/Mi. – **3.** refl., sich verbrühen verstr. *Ik heff mi am heite Kaffe dei Tung' verschräugt* Reg/Me.

verschrecken[1] st., refl., einen Schreck bekommen verstr. *Sei verschrack sich bannig, as ik ehr dat vertellt heff* Gwd/Nu. Gebräuchlicher sind die Synonyme verfieren und verjågen.

Flex.: Prät.Sg.1. u. 3.: *verschrack* verstr., *verschråk* vereinz. HPom. – Part.Prät.: *verschrocken, verschråken.*

verschrecken[2] sw. jmd. einen Schreck einjagen vereinz. *Wat hewwe ji us våschreckt!* Bel/Kw.

verschrieben st. **1.** beim Schreiben einen Fehler machen. – **2.** ein Medikament schriftlich verordnen. *Dunn frag ik wat hei makt, wenn de Dokter wat verschriwwt* Spi 88. – **3.** notariell übereignen, testamentarisch vermachen. *Dei Bur hett em dei ganze Wirtschaft verschräwen* Dem/Tp. – **4.** refl., sich schriftlich zu etwas verpflichten. Spez.: standesamtlich heiraten. *Dat Brutpor hett sich verschräben* Fra/Br. Vgl. Verschriewung. – **verschriene** sw. vertrocknen, einschrumpfen verstr. NOPom, JostWb 118. *De Flass deet all verschriene* Sto/Dö. Syn. s. verschrumpeln. – **Verschriewung** f. **1.** rechtliche Überschreibung verstr. *Wi willen tau Gericht un dei Verschriewung måken* Rüg/Ae. – **2.** standesamtliche Trauung vereinz. Vgl. verschrieben. – **verschroden** sw. 'verschroten' tüchtig essen verstr. – **verschrucken** sw. Schuhe schieftreten vereinz. *Du hest de nieje Schauh all veschruckt* Saa/Ja. – **verschrummeln** sw. verschrumpeln, runzlig werden vereinz. *verschrummelt Åft* Rüg/Pu. – **verschrumpeln** sw. schrumplig werden. *De Äppel sünd ganz verschrumpelt* Fra/Zi. Syn. verschräugen, verschriene, verschrummeln. – **verschuben** st. verschieben. **1.** auf einen späteren Zeitpunkt verlegen. *Ik möt mien Reis' nåh Mäkelborg verschuben* Gwd/Ba. – **2.** an eine andere Stelle schieben. *denn Disch verschuwe* Saa/Le. – **verschüchtern** sw. **1.** fortjagen, verscheuchen. – **2.** jmd. einschüchtern. *Dat Mäken wier ganz verschüchtert, as de Lihrer schimpen deet* Gwald. – **verschüern** sw. **1.** etwas verscheuern, verschachern verstr. *Dei Kierl verschüert alls, wat em in'e Fingern kümmt* Gwd/Ba. – **2.** refl., sich heimlich davonmachen vereinz. – **verschuffeln** sw., refl., heimlich verschwinden verstr. MPom HPom. *As de Schandarm keem, hett de Bengel sich fix verschuffelt* Saa/Ja. – **verschugen** sw. verscheuchen, fortjagen. *Wi möten dei Fleigen ut'e Kåmer verschugen* Gwd/Nu.

verschullen sw. **1.** wie verschülligen. *Dat Unglück heww ik nich verschuld't* Gwd/Ba. – **2.** refl., sich verschulden. – **verschülligen** sw. die Schuld an etwas tragen verstr. *Wat d' Mesch* [Mensch] *vaschüll'gt, müst d' Veih utbare* [ausbaden] Bul 86.

verschülpe(r)n sw. eine Flüssigkeit vergießen verstr. *Pass up, dat du nich de Melk verschülperst!* Rüg/Lo. – **verschünnen** sw., veraltd., jmd. zu etwas anstiften vereinz., HoefAMsc 526. – **verschusseln** sw. etwas aus Unachtsamkeit vergessen verstr. NOPom, sonst selt. → vergäten[1]. – **verschutern** sw. jmd. etwas durch Tauschhandel andrehen verstr.

verschüttgåhn st. **1.** verlorengehen, abhandenkommen. Scherzhafter Abschiedsgruß: *Gåh man nich verschütt!* Rüg/Ae. – **2.** verhaftet werden verstr.

verschwägen Part.Adj. verschwiegen. – Ral.: *Dei is verschwägen as dat Graff* Gri/Gm. – **verschwarmt** Part. Adj. verkatert verstr. MPom SPom. Syn. s. verschwiemelt. – **verschwarten** sw. schwarz werden. Zumeist in der Beteuerungsformel: *Ik will up dei Stell verschwarten, wenn dat nich wohr is!* Ank/An, ähnl. verstr. – **verschweiten** sw. etwas verschwitzen, vergessen. *Mienen Buurtsdag hest du all wedder verschweit't* Fra/Zi. → vergäten[1]. – **verschwelgen** sw. Geld verprassen vereinz. – **verschwennen** sw. etwas verschwenden vereinz. *Geld verschwennen* Gwd/Ba. – **verschwiegen** st. **1.** etwas verschweigen. *Wur dat west is, will ick man leiwerst verschwiegen* HuMGwd 14,2,7. *Hei ka' nischt verschwieje,* *hei mutt alls vertelle* Saa/Le. – **2.** verstummen selt. ZPom. *De Väujel* [die Vögel] *veschwieje nachtens* Gbg/Ze. – **verschwieme(l)n** sw. Geld verprassen vereinz. [...] *dei blot Geld von di hewwen will, üm dat tau verswiemeln* NIB 20. – **verschwiemelt** Part.Adj. verkatert. *Du sühst hüt sihr verschwiemelt un nüsterbleik* [bleich um die Nase] *ut* Gri/Bo. Syn. verkåtert, verschwarmt. – **verschwinnen** st. **1.** verschwinden. *He hett de Lüd ierst bedrågen un is nu verschwunnen* Ank/An. Im Vergleich: *verschwinnen as Schnei vör dei Sünn* Gwd/Nu. Verhüllend: zur Toilette gehen. *Verschwinn man noch fix, ihrer wi gåhn!* Fra/Br. – **2.** jmd. entfallen, aus dem Gedächtnis kommen selt. *Dat is mi verschwunne* Neu/Lt. – **verschwutschen** sw., *verzwutschen* vereinz., verprassen, verjubeln VPom, sonst selt. *He wier up'n Johrmarkt un hett sien Geld verschwutscht* Rüg/Zi. – **verseggen** sw./unr. **1.** versagen, an etwas scheitern verstr. *Hei verseggt ganz un gor bi dei Arbeit* Dem/Tp. – **2.** jmd. etwas versprechen, zusagen verstr. *Ik bün all verseggt* ich bin schon verlobt Gwd/Ba. – **3.** jmd. einen Wunsch abschlagen verstr. *Du warst mi dat doch nich versejjen?* Uec/Ge. – **4.** refl., auf etwas verzichten vereinz. *sich dat Supen verseggen* Gwd/Nu. – **5.** ausfallen, nicht stattfinden selt., JOSTWB 119. – **verseigen** sw. **1.** aussäen vereinz., HOMWB 235. Gebräuchlicher ist utseigen. – **2.** etwas durch Unachtsamkeit verlieren, verkramen. *Bring uk alls werrer mit, dat du nicks verseigst!* Gwd/Ba. → vermuschen.

verseihn st. **1.** jmd. mit etwas versehen, ausstatten. *Sei versüht em mit Äten un Drinken* Gwd/Nu. – **2.** für jmd. sorgen. *'n lütt Kind verseihn* Fra/Bn. – **3.** etwas übersehen, nicht wahrnehmen verstr., ²KAL 11. – **4.** refl. – **4.1.** sich irren, einen Fehler machen. *Ik heff mi bi't Kåken verseihn* Gri/Lo. – **4.2.** sich verlieben verstr. – **4.3.** veralt., sich beim Anblick von etwas erschrecken. – Volksgl.: Ein großer Schreck während der Schwangerschaft schädigt das Kind im Mutterleib. Auf ein behindertes Kind bezogen: *Dei Mudder hett sich verseihn, as sei mit dat Kind güng* Dem/Tp. Vgl. verkieken. – **5.** veralt., durch den bösen Blick Schaden zufügen, behexen. *Dei Ollsch hett dei Kauh verseihn. Nu gifft sei kein Melk mihr* Gwd/Ze. – Ral. heißt es über eine schwachsinnige Person: *Dei is in'e Döp* [Taufe] *verseihn* verstr. VPom, sonst vereinz. – **6.** in der Fügung *ihrer man sich (dat) versüht*, schneller als gedacht. *Ihrer man sich dat versüht, ward man olt* Gwd/Ba. – **Verseihn** n. Versehen, Irrtum. – Sagw.: *Dat is 'n Verseihn, säd dei Håhn un steech* [stieg] *von'e Änt* Fra/Pe, ähnl. vereinz. *Dat was 'n Versehn, säd de Jung', as he in'n Schietpott fött* Uec/Ge.

versellen sw. **1.** verkaufen, verhökern verbr. VPom. *Dei Kopmann hett sien Wor versellt* Gwd/Nu. – **2.** durch Unachtsamkeit verlieren, verkramen verbr. VPom. *Nu heww ik doch mienen Schlœtel versellt!* Gri/Bo. → vermuschen. – **versengen** sw. wie hd. *De Hitt hett dat Gras up de Wisch versengt* Ran/Pe. – **versenken** sw. **1.** wie hd. *He will dat olle Rad in'n Diek versenken* Ran/Pe. – **2.** versinken, untergehen vereinz.

versetten sw. **1.** etwas an eine andere Stelle setzen. *De Fischers willen ehr Netten versetten* Rüg/Sc; *dat Brot in'n Backåben versetten* Uec/Ge. – **2.** eine Fehlgeburt erleiden (bes. von Kühen, Pferden und Schweinen). *Dei Kauh hett all wedder versett't* Gri/Ge; *hei kunn't uck nich verhinnern, dat em sine beste Mähr* [...] *versetten ded* HUMGWD 3,51,1. Scherzh. heißt es nach dem Genuß saurer Speisen: *Dat is so sur, dornauh ka' 'ne ull Sœg versetta!* Dra/Dr, ähnl. vereinz. – **3.** jmd. etwas unversehens zufügen, verabreichen (bes. einen Schlag). Prügelandrohung: *Ik war di 'n Ding versette!* Sto/Gl. *Låt di man nich einen versetten!* Gwald. – **4.** etwas verpfänden. *Hei ward tauletzt noch Hus u' Hoff versette* Reg/Kw. – **5.** eine Verabredung mit jmd. nicht einhalten. *Mien Fründ hett mi hüt versett't* Ghg/Wt. – **6.** etwas verkramen, verlegen verstr. *Ik glöf, ik heff mien Han(d)schen versett* Uec/Pa. → vermuschen. – **7.** refl., an Gewicht zulegen, kräftiger werden vereinz.

Rsyn. zu 2.: *verfarken* (nur von Sauen), *verkalwen* (nur von Kühen), *verschmieten.*

Versicherungsnådel f. Sicherheitsnadel verstr. MPom HPom. – **versiegeln** sw. mit einem Siegel verschließen. *Wi möten denn Breif versiegeln* Gwd/Ba. – **versimmen** sw. **1.** leichtsinnig verschwenden, vergeuden verstr. – **2.** etwas durch Unachtsamkeit verlieren vereinz. – **3.** jmd. verprügeln vereinz. Üblicher ist versimsen. – **versimsen** sw. **1.** jmd. verprügeln verstr. → rüschen¹. – **2.** Geld verprassen vereinz. – **versinken** st. wie hd. *Wi våsinke im Schnei* Nau/De. Übertr.: *versunken Tiden* längst vergangene Zeiten Ank/An. – **versinnen** st., refl. **1.** sich auf etwas besinnen, sich erinnern vereinz., HOMWB 237. – **2.** sich von einer Krankheit oder Anstrengung erholen verstr. NOPom, sonst selt. *De Ollsch was krank, se hett sich nu gaut versunne* Sch/SB. → verhålen. – **versitten** st. **1.** Zeit sitzend, untätig verbringen verstr. *Hei hett twei Stunnen versäten, ihrer dei Dokter em reep* Gwd/Ba. – **2.** Kleidung durch langes Sitzen zerknittern vereinz. *Dat Mäke hett dat Kleed versäte* Sto/Pf. – **versölen** sw. verschwenderisch mit etwas umgehen verstr. – **versollhakken** sw. Strümpfe stark abnutzen, Löcher in die Strümpfe laufen vereinz. VPom. *In dei Schauh versollhack ik mi ümmer dei Strümp* Gwd/Ke. Vgl. MWB 7,918: *versollen* vertanzen. – **versolten** sw., vereinz. st. **1.** zu stark salzen. *Du hest dei Supp versolt't, dei schmeckt mi nich!* Gwd/Ba. Scherzh.: *Wenn dat Äten versolt't is, weer de Kœksch verleeft* Ghg/Wt. – **2.** die Pläne von jmd. durchkreuzen. *Dei Såk war ik em versolten!* Gri/Ti. – **versommern** sw., fachspr., durch starke Sonneneinstrahlung austrocknen, rissig werden (von Holzbooten) vereinz. VPom. – **versöpen** sw. **1.** ertränken, ersäufen. *Dei Bengel hett twei junge Katten in'n Diek versööpt* Dem/De. *Du hest dei Blaumen* *versööpt* du hast die Blumen zu stark gegossen Gwd/Nu. – **2.** ertrinken verstr. *Dat Tchind* [Kind] *is im Born versööpt* Fla/Ta. Gebräuchlichere Syn. s. versupen. – **Versöper** m., seem., altes, leck gewordenes Schiff vereinz. – **versoren** sw. vertrocknen, verdorren vereinz. *Dei Awtböm* [Obstbäume] *varsohrte* [...] *Dei Hitz was tau grot* ²SCHWA 33. – **versorgen** sw. jmd. das Nötige zukommen lassen. *De Fru is versorgt* die Frau hat ihr Auskommen Pyr/Lt. – **verspåden** sw., refl. **1.** sich verspäten, zu spät kommen. *Du dörfst di bi dei Arbeit nich verspåden* Gwd/Ba. – **2.** nachgehen (von Uhren). *Dei Klock hett sich verspåd't* Gri/Go. Syn. verlieren, verspälen. – **verspåken** sw. **1.** durch trockene Holzfäule rissig, undicht werden. *Dei Tunn steiht in'e pralle Sünn, dorüm is sei verspåkt* Gri/Ge. *Dat Waschfatt is bi de Hitt verspåkt* Rüg/Be. – **2.** überaus durstig sein, (fast) verdursten verstr. *Dei Knecht keem von'n Acker un wier ganz verspåkt* Gwd/Nu. – **verspälen** sw. **1.** den Spieleinsatz verlieren. *Hei verspäält noch all sien Geld* Dem/Tp. – **2.** unterliegen, nicht gewinnen. *He hett hüt denn Prozeß verspäält* Pyr/Lt. – **3.** abmagern, gesundheitlich nachlassen verstr. *Du hest bi diene Krankheet sehr vospäält* Gbg/Lw. – **4.** nachgehen (von Uhren) verstr. *De Klock verspäält all werrer* Rüg/Pu. Syn. s. verspåden. – **verspeiken** sw. ein Rad mit Speichen versehen. *Vadder will dat Rad nieg verspeiken* Dem/De. – **verspiekern** sw. mit großen Nägeln zusammenfügen. *Dei Balken heww ik orig verspiekert* Rüg/Ae. – Zu spiekern¹. – **verspillen** sw. **1.** verstreut werden, verwehen vereinz. VPom. *Dat Fäurer Heu is nich orig afharkt, dat verspillt unnerwägens* Gri/Ge. Aus dem Text einer Ballade: *Dat de Mäkelnbörger verspillen as Kaff* [wie Spreu] ¹VOG 6. – **2.** eine Flüssigkeit verschütten vereinz. VPom, ARN 158. – **3.** Geld unnütz ausgeben, verschwenden vereinz. VPom, DÄHWB 527. *Dei hett mit siene Reisen väl Geld verspillt* Fra/Zi. – **versplaren** sw., refl., auseinanderspreizen verbr. HPom, sonst selt. Spöttisch zu jmd., der breitbeinig dasteht: *Versplar di ma' nich!* Cam/Kw, ähnl. verbr. HPom. – **verspöltern** sw. eine Flüssigkeit verschütten verstr. VPom.

verspräken st. **1.** jmd. ein Versprechen geben. *Wist du mi versprȧken, dat nich werrer tau daun?* Dem/De. *He versprecкt väl un höllt nüscht* Ran/Sr. – Sprw.: *Wecker nicks versprecкt, bruukt nicks tau hollen* Gwd/Ba. *Versprȧken is lichter as hollen* Ank/Br. – **2.** refl. – **2.1.** sich verloben. *Dei Diern is all versprȧken, sei ward woll ball friegen* Gri/Ti. – **2.2.** aus Versehen beim Sprechen einen Fehler machen. *Ik heff mi versprȧken, ik meint dat ganz anners* Fra/Zi. – **Versprȧken** n. Versprechen, feste Zusage. *He hett sien Versprȧken nich hollen* Ran/Pe. – Ral. heißt es über jmd., der durch leere Versprechungen auffällt: *De höllt sien Versprȧken as de Hund dat Fasten* Stett.

verspreiden sw. etwas ausbreiten, gleichmäßig auf einer Fläche verteilen vereinz. Gebräuchlicher ist das Syn. utspreiden. – **Verspruch** m. **1.** Verlobung verstr. VPom. *Hans un Liening fiern hüt ehren Verspruch* Dem/Tp. Syn. s. Verlȧbung. – **2.** Verruf, schlechter Leumund verbr. NOPom, sonst selt. *Dat Mäke is im Verspruch* Stolp. Syn. Verraup.

verstȧhn st. verstehen. **1.** akustisch wahrnehmen. *Wenn du so stȧmerst* [stotterst], *büst du nich to verstȧhn* Rüg/Pu. *In'n Kraug is so'n Spektȧkel, man kann sien eigen Wuurt nich verstȧhn!* Fra/Pe. – **2.** etwas begreifen, den Sinn erfassen. *Versteihst du dat ümmer noch nich? Dat's doch nich so schwor!* Use/Sw. – Ral.: *Dat versteiht sich!* das ist selbstverständlich! Gwd/Nu. Spruch: *Is eener jung as 'n Kalw, versteiht hei alls man halw* HUMGWD 13,49,12. – **3.** in bestimmter Weise interpretieren, auffassen. *Verstȧh mi recht!* missversteh mich nicht! Fra/Zi, ähnl. allg. – **4.** etwas beherrschen, sich gut mit etwas auskennen. *Du büst noch tau lütt, dor versteihst du nicks von* Gwald. *Wecker 'ne Arbeit nich verstȧhn deit, sall dei Fingern dorvon lȧten* Gri/Ti. – Ral.: *Dor versteihst du so väl von as de Kauh von'n Sünndag* davon verstehst du überhaupt nichts Dem/Kt. Laienhafter Umgang mit etwas wird spöttisch kommentiert: *Wat versteiht dei Oss von Läsen un Schrieben?* Gwd/Ba. – **5.** refl., mit jmd. (gut) auskommen. *Dat is doch wat Schöns, wenn Mann un Fru sich gaut verstȧhn* Dem/De.

Verstäk n., wie hd. *Versteck* vereinz., Versteck. *Dor is 'ne Stell, dei tau'n Verstäk gaut passen deit* Gwd/Nu. *Dei Sinn spääl Verstäk* die Sonne verzieht sich hinter einer Wolkenbank Lau/GW. – **verstäken** sw./st. verstecken, verbergen. *Hei versteckt sien Geld in'e Kist* Dem/Kt. [...] *as se de wilden Kerls seeg, schreeg se lud up un verstök sick in ên Eck* DLP 4,152. *Dat Gehöft leeg so recht versteken in'n Holt* DLP 7,103.

Verstand m. wie hd. *Dor kann ik keinen Verstand in kriegen* das begreife ich nicht Rüg/Ae. Ebenso: *Dor heww ik keinen Verstand tau* Dem/Tp. *Hei hett korten Verstand* er ist dumm Fra/Bn. Wenn das Haar schütter wird, heißt es scherzh.: *Wur de Verstand wasst, möten de Hor wieken* Gwald. – In fester Vbdg.: *nȧh mienen dummen Verstand* meines Erachtens, meiner Meinung nach Gwd/Ba, ähnl. verstr. – Sprw.: *De Verstand kümmt ierst mit de Johren* Rüg/Dm, ähnl. verbr. *En Schuwkor vull Glück is bäter as 'n Wagen vull Verstand* HUMGWD 14,48,11. – Spruch: *Is dat Bier in'n Mann, is dei Verstand in'e Kann* Gwd/Ba. – Scherzfr.: *Wat geiht œwern Verstand? = dei Lus up'n Kopp* Gwd/Da. Vgl. Minschenverstand. – **Verstandskasten** m. scherzhafte Bezeichnung für den Kopf des Menschen.

verstänkern sw. **1.** die Luft verpesten verstr. – **2.** refl., sich überfressen verstr. ZPom. *Dei Schwien hewwe väl Patüffle kräje, dei hewwe sich verstänkert* Cam/Si. – **verstännig** Adj., *verstinnch* verstr. HPom, verständig, vernünftig, einsichtig. *Dei Lütt is all sihr verstännig för sien*

Johren Gwd/Ba. *Ik dacht, du wierst nu all 'n bäten verstänniger* Rüg/Pu. – **verstarben** st. versterben vereinz. *Wenn ein vastorwe is, ware am neechste Dag dei Klocke treckt* Kol/Sö. – **verståten** sw. Geld für stattliche, festliche Kleidung ausgeben verstr. – **verstaugen** sw. etwas verstauen, unterbringen verstr. *In miene Taschen lett sich allerhand verstaugen* Rüg/Ae. – **versteinen** sw. **1.** fischerspr., ein Netz mit besonders vielen Steinen beschweren, um am Meeresgrund zu fischen vereinz., Ras 55. – **2.** hist., mit Steinen markieren, abgrenzen DähWb 527. – **verstellen** sw. **1.** etwas an einen anderen als den gewohnten Platz stellen. *Worüm hest du dei Hark verstellt?* Gwd/Ba. – **2.** etwas verändern, um andere zu täuschen. *Verstell dien Språk nich so!* Gri/Mi. – **3.** refl., sich anders geben, als man tatsächlich ist. *Glöf em bloß nich, dei Kierl verstellt sich!* Gwd/Nu. – **Verstellkasten** m., pejor., Person, die sich sehr ziert vereinz. VPom. – **versticken** sw. ersticken vereinz. Gebräuchlicher ist sticken[1]. – **verstiegen** st., refl., sich etwas anmaßen vereinz., DähWb 527. – **verstiepern** sw. stützen, Halt geben. *Ji möten mi verstiepern, süss kåm ik nich werrer hoch* Ank/An. Zumeist als Part.Adj. in festen Vbdg.: *kort verstiepert* kurzbeinig verbr.; *gaut verstiepert* stämmig, mit kräftigen Beinen verbr. – **Verstieperung** f. saloppe Bezeichnung für die Beine verstr. VPom. *Niklas [stunn] nu wedder up sin Verstiperung* [1]Worm 71. – **verstiewen** sw., refl., hartnäkkig bei seiner Meinung bleiben vereinz. *Hei verstieft sich so dorup, hei gifft afslut nich nåh* Rüg/Ae. – **verstocken** sw. stockig werden vereinz. – **verstockt** Part.Adj. trotzig, uneinsichtig vereinz., DähWb 527.

verstoppen sw. **1.** verstopfen, zustopfen. *Wi willen dat Lock verstoppen* Gwd/Nu. – **2.** hist., verbergen, verheimlichen DähWb 527. – **verstoppt** Part.Adj. **1.** nicht (mehr) durchlässig, blockiert. – **2.** an Stuhlverstopfung leidend. – **Verstoppung** f. Stuhlverstopfung vereinz., DähWb 527.

verstöten st./sw. **1.** jmd. verstoßen, (aus einer Familie) ausschließen. *Dei Vadder hett sienen Sœhn verstött* Gwd/Nu. – Ral. über jmd., der verlebt aussieht: *De hett woll keene Öllern mihr, de süht so verstött ut!* Rüg/Zi, ähnl. vereinz. – **2.** gegen Gesetze oder Normen verstoßen vereinz. *Dei Kierl verstött gägen dei Ornung* Gwd/Ba. – **3.** (angetrocknetes) Heu gleichmäßig auf der Wiese ausbreiten vereinz. – **versträben** sw., fischerspr., Reusen im Wasser an Pfählen befestigen Rüg/Zu [1]Pee 126.

verstreff Adv., *verstrew* Hus 1901,123, quer zu etwas. Nur in der Fügung *sik verstreff setten* sich gegen etwas sträuben verstr. VPom. *Dei Oll is nie nich taufräden, hei möt sik ümmer verstreff setten* Gri/Ge.

verstreugen sw. verstreuen, streuend verteilen. *Mess verstreugen* Ank/An. – **verstrieken** st. verstreichen. **1.** vergehen, ablaufen. *Dei Tiet is nu versträken* Gwd/Ba. – **2.** Risse, Fugen verschmieren vereinz. *He hett de Ritz mit Lehm versträken* Ran/Sr. – **3.** eine Sense stümperhaft schärfen vereinz. – **verstuden** sw., refl., staudenartig wachsen, viele Getreidehalme ausbilden verstr. HPom, sonst selt. *Dat Kuurn hett sich got verstud't* Rum/Ru.

verstuken sw., refl., sich eine Verstauchung zuziehen. *Bi dat Glatties bün ik follen un heff mi dat Been verstuukt* Rüg/Zi. – Ral.: *sik œwer eenen dat Mul verstuken* schlecht über jmd. reden Gwald, ähnl. vereinz. Als Abweisung für jmd., der affektiert spricht: *Nu verstuk di man nich dei Tung'!* Rüg/Ae.

Rsyn.: *verbällen, verdrœnen, verdrüüschen, vergnuppen, verknacken, verknacksen, verrenken, verwricken, verwringen.*

verstumpen sw. ungelenkig, steif werden vereinz. *Dat Peerd hett verstumpte Föt* Ran/Sk. – **verstüren** sw. eine Person oder ein Tier bei etwas stören vereinz. – **verstutzen** sw., refl., sich wundern, stutzig werden. *Ik heff mi tauierst œwer dei Såk verstutzt* Dem/De. *Hei wier so verstutzt, dat hei nicks mihr seggen künn* Gwd/Nu. – **verstüürt** Part.Adj. verstört, verwirrt. *Hei hett so'n Schreck krägen, hei is ganz verstüürt* Fra/Zi. – **versuddeln** sw. durch zu langes Kochen zerfallen vereinz. MPom ZPom. *Dat Äten is versuddelt* Ran/Ro. – **versuern** sw. **1.** sauer werden, an Säuregehalt zulegen. *Dei Wisch an 'e Bäk is all versuert* Gwd/Nu. – Sprw.: *Wat im gaude Pott is, versuert nich* Sch/Po. – **2.** geistig verkümmern. *Wenn hei noch lang up dei Stell blifft, versuert hei ganz un gor* Gwd/Ba. – **versüften** sw., veralt., etwas verschmerzen selt. MPom SPom, Pfa 30. – Mnd. *vorsüchten.* – **versüken** sw. verseuchen verstr. – **versülwern** sw. **1.** mit einer Silberschicht überziehen. *Dei Läpel is versülwert* Gwd/Nu. – **2.** (schnell) zu Geld machen, verkaufen. – **versümen** sw. **1.** etwas versäumen. *Ik heff nicks tau versümen* ich habe keine dringenden Termine Gwd/Ba. – **2.** jmd. aufhalten, von etwas abhalten vereinz. *De Paster hett mi väl versüümt* der Pastor hat mich lange aufgehalten Pyr/Lt. – **Versümnis** f., veraltd., Versäumnis vereinz. – **versumpen** sw. **1.** sumpfig werden verstr. – **2.** zusehends liederlich leben, moralisch verwahrlosen verstr. – **versünnigen** sw., refl., sich versündigen. *De Kerl hett sich an de Kinner versünnigt* Ghg/Wt.

versupen st. **1.** ertrinken. *Wenn nu äwerst en Minsch in't Water föllt un versüppt* [7]Band 111. *Helpt mi, ik möt älendig versupen!* Ank/An. Refl.: *Hei hett sich versåpe* er ist ertrunken, hat sich ertränkt Neu/We. – Ral.: *Wenn't Unglück sin sall, kann ein in'e Wågentrår* [Wagenspur] *versupen!* Rüg/Ae. Syn. verdrinken, versöpen. – **2.** sinken, überflutet werden. *Dei Kåhn is in'n See versåpe* Cam/Si. – **3.** vertrinken. *De Kierl versüppt sienen letzten Gröschen in'n Kraug* Gwd/Nu. – Ral.: *dat Fell versupen* nach der Beerdigung einen Umtrunk abhalten allg. – Sagw.: *Dörch de Kähl gåhn grote Dinger, säd de Schipper, don har he sienen Kåhn versåpen* Stral.

versusen sw. **1.** verprassen, verjubeln verstr. *Dei hett all sien Geld versuust* Gwd/Ba. – **2.** vergessen, aus dem Gedächtnis verlieren vereinz. → vergäten[1]. – **3.** etwas verkramen, verlegen vereinz. → vermuschen. – **versusengen** sw., veraltd. **1.** verjubeln, leichtsinnig verschwenden verbr. VPom, sonst vereinz. *Dei Bingel hett dat Jild versusengt* Reg/Rg. Vgl. susengen. – **2.** etwas verkramen, verlegen vereinz. *Ik heff mien Brill versusengt* Uec/Ue. → vermuschen.

vertaalken s. vertolken.

vertågeln sw. jmd. (mit einem Stock) verprügeln verstr. [...] *ümmer düller vertageld he den Jungen sien Fell* [1]Tri 70. Rsyn. s. nüschen[1]. – **vertågen** Part.Adj. verzogen, schlecht erzogen verstr., DähWb 528. – Zu verteihn. – **vertappen** sw. **1.** fachspr., mit einem hölzernen Zapfen verbinden. *Dei Balke ware vertappt* Slo/Sl. – **2.** aus einem Faß einschenken. *Bier vertappen* Gwald. – **vertauen** sw., seem., *vertäuen* vereinz., *vertaugen* selt., mit Tauen festmachen. – **vertedde(r)mömmern** sw. jmd. verprügeln verstr. VPom. Rsyn. s. nüschen[1].

vertehren sw. verzehren. **1.** Geld für den Lebensunterhalt ausgeben (bes. für Essen und Trinken). *De hett hunnert Dåler to vertehren* Pyr/Lt. *Ik heff wat to vertehra* ich habe genügend Geld Dra/Dr. *He vertehrt väl, wo he nicks von hett* Stett. – Gereimte Sprüche: *Väl vertehren un wenig erwarben is dei best Wech taun Verdarben* Ank/An. *De sick ihrlich will ernähren, möt väl flicken un wenig vertehren* UP 3,267. – **2.** aufessen, verspeisen. *Hei vertehrt fix sien Middag* Reg/Rg. – **Vertehrer** m. Verschwender selt. – Sprw.: *Nåh 'n gojen Nährer kümmt 'n Vertehrer* auf jmd., der sparsam wirtschaftet, folgt ein Verschwender Pyr/Lt. Vgl. Tehrer.

verteihn st., veraltd. **1.** refl., sich entfernen, davonmachen. *Dei Räje* [Regen] *vertüht sich* Gbg/Gp. – **2.** verzärteln, verhätscheln vereinz., DähWb 528. Refl.: *Ik hew* [...] *mi mit ehr vertagen* ich habe ein liebevolles Verhältnis zu ihr gehabt [4]HoefE 130. → verpimpeln. – **3.** Pflanzen verziehen, vereinzeln. *Räuben verteihn* Ank/Br. – **verteiken** sw. in einem Verzeichnis, einer Liste festhalten. *Dei Bäuker sünd all verteikent* Fra/Zi.

Vertell n./m. Gerücht, Gerede vereinz. Abweisend zu jmd., der Lügengeschichten erzählt: *Wenn du mit dien Vertell farig büst, warn dei Balkens wedder gråd!* Ank/An. – **vertellen** sw. **1.** erzählen, berichten. *Grotmudder kann gaut Geschichten vertellen* Fra/Zi. *Vadding weit ümmer väl tau vertellen* Gri/Mi. *Dei Kierl hett uns bloß Lægen vertellt* Use/Sw. *Dei vertellt mit sich allein* redet vor sich hin Kol/Go. *Sei vertellt 'n langen Strämel* sie redet endlos Fra/Bn. – Ral.: *He vertellt von dit un dat, von drög un natt* er erzählt alles Mögliche Gwald. *Vertell di wat mit uns Katt!* dein Gerede interessiert mich nicht! Sto/Gl. Prügelandrohung: *Ik war di glieks wat (anners) vertellen!* Dem/Tp, ähnl. vereinz. – **2.** refl., sich verzählen. *Ik heff mi bi't Räken vertellt* Gwd/Nu. Auf einen Betrüger bezogen: *De vertellt sich nich to sienen Schåjen* Pyr/Lt. – **vertellerig** Adj. erzählfreudig, gesprächig vereinz. *Du büst jå hüt so vertellerig, süss kannst du de Tähnen gor nich uteenanner kriegen* Rüg/Pu. – **Vertelle(r)s** n., *Vertellis* verstr. °Rüg. **1.** Erzählung, (erfundene) Geschichte VPom. *Dat's nich wohr, dat's blot so 'n Vertellis!* Rüg/Be. – **2.** Gespräch, Unterhaltung verbr. VPom. *Dei Paster füng 'n Vertellers mit mi an* Fra/Bn. *Ik bün up de Stråt mit eenen Fründ in Vertelles kåmen* Rüg/Zi. – **Vertelling** f., Pl. *-s*, Erzählung, Anekdote vereinz. VPom. – **Vertellke** n., *Vertelltje* Neu/Th, Pl. *-s*, dass. verbr. NOPom, sonst selt. HPom. *Hest du dat Vertellke vom olle Discher al verjäte?* JostWb 119. – **Vertellsel** n., Pl. *Vertellsels* (in VPom vereinzelt auch im Sg. gebräuchlich). **1.** Erzählung, Anekdote. *Uns Großmudding weit allerlei Vertellsels ut ollen Tieden* Fra/Zi. – **2.** Gerede, Gerücht. *De hett 'n Vertellsel in Ümlop bröcht* Ran/Pe.

vertiegen sw. jmd. nicht länger behelligen vereinz. *He vertiegt ehr nich* er läßt sie nicht in Ruhe Gwald. – Mnd. *vortîen*. – **vertimmern** sw. **1.** fachspr., Holz verbauen. – **2.** jmd. verprügeln vereinz. Rsyn. s. nüschen[1]. – **3.** verspeisen, aufessen vereinz. VPom. *Ik heff dat halwe Brot vertimmert* Fra/Zi. – **vertobacken** sw. jmd. verprügeln verbr., [1]Nere 93. *Sei hebben em so vertobackt, dat hei nich mihr ut dei Ogen kieken kann* Fra/Zi. → nüschen[1]. – **vertoddeln** sw. **1.** jmd. verziehen, verhätscheln vereinz. *Dei Fru hett dei Gören so vertoddelt, ut dei ward alltauhop nicks* Gwd/Ba. → verpimpeln. – **2.** wie vertoddern vereinz. – **vertoddern** sw. (Garn) verheddern, durcheinanderbringen verbr. HPom, sonst vereinz. *Dat janz Stick Wull is vertoddert* Sto/Gl.

Vertog m., gesprochen *Vertoch*. **1.** Verzug, Verzögerung verstr., HuMGwd 4,23,4. – **2.** Ruhepause verstr. *Ik heff von morgens bet åwends noch keen Vertog krägen* Ran/Pe. – **3.** verzogenes Kind verstr. *Dei Lütt is Vaddern sien Vertog* Vaters Liebling Gwd/Nu.

vertœgern sw. verzögern, zeitlich hinausschieben verstr. *Dat Kind vertœgert dat Upståhn* Ran/Sr. – **vertolken** sw., *vertalken, vertaalken* selt. VPom, jmd. verhätscheln, verzärteln verstr. VPom, sonst selt. *Dei Mudder hett ehr Kind ganz un gor vertolkt* Gri/Mi. Vgl. MWb 7,932: *vertaalken*. → verpimpeln. – **vertolksen** sw. jmd. verprügeln vereinz. Syn. s. nüschen[1]. – **vertömeln** sw. verheddern, verwickeln (bes. von Garn) verstr. ZPom, sonst selt. *De Woll is so vertömelt* Dra/Bu. – **vertonen** sw., refl., sich eigenartig verhalten vereinz. VPom, [4]Seg 150. – **vertoppen** sw. jmd. zu etwas verleiten vereinz. MPom HPom, HomWb 237. – **vertöppern** sw. zerdeppern, zerschlagen vereinz., HuMGwd 6,46,11. – **vertorren** sw. jmd. verzärteln, verziehen verbr. VPom. *Vertorr de Lütt doch nich so!* Gwald. → verpimpeln. – **vertossen**

sw. schlechten Einfluß auf jmd. ausüben vereinz. MPom HPom. – **vertöwern** sw., veraltd., verzaubern, verhexen vereinz., PAL 3. – **vertrackt** Adj. ein erhebliches Ärgernis darstellend vereinz. – **verträden** st., selt. sw. **1.** refl., sich gehend Bewegung verschaffen. Nur in den Fügungen: *sik dei Fäut / Beinen verträden.* – **2.** stellvertretend für jmd. einspringen. *As hei krank wier, müsst ik em verträden* Gwd/Ba. – **3.** refl., sich den Fuß verstauchen selt., DÄHWB 528. – **verträme** sw. jmd. verprügeln vereinz. HPom. → nüschen[1]. – **vertrampeln** sw. zertrampeln, niedertreten verstr. MPom HPom.

vertrecken st./sw. **1.** refl., sich entfernen, davonmachen. *Ik hebb mi to rechtern Tiet vertreckt* Pyr/Lt. *De düüstern Wulken möten sich ierst vertrecken* Ank/An. *Vertreck di!* verschwinde! Gwd/Nu. – **2.** ein Kind verhätscheln, verzärteln. *Dei Öllern vertrecken ehr Kinner so, dat sei in'e Schaul nich mihr uppassen* Dem/Tp. → verpimpeln. – **3.** durch Ziehen in eine abweichende Form bringen. *Se vertreckt denn Mund, as wenn ehr wat nich passt* Uec/Ue. – **4.** Pflanzen verziehen, vereinzeln. *Wi möten dei Räuben vertrecken* Fra/Br.

vertrimmen sw., *vertrümmen* verstr., jmd. verprügeln. *Denn Bengel heww ik so vertrimmt, dat he in Tokunft hüren ward* Rüg/Dm. → nüschen[1]. – **vertrippe** sw. jmd. mit einem Knüppel schlagen vereinz. VPom. – Zu Trippe. – **vertrödeln** sw. **1.** wie hd. verstr. *Hei vertrödelt dei ganze Tiet mit dei Dierns* Gwd/Ba. – **2.** etwas verlegen, verkramen vereinz. *De Bengel hett sien Mütz vertrödelt* Ran/Gn. → vermuschen.

vertrugen sw. **1.** vertrauen, sich auf jmd. oder etwas verlassen. *Vertrug nich up denn sien Räd!* Ank/Br. *Wi möten Gott vertrugen* Gwd/Ba. – **2.** veralt., ehelich verbinden, trauen vereinz. [...] *un üm drei Wochen wull'n sei sick denn still vertrugen laten* [9]WORM 21. – **Vertrugen** n. Vertrauen. *Hest du kein Vertrugen tau mi?* Ank/Br. Vgl. Tauvertrugen.

vertrümmen s. vertrimmen.

vertüdern sw. **1.** (Garn o.Ä.) in Unordnung bringen. *Hei hett de Lien ganz vertüdert* Rüg/Wi. *Dei Wull is so vertüdert, dei kriegen wi nich uteinanner* Dem/Tp. *De Wind hett dien Hor vertürert* der Wind hat dein Haar zerzaust Ran/Pe. – **2.** refl. – **2.1.** durcheinandergeraten, sich verwickeln. *Dat Goorn vertüdert sik* Fra/Bn. – **2.2.** sich in etwas verfangen. *Hei hett sich in'e Strük vertüdert* Dem/De. – **vertulen** sw. zerzausen verstr. VPom. *Afräten un vertuult stünnen de Lüd dor* Gwald. – **vertünen** sw. einzäunen, mit einem Zaun versehen vereinz. – **vertünzeln** sw. (Garn o.Ä.) in Unordnung bringen vereinz. *Dei Wull is vertünzelt* Gri/Mi.

Vertürn m. Erzürnung, Zank, Streit selt. VPom, verbr. HPom. *Sei lijje im Våtorn* sie sind zerstritten Nau/Fg. – Sprw.: *Eigen Quick* [Nutzvieh] *o eige Kurn meckt keine Verturn* Sto/Ku [4]KNO 8.

Lautvar.: *Verto(r)n* verstr. HPom, *Vertu(r)n* selt. NOPom, *Vertöhrn* HOMWB 237, *Vertêrn* Sto/Gl.

vertürnen sw. erzürnen. **1.** jmd. verärgern, zornig machen. *Un ik ward mi woll sihr höden, min leiw Mutting to vertür'n* [2]WUTA 129. – **2.** refl., zornig werden, sich aufregen. *Dit argert nu unsen Burmeister* [...], *äwer hei wull sich nich vertüren* [2]SAN 25. – **3.** sich mit jmd. zanken, entzweien. *Hei hett sich mit mi dägern vertürnt, nu räden wi nich mihr miteinanner* Use/Sw. *Wenn du nich still büst, våtöne wi us!* Nau/De. Scherzh.: *Dei hett sich mit dei Arbeit vertürnt* ist ein Faulenzer Gwd/Nu. *Ik heff mi mit mien Måg vertürnt* ich habe mir den Magen verdorben Dem/De. – Volksgl.: *Wenn twee togliek von eenen Teller äten, vertörnen se sich* Ran/Sr. Syn. veruneinigen, verunwillen.

Lautvar.: Hauptvar.: *vertüren* vereinz. VPom, *vertörnen* selt. VPom, verbr. MPom SPom, vereinz. ZPom, HOMWB 237, *vertöne* verbr. ZPom, *vertirne* verstr. NOPom, JOSTWB 119, *verterne* Rum/Km, vereinz. NOPom, *votoine* LAUWB 374.

vertuscheln sw. etwas verheimlichen vereinz. – **vertuschen** sw. wie hd. verstr. *Dei Bedreiger hett alls dån, üm dei Såk tau vertuschen* Dem/Tp. – **vertuuschen** sw. **1.** etwas vertauschen, verwechseln. *Mi hemm' sei in'n Kraug dei Mütz vertuuscht* Gwd/Ba. – **2.** etwas eintauschen, Tauschhandel betreiben. Ausruf, der einen Tausch unter Kindern besiegelt: *Vertuuscht is vertuuscht!* Fra/Zi, ähnl. verstr. – Ral.: *dat Peerd för 'ne Zick vertuuschen* ein schlechtes Geschäft machen Ran/Pe, ähnl. vereinz. – **vertwälen** sw., refl., sich verzweigen vereinz., JOSTWB 119. Syn. vertwiegen.

vertwass, vertwast s. verdwass.

vertwiefeln sw. verzweifeln. *Dei Såk is taun Vertwiefeln* Gwd/Nu. – **vertwiefelt** Adj. **1.** verzweifelt, hoffnungslos. – **2.** äußerst, sehr vereinz. *Dat is doch vatwiwelten kolt!* °Uec BLFPVK 1,56. – **Vertwieflung** f. Verzweiflung verstr. *Se sitt in Vertwieflung* sie ist völlig verzweifelt Ank/An. – **vertwiegen** sw., refl., sich verzweigen verstr. *Dei Bom vertwiegt sich gaut* Ank/Km. Syn. vertwälen.

verunåsen sw. nachlässig mit etwas umgehen, verhunzen vereinz. Vgl. verhunn'åsen. – **veruneinigen** sw. sich entzweien verstr. MPom HPom. Syn. s. vertürnen. – **verunihren** sw. verunehren, Rufschädigung betreiben verstr.

verunken sw. jmd. veralbern vereinz.

verunnoseln sw. verwahrlosen lassen, nicht ordentlich pflegen verstr. *Sei is schlampig, sei verunnoselt all ehre Såken* Fra/Br. *Dat Land is verunnoselt* verunkrautet Fra/Bn. – **verunwillen** sw. sich mit jmd. überwerfen VPom, sonst selt. *Wi hadden uns alls einanner tau Leiw* *dahn un uns nich eis verunwillt* ²VOG 3. Syn. s. vertürnen.

verurschen sw. sinnlos vergeuden, verschwenden vereinz. VPom. Vgl. BBWB 4,636: *verursche(l)n*. – **verütern** sw. veräußern, verkaufen vereinz. *Dei Bur hett sienen Hoff verütert* Dem/Tp.

verutgåben sw., refl. **1.** sich körperlich verausgaben verstr. *Dei Knecht hett sich bi dei Arbeit verutgåft* Gri/Gm. – **2.** verfügbares Geld vollständig ausgeben verstr. *Ik verutgåf mi nich bet up 'n letzten Penning* Ran/Pe.

verwachten sw. **1.** eine Tätigkeit ausüben, ein Amt bekleiden. *Hei kann dei Arbeit nich verwachten, sei wasst em œwer denn Kopp* Rüg/Ae. *Dei Burmeister hett sienen Posten gaut verwacht'* Gri/Ge. – **2.** etwas beaufsichtigen, verantwortlich für etwas sein. *As ik verreist wier, hett mien Fründ denn Hoff verwacht'* Rüg/Pu. Abweisung: *Du hest hier nicks tau verwachten!* du hast hier nichts zu sagen! Gwd/Nu. – **3.** für jmd. sorgen, sich um jmd. kümmern. *'n kleen Kind verwachten* Ghg/Gr. – **4.** in der Fügung: *sik wat verwachten sin* fest mit etwas rechnen, sich auf etwas einrichten vereinz. *Du kannst di dat verwachten sin, dat't ganz anners kümmt!* Gwd/Ba. – **verwädern** sw. verwittern verstr. *Dat Strohdack verwädert all* Gwd/Nu. – **verwågen** Adj., *verwogen* verstr. **1.** verwegen, tollkühn. – **2.** großspurig, eingebildet vereinz. – **verwåhnen** sw. verwohnen, durch Wohnen abnutzen verstr. – **verwalken** sw. jmd. verprügeln. *As he sien Mul uprieten deet, hebben wi em schön verwalkt* Rüg/Pu. → nüschen¹. – **verwamsen** sw. dass. verstr. *Hei hett denn driesten Bengel dat Fell dull verwamst* Dem/Tp. → nüschen¹.

verwandt Adj. **1.** zur gleichen Familie gehörend. *Wi sünd wietlüftig verwandt* Fra/Pe. – Ral.: *dörch 'n Schäpel Arften verwandt sin* weitläufig verwandt sein verbr.; *dörch sœben Dörper verwandt sin* dass. vereinz. Scherzh.: *Wi sünd uk miteinanner verwandt: Mien Vadder un dien Vadder wieren Mannslüd!* Fra/Zi. – Sprw.: *Gaut bekannt is bäter as neeg verwandt* Rüg/Ae. – **2.** jmd. Geld schuldend verstr. *Hei is mit mi noch verwandt mit twintig Mark* Gwd/Nu. – **Verwandtschaft** f., *Verwandtschop* ¹TRI 137, wie hd. *Dei ganze Verwandtschaft kümmt tau dei Hochtiet* Gwd/Nu. – Ral.: *Uns Verwandtschaft is nich mit 'n Schäpel Arften aftauseigen* wir sind sehr weitläufig verwandt Fra/Pe, ähnl. verbr. VPom. Syn. Fründschaft.

verwanneln sw. verwandeln, sehr stark verändern verstr.

verwannschåpen sw./st., veraltd., vernachlässigen, verkommen lassen. *Sei hemm' dat Kind verwannschåpt* Fra/Ri. Zumeist als Part.Adj. belegt: *Wat süht dei Kierl verwannschåwen* [liederlich] *ut!* Gri/Go. – Mnd. *vorwānschapen*.

Lautvar.: *verwandschåpen* vereinz., *verwan(d)schåben* vereinz. VPom, *verwannschåwen* vereinz. VPom MPom, *våwannschaupe* Gbg/Gp.

Flex.: Part.Prät.: *verwannschåpt, verwannschåft* verstr., *våwannschaupt* Gbg/Gp. – Stark flektiert: *verwan(d)schåpen* verstr., *verwan(d)schåben* vereinz. VPom, *verwannschåwen* vereinz. VPom MPom.

verwarmen sw., refl., warm werden, sich erwärmen JOSTWB 120. – **verwäsen** sw. verwesen, sich zersetzen. *Dei Rehbuck lääft all lang nich mihr, dei is all half verwääst* Dem/Tp. – **verwassen** st. **1.** refl., sich verwachsen, im Verlauf des Wachstums normalisieren. *Dat Mäken hett sich gaut verwussen* hat sich gut herausgemacht Gwd/Ze. – **2.** ineinander wachsen. *Dei Stubben* [Baumstumpf] *is so verwossen* [knorrig] Dem/De. – **3.** eine enge Beziehung entwickeln. *Dei is mit'e plattdüütsche Språk verwusse* Bel/Ei. – **4.** zuwachsen, überwuchert werden. *Dei See is verwusse* Reg/Kw. – **verwäuhlen** sw. **1.** zerwühlen. *Du hest dat Bedd so verwöhlt* Ran/Pe. – **2.** etwas beim Räumen verkramen, verlegen vereinz. → vermuschen. – **verwaukre** sw. zuwuchern verstr. HPom. *Dei Gråwe is bet up'e Grund verwaukert* Nau/Wi. – **verweigen** sw. verwehen, fortwehen. *Dei Wind hett dei Såt verweigt* Gwd/Ba. – **verweigt** Adj. verloren, ohne Hoffnung, machtlos. *Wenn du di dorup inlettst, büst du verweigt!* Rüg/Ae. – **verwellen** sw. versanden (von einem Gewässer) verstr. VPom.

verwennen¹ sw. verwenden, für einen bestimmten Zweck benutzen. *Dei Discher hett schlicht Holt verwennt* Gwd/Ba.

verwennen² sw. jmd. verwöhnen, verzärteln verstr., DÄHWB 529. *Se hett ehr Kinner sehr verwennt* Pyr/Lt. → verpimpeln.

verwennt Part.Adj. umgewendet, umgedreht. *dei verwennte Hand* der Handrücken verbr. [*Se*] *wischte sik mit verwendte Hand de Thranen ut de Ogen* ⁴HOEFE 232. – **verwesseln** sw. verwechseln, irrtümlich vertauschen. *Hei hett dat falsch Stück bröcht, hei hett dat verwesselt* Saa/Le. – **verwichsen** sw. **1.** Geld sinnlos verschwenden verstr. *Dei Kierl hett sien Geld in eine Nacht verwichst* Gwd/Ba. – **2.** jmd. verprügeln verstr. *Hei verwichst em, dat't man so stöwen deit* er verprügelt ihn gehörig Dem/Tp. → nüschen¹. – **verwickeln** sw., refl., sich in etwas verheddern, verfangen verstr. *Dat Peerd hett sik in de Kedd' verwickelt* Pyr/Lt. – **verwickelt** Part.Adj. kompliziert, knifflig vereinz. – **verwielen** sw. verweilen verstr. *Sei verwielen (sich) noch 'n bäten bi em* Gwd/Ba. – **Verwies** m. Verweis, Tadel verstr., HOMWB 237. – **verwiesen** sw./st. **1.** verbieten, untersagen. *Dei Köster hett mi dat Singen verwäsen* Dem/Tp. – **2.** hinausweisen, verbannen. – **3.** auf etwas hinweisen. – **4.** jmd. in die Irre führen. – **5.** abstreiten, leugnen. *Dat is nich to verwiesen, dat he de Äppel ståhlen hett* Ran/Pe. – **verwillern** sw. **1.**

verwildern, verwahrlosen verstr. *De Gören sünd ganz un gor verwillert* Gwald. – **2.** jmd. verwirren, unsicher machen vereinz. – **verwimsen** sw. jmd. verprügeln vereinz. Rsyn. s. nüschen[1]. – **verwinnen** st. verwinden, über etwas hinwegkommen. *Hei kann dat Unglück nich verwinnen* Gwd/Ba. – **verwirren** sw., *verwieren* verstr. VPom. **1.** (Garn o.Ä.) in Unordnung bringen. – **2.** jmd. irremachen. – **verwitten** sw. **1.** refl., erbleichen, blass im Gesicht werden vereinz. – **2.** graue Haare bekommen vereinz.

verwogen s. verwågen.

verwohren sw. **1.** etwas verwahren, sicher aufbewahren. *Dat Geld is bi mi gaut verwohrt* Gri/Mi. *Ik will mi dat för schlichte Tieden verwohren* Dem/Tp. – Ral.: *woll verwohrt sin* verstorben sein, von seinen Leiden erlöst sein Rüg/Pu, ähnl. allg. – **2.** (Kinder) beaufsichtigen, hüten. *Großmudder hett dei Lütten gaut verwohrt* Gwd/Nu. – **3.** refl., etwas bemerken, wahrnehmen. *Ik heff mi dor nich verwohrt* ich habe nicht darauf geachtet Gri/Bo. Spöttisch: *Ihrer hei sich dat verwohrt, is hei dot* Gwd/Ba. – **4.** refl., energisch gegen etwas protestieren, sich etwas verbitten. – **verwohrlosen** sw. verwahrlosen, verkommen verstr. *So'n verwohrlosten Kierl will sei friegen?* Gwd/Ba. – **Verwohrnis** f. Verwahrung, Obhut vereinz. *Nimm dat in Verwohrnis, bet ik werrer trüggkåmen dau!* Rüg/Ae. – **Verwohrung** f. dass. verstr.

verwörgen sw., refl., sich verschlucken vereinz. Syn. s. verschlucken. – **verwörgt** Part.Adj. **1.** moralisch verdorben Ran/Ro, vereinz. HPom. – **2.** verwegen, draufgängerisch vereinz. HPom. – **verwossen** Part.Adj., *verwussen* verstr., verwachsen, verkrüppelt. *Dei Kierl is verwossen, dei hett 'n Puckel* Dem/De. – **verwräuscht** Part.Adj. **1.** zerknittert, zerknautscht vereinz. *Dien Kleed is verwräuscht, dat kannst du nich antrecken* Ran/Ro. – **2.** verkommen, liederlich vereinz. MPom, sonst selt. – **verwraust** Part.Adj. verunkrautet, von Grasbüscheln überwuchert vereinz. – **verwrautscht** Part.Adj. verunkrautet vereinz. VPom. – **verwricken** sw., refl., verstauchen, verrenken verbr. *Hei hett sik bi dei Arbeit dei Hand verwrickt* Fra/Zi. → verstuken. – **verwrieten** sw. verunkrauten verstr. *Dei Bur lett sienen Acker verwrieten* Dem/Tp. – **verwrietscht** Adj. charakterlich verdorben vereinz. – **verwringen** st., refl., sich eine Verstauchung oder Verrenkung zuziehen vereinz. → verstuken. – **verwrungen** Part.Adj. **1.** hinterlistig, gerissen vereinz. MPom, verstr. HPom. – **2.** verwegen, waghalsig vereinz. HPom. – **verwunnen** sw. verwunden verstr. *Hei is in'n Krieg verwunnt worn* Gwd/Ba.

verwunnern sw. **1.** refl., sich über etwas wundern. – **2.** jmd. in Erstaunen versetzen, verwunderlich sein. *Dat is nich tau verwunnern* das ist völlig normal Gwd/Ba. – Ral.: *Dat sall mi verwunnern* darauf bin ich neugierig verstr. *Mi sall dat nu äwer verwunnern, wer recht behölt* [7]Band 13. – **Verwunnerung** f. Verwunderung, Staunen verstr. – **Verwunnerungsstauhl** m. scherzh. Bez. für den Nachtstuhl verstr. VPom. Vgl. MWb 7,953.

verwünschen sw. wie hd. *Dei Hex hett dat Mäken verwünscht* Gwd/Ba.

verwussen s. verwossen.

verzågen sw. verzagen, den Mut verlieren verstr. – **verzåmle** sw. etwas verlegen, verkramen Gbg/Gp, Lau/GW. → vermuschen. – **verzanzeln** sw. **1.** Garn o.Ä. verwickeln, in Unordnung bringen vereinz. *Du hest de Wull so verzanzelt* Uec/Ue. Vgl. verzunzeln. – **2.** verkommen, verwahrlosen vereinz. – **3.** jmd. verhätscheln vereinz. VPom. → verpimpeln. – **Verzierung** f. wie hd. Zumeist in der Ra.: *Bräk di man kein Verzierung af!* stell dich bloß nicht so an! Fra/Pe, ähnl. verstr. – **verzoddeln** sw. zerzausen, in Unordnung bringen verbr. *De Wind hett mi dat Hor verzoddelt* Ran/Sr. *Dat Goorn is verzoddelt* das Garn ist verheddert Uec/Ue. – **verzuffen** sw., veralt., sich erschrecken, zurückschrecken vereinz. VPom, Arn 159. – Mnd. *vorsuffen.* – **verzufft** Part.Adj., veralt., bestürzt, verzagt vereinz. VPom, DähWb 529. – **verzulen** sw. zerzausen vereinz. – **verzunzeln** sw. Garn o.Ä. verwickeln, in Unordnung bringen verstr. *Worüm hest du de Wull so verzunzelt?* Saa/Le. Vgl. verzanzeln. – **verzusen** sw. zerzausen verstr. MPom HPom. – **verzwikken** sw. verzehren, aufessen verstr. *Dat Äten kann ik nich allens verzwicken* Ank/An. – **verzwutschen** s. verschwutschen.

Vesper n., selt. f., veralt. **1.** Zwischenmahlzeit am Nachmittag verstr. Auf dem Feld wurde diese Mahlzeit nur im Sommerhalbjahr von April bis September eingenommen. *Tau Vesper gifft't Brot un Kaffe* Gri/Mi. *Seh to, dat du dien Vesper verdeenst!* arbeite fleißig! Uec/Pa. – **2.** *Vasper* Lau/Ke, zweites Frühstück verstr. südöstl. HPom, sonst vereinz. Syn. s. [6]Kai 198ff. mit Kt. 2,33. – **3.** Proviant für eine Zwischenmahlzeit verstr. *Nimm dat Vesper mit up't Feld!* Gri/Gm. – **Vesperbrot** n., veralt. **1.** Nachmittagsimbiß verstr. *Nåhmiddags üm Klock veer jifft dat Vesperbrot* Ghg/Wt. Ausruf gespielter Bestürzung: *Ach wat för Not, hüt jifft' keen Vesperbrot!* Uec/Pa. – **2.** Proviant (bes. Brot) für den Nachmittagsimbiss verstr. – **Vesperkost** f., veralt. **1.** Zwischenmahlzeit am Nachmittag vereinz. – **2.** Proviant für die nachmittägliche Zwischenmahlzeit vereinz. – **vespern** sw., veralt., eine Zwischenmahlzeit (bes. am Nachmittag) zu sich nehmen verstr., LauWb 369. – **Vespertiet** f., veralt., Tageszeit (bes. am Nachmittag), zu der man gewöhnlich eine Zwischenmahlzeit einnimmt verstr. *Dat is Vespertiet, wi willen wat äten* Ran/Pe.

Vetter s. Vedder.

vexieren s. fexieren.

Viegling m., gesprochen mit stl. Anlaut, PflN, Goldlack (Cheiranthus Cheiri) verbr. VPom, [4]GIL 1,42. Ebenso in der Fügung *gälen Viegling* verstr. VPom. – Etym. zu Vijol[2].

vier Num. wie hd. *Dat Mäken is man ierst vier Johr olt* Gri/Mi. *Dei Bur hett vier Sœhns* Gwd/Nu. *Ik heff veer Stück Eier* Ran/Pe. *Wi bruke veier Mann tum Dösche* Bel/Ei. *Wi drinken Kaffe so üm Klock vier* Dem/Kt. – Ral.: Wenn jmd. eine Brille trägt, heißt es: *Dei kiekt ut vier Ogen* Gwd/Ba, ähnl. verstr. Wenn jmd. notorisch lügt: *Dei lücht mihr, as vier Pier trecken kœnen* Gri/Mi, ähnl. verstr.

Lautvar.: Zur räumlichen Verteilung der Hauptvar. *vier* in VPom, *veer* in MPom und SPom sowie *vei(e)r* im nördlichen HPom s. DSA, Kt.67.

Vier s. Fier[2].

Vierball m. Schlagballspiel für vier Spieler, die zwei Mannschaften bilden vereinz. VPom. Vgl. Kell(en)-ball. – **Vierbein** n. vierbeiniges Tier im Volksrätsel. Vgl. hierzu Tweibein. Syn. Vierfaut. – **vierbeinig** Adj. wie hd. – **vierbeint** Adj. vierbeinig vereinz. *veirbeinte Fauhrgäst* [1]NERE 12. – **Vierblatt** n. **1.** vierblättriges Kleeblatt vereinz. – **2.** PflN, Einbeere (Paris quadrifolia) HOMWB 231. – **Vierdågsküken** n., pejor., altkluges Kind vereinz. – **viereckig** Adj. wie hd. *De Stuf is veereckig* Pyr/Lt. – **viereckt** Adj. viereckig selt. *dat [Kleed] mit den depen, viereckden Utsnitt* [3]TRI 141. – **viererlei** Adj. (indekl.) wie hd. – **Vierfaut** m. wie Vierbein selt., BLFPVK 9,104. – **Viergröschenstück** n., veralt., Fünfzigpfennigstück. – **vierjöhrig** Adj. vierjährig.

vierkant Adj., fachspr., vierkantig, viereckig. Das Wort war besonders unter Fischern und Seeleuten üblich. – **Vierkant** m./n. **1.** Viereck, Quadrat vereinz. – **2.** Vierkantschlüssel vereinz. – **vierkantig** Adj. **1.** viereckig, quadratisch. – Ral.: *einen vierkantig rutschmieten* jmd. sehr grob nach draußen weisen verstr. – **2.** vierschrötig, gedrungen verstr. – **Vierkantreimen** m., fischerspr., Ruderriemen mit rechteckigem Querschnitt °Rüg, [1]PEE 240, [2]RUD 126. Vgl. Klampreimen. – **Vierkantzees** f., fischerspr., Schleppnetz mit rechteckigem Querschnitt ohne Flügel vereinz., RAS 100.

vierlang Adv. mit vier Pferden im Gespann. *Dei Bur is so riek, dei führt vierlang* Gwd/Nu. – **Vierpott** m., veralt., Tagelöhnerhaus für vier Familien. Vgl. Einpott, Tweipott, Dreipott. Syn. Viertopp. – **vierschäftig** Adj. **1.** fachspr., grob gewebt. – **2.** vierschrötig, kräftig gebaut vereinz. – **Vierschäpelnoors** m. breites Gesäß verstr. VPom. – **Vierschäpelsack** m. großer Sack, der vier Scheffel faßt vereinz. – **Vierschillingsfarken** n. 'Vierschillingsferkel'. Nur in phraseologischen Vergleichen belegt: *utseihn as 'n Vierschillingsfarken* sehr vergnügt aussehen Gwald, ähnl. vereinz., BLFPVK 4,135. – **vierschrödig** Adj., wie hd. *vierschrötig* verstr., vierschrötig, von kräftigem Körperbau. – **vierschurig** Adj. **1.** mit vierzeiligem Fruchtstand (von Gerste) verstr. Vgl. tweischurig. – **2.** vierschrötig verstr. *Dei Schipper is 'n vierschurigen Kierl* Fra/Zi. – **Vierspänner** m. mit vier Pferden bespannter Wagen. – **vierspännig** Adj. mit vier vorgespannten Pferden.

viert Num., Ord. zu vier, vierte. *Uns fählt de viert Mann* Ank/An. *Hüt is de veiert Mai* Nau/Fi. – Sagw.: *Proost Måhltiet, secht dei Handwarksburs, drei Schötteln sünd leddig un in dei vierte is nicks in* Ank/An.

Laut- u. Formvar.: *veert* verbr. MPom SPom, *veiert* verbr. nördl. HPom, *veie(r)tsch* vereinz. NOPom.

Viert n., veralt., *Veert* verstr. VPom, *Veiert* verstr. nördl. ZPom. **1.** Hohlmaß (bes. für Feldfrüchte), das den vierten Teil eines Scheffels ausmacht. *Vier Viert sünd een Schäpel* Rüg/Dm. *Måk eis 'n Viert Håwern in'n Sack!* Rüg/Ae; *'n Viert Tüften* Gwald; *'n Vierdt Arwten* HUMGWD 7,23,11. – **2.** Flächenmaß, der vierte Teil eines Morgens vereinz. HPom. *'e Veiet Land* Cam/He.

Viertakt m. geregelte Taktfolge beim Dreschen zu viert verstr. *Wi dösche in'n Viertakt* Cam/Kt. – **vierteihn** Num. vierzehn.

viertel Num., *vittel* verstr., wie hd. *De Klock is viertel een* es ist fünfzehn Minuten nach zwölf Rüg/Ls. – **Viertel** n., *Vittel* verstr., *Viddel* selt., *Vürtel* vereinz. MPom. **1.** der vierte Teil eines Ganzen. *De Mån steht in't ierst Viertel* es ist zunehmender Mond Rüg/Pu. – **2.** veralt., Hohlmaß, bes. für Flüssigkeiten (zumeist der vierte Teil einer Tunn). *een Vürtel Beer* Pyr/Lt. – **3.** Stadtviertel. – **Viertelbur** m. Besitzer einer kleinen Bauernstelle vereinz., LAUWB 369. Vgl. Halfbur, Vullbur. – **Vierteljohr** n. Vierteljahr. *Dat kann noch 'n Vierteljohr duern* Gwd/Nu. In fester Vbdg.: *dat dumm Vierteljohr* die ersten (drei) Lebensmonate eines Kindes verstr.; *dat fett Vierteljohr* Zeit der Hausschlachtungen von Oktober bis Dezember vereinz.

vierthalf Num. dreieinhalb verstr., HOMWB 231. *Du büst nagradens vierthalw Johr* KRI 119.

viertig Num. vierzig. *Ik bün nu all viertig Johr olt* Gri/Gm. *Dei Bur hett vierdig Häuhner in'n Stall* Gwd/Nu. Scherzh.: *Bat vierzig Joahre nimmt de Dummheit tau, nå vierzig Joahre wårt sei immer greter* [1]KNO 53.

Lautvar.: Hauptvar.: *vierdig* vereinz. VPom, *veertig* verbr. MPom SPom, *veiertig* verstr. nördl. HPom, wie hd. *vierzig* verstr. HPom.

viertimpig Adj. vierzipfelig vereinz. VPom. *Dei Mütz is viertimpig* Fra/Pe. – **viertinkig** Adj. mit vier Zinken ausgestattet. – **Viertopp** m. wie Vierpott Büt/Wu [7]KNO 57.

Viert(s)korf m., veralt., großer Korb vereinz. VPom MPom. *Se hett 'n Viertskorf vull Äppel* Gwald. – Das Erstglied zu Viert.

Viet m. Kalendertag des Hl. Veit (15. Juni). – Wetterr.: *Viet bringt Rägen un Fleigen mit* Ank/An.

vigelett Adj., *figelett* vereinz., violett. *Du sühst bi dei Küll in't Gesicht ganz vigelett ut* Gwd/Ba. *Wigellette Wikken* MARK 42; *twintig Ell vigeletten Samft* ²BAND 9. Zungenbrecher: *Vigelett lett* [kleidet] *recht nett, recht nett lett vigelett* Fra/Br, ähnl. verstr.

Vigelien f., *Figelien, Fijelien* verstr., *Vijelien* vereinz., *Filien* Ghg/Wt, Violine, Geige. *De Muskant spääält up'e Vigelien* Rüg/Be. *Dat Mäken kann dei Vigelien gaut strieken* Gri/Mi. – Ral.: *dei ierste Vigelien spälen* die führende Rolle spielen verstr.; *de Vigelien von'n Nacken hålen* weinen Gwald. – Sprw.: *Wat tau'n Äsel burn is, dor ward keen Vigelin mihr ut* HuMGwd 8,12,5. – Sagw.: *Up dei Vigelien is gaut spälen, säd dei Afkåt, don kreeg hei 'n Schinken* Gri/Mi. *Vigelien spälen kann ik uk, säd de Jung', bloots dat Fingerieren verståh ik nich* Gwald. Syn. Fiedel, Geig, Vijol¹.

vigelieren s. figelieren.

vijol Adj., veralt., gesprochen zumeist *fijol*, lustig, fidel vereinz. *Uns Vadder is hüt so fijol* Cam/Rn. Vgl. vijolen.

Vijol¹ f., zumeist mit stl. Anlaut. **1.** *Fijaul* (pejor.) vereinz. nördl. VPom, Violine, Geige verstr. *Fijol späle* Lau/GW. Syn. s. Vigelien. – **2.** veralt., Viola, Bratsche vereinz.

Vijol² f., PflN. **1.** Dim. *Vijöölken* verstr., *Figelken* DÄHWB 118, Veilchen, bes. Duftveilchen (Viola odorata). – **2.** Nachtviole (Hesperis matronalis) Uec/Ue, Pyr/Lt. Vgl. Nachtvijol².

vijolen sw., veralt., *fijolen* DÄHWB 118, lachen, sich freuen vereinz. Vgl. vijol u. PRWB 6,450.

Vijöölken s. Vijol².

villicht *vellicht* vereinz. **1.** Adv. vielleicht, eventuell. *Villicht war ik dat daun* Rüg/Ae. *He kümmt villicht hüt* Ran/Pe. – **2.** Partikel zur Intensivierung der Satzaussage. *Du bist vellicht a' Dickkopp!* Net/Hf.

Visåsch f., pejor., *Fisåsch* vereinz., *Visausch* verstr. °Gbg, Net/Hf, Visage, Gesicht. *Dei Kierl hett 'ne Visåsch as 'n Verbräker* Gri/Mi. Prügelandrohung: *Ik war di in de Visåsch haugen, dat du Blot spiegen müsst!* Rüg/Pu.

visentieren sw., *fisentieren* vereinz., im Rahmen einer Kontrolle gründlich durchsuchen. *Dei Schandarm visentiert em dei Taschen* Gwd/Ze. *Ik möt dat Schapp fisentieren* Gwd/Nu.

Visier n. Zielvorrichtung an einer Schußwaffe. – Ral.: *einen up't Visier hebben* jmd. argwöhnisch beobachten verstr.; *wat up't Visier hebben* einen bestimmten Plan verfolgen vereinz.

Visit f., *Fisit* vereinz., Visite, kurzer Besuch. *Dei Frünnen kåmen tau'n Kaffe up Visit* Gwd/Nu. Zss. Grabbelvisit, Stippvisit.

Vitte s. Fitte.

Viz(e) m., seem., Vorarbeiter der Schauerleute. – **Vizebur** m., veralt., ältester Sohn eines Bauern vereinz., ³SCHWA 108.

vöddelst Adj. am weitesten vorn befindlich. *Wi sitten in dei vöddelst Reig* Dem/De. *Hier is dat vöddelst, nich dat hinnelst Enn'* Gwald; *as em de vöddelsten Tähn utfollen wiren* SPI 53.

Laut- u. Formvar.: Hauptvar.: *vödderst* vereinz. VPom, *vörrerst* verstr. MPom, sonst selt., *vördelst* vereinz. VPom, *vörnst* vereinz. HPom, *voirnst* LAUWB 372, *vönst* verstr. östl. der Oder, *vœnst* (mit Langvokal) vereinz. HPom, *vernst* Sto/Gl.

vœgeln sw., *voichle* LAUWB 371, vögeln. → fütern.

Vogt s. Vågt.

Volk n., *Voltch* Neu/Rt. **1.** zumeist pejor., Leute, größere Gruppe von Menschen. *Mit dat Volk will ik nicks tau daun hebben* Gwd/Nu. *Mit dit Volk is nicks antaufängen* Ank/Km. *Mit dat Volk* [mit dem Gesindel] *is kein Räden* Fra/Zi. Schimpfw. für die Frauen: *langhorig Volk* Nau/Fg. – **2.** veralt. – **2.1.** Gesinde. *Dat's denn Buern sien Volk* Gri/Zf. – **2.2.** Kriegsvolk, Soldaten. – **3.** Bienenvolk. – **Volksstuf** f., veralt., Gesindestube verstr., HOMWB 237.

von **1.** Präp. – **1.1.** gibt einen räumlichen Ausgangs- oder Bezugspunkt an. *Dei Lüd kåmen von'e Hochtiet* Gri/Mi. *Wi gåhn von Griepswold nåh Lubmin* Gwd/Lu. *Dei Wind kümmt vun Westen* Gwd/Nu; *von båben dål* von oben herab Dem/Tp. – **1.2.** einen zeitlichen Ausgangspunkt kennzeichnend. *Dei Fier geiht von Klock söss bet Middernacht* Gwd/Da. In festen Vbdg.: *von dunn up an* seit damals Rüg/Ae; *von lütt up an* von Kindheit an VPom; *von nu af an* von nun an Rüg/Rp; *vo vör up an* von Anfang an Cam/Kw. – **1.3.** gibt die Urheberschaft, Ursache oder das Mittel an. *Von dat Lohn war ik mi Kledåsch köpen* Gwd/Ba. *Dat kümmt bi em va't Supen* Pyr/Lt. *Früher hemm' wi allens von Hand måkt* Dem/Kt. *Gistern keem 'n Breif von ehr* Gri/Gm. – **1.4.** zur Bezeichnung einer Eigenschaft. *Dat Mäken is woll von dienen Öller* Fra/Zi. – **1.5.** zur Bezeichnung des Materials, aus dem etwas besteht. *Dat Kleed is von Wull* Rüg/Ae; *'n Disch von Huit* Kös/Vr. – **1.6.** auf den Inhalt, das Thema von etwas bezogen. *Von wat vertellen ji juuch?* Rüg/Sn. *Dei Lüd räden nich gaut von em* Dem/De. – **1.7.** gibt an, für wen oder was etwas zutrifft. *Dat is een Dreck va Tüg* das Zeug ist minderwertig Pyr/Lt. – **1.8.** als Kopf einer präp. Fügung, die ein Genitivattribut ersetzt. *Dat is de Fründ va mienen Brojer* Pyr/Lt; *de Bücks von sienen Vadder* Gwd/Ba. *Giff mi 'n Stück von'n Kauken!* Gwd/Nu. – **1.9.** zur Bezeichnung adliger Herkunft. – Ral.: *Dat schrifft sich von* das ist sehr teuer, hochwertig verstr. – **2.** Adv. – **2.1.** als trennbarer Teil bestimmter Adverbien. Vgl. dorvon, wurvon. – **2.2.** davon, von etwas. Ermunterung zur Arbeit: *Je rascher dorbi, je rascher von af!* Gwald. – **2.3.** deshalb selt. VPom. *Hei schüll* [schalt] *mi vun dumme Diern* Gwald.

Lautvar.: Nur noch selten belegt sind heute in VPom die Varianten *van* und *vun*. Östlich der Oder dominierten die apokopierten Varianten *vo, vå* und *va*, wobei *va* auch in MPom westlich der Oder bekannt war.

vonåbend Adv. am heutigen Abend. *Wi willen vonåbend up Besäuk gåhn* Gwd/Nu. – **vondåg** Adv. **1.** heute, am heutigen Tag. *Vandåg heww ik em noch nich seihn* Rüg/Ae. *Dat blifft vondåg got Wärrer* Uec/Ue. – **2.** heutzutage. *Dat is vondåg kein Mod mihr* Gwd/Ba. – **vondågs** Adv. früher, einstmals verstr. VPom, sonst selt. *Vandågs wier dat noch anners as hüt* Ank/An.

vonein Adv. voneinander, auseinander. *Sei sünd nu ganz vonein* sie haben sich endgültig getrennt Gwd/Ba. *Dat Schapp is vonein* der Schrank ist auseinandergefallen Dem/De. – **voneinanner** Adv., gesprochen zumeist *von'nanner*, dass. *Dat is wiet von'nanner* das ist weit voneinander entfernt Kol/Kr. – **voneingåhn** st. **1.** sich voneinander trennen verstr. *Wi willen doch nich vertürnt voneengåhn* Rüg/Zi. – **2.** entzweigehen, in seine Teile zerfallen vereinz. – **voneinräden** sw., refl., aneinander vorbeireden verstr.

Vonlandsche m./f., veralt., Bezeichnung der Einwohner von Ummanz für jmd., der nicht von dieser Insel stammt Rüg/Um, SCHN 203. Vgl. Uplandsche.

vonmorrn Adv., *vonmorgen* selt., heute früh vereinz. – **vonmorrntau** Adv. am heutigen Morgen vereinz. Üblicher ist das Syn. vermorrntau. – **vonnacht** Adv. **1.** vergangene Nacht. *Unwäder gef dat vonnacht nich* GAHL 8. – **2.** kommende Nacht. *Vonnacht måken wi dat* Gwd/Nu.

Vonschaft f. Adelstitel verstr.

vönst[1] s. vöddelst.

vönst[2] Präp., *vœnst* (mit Langvokal) vereinz. östl. der Oder, *venst* selt. NOPom. **1.** im Unterschied zu, anders als verstr. HPom. *Vönst mi kast du noch rönne* Gbg/Gp. *Vœnst mi hest du väl Kraft in'e Arme* Cam/Ni. – **2.** statt, anstatt selt. HPom. *Dei kümmt eest hüt vœnst jistre* Net/Hf. – Etym. zu vönst[1].

vonwägen Präp. wegen, bezüglich verstr. *Hei keem gistern vonwägen dat Geld* Dem/Tp.

vör vor. **1.** Präp. – **1.1.** auf der Vorderseite, auf die Vorderseite. *Kiek vör di, nich hinner di!* Ran/Pe. *Hei steiht vör dei Dör* Gwd/Ba. *De Bur spannt dat Pierd vör denn Wågen* Rüg/Zi. – Ral.: *Is dat all vör di kåmen?* weißt du es schon? Fra/Pu. Wenn jmd. es zu nichts gebracht hat: *Dei hett nicks vör sich bröcht* Gri/Ti, ähnl. verstr. Über eine katzenfreundliche Person heißt es: *Dei deit vör'e Ogen so un hinnerrüm anners* Gwd/Ze, ähnl. verstr. – Veraltende Paarformel: *vör Råt un Richt* vor Gericht vereinz. – **1.2.** zeitlich vorhergehend, früher als. *So wier dat vör teigen Johr all, so is dat hüt uk noch* Gwd/Nu. *Dat hett vör 'ne Stunn noch dunnert un blitzt* Rüg/Pu. *Dat is vör mien Tiet wääst* Pyr/Lt. – Ratschlag für Heiratswillige: *Vör dei Hochtiet möönst du 't wennen, nåh dei Hochtiet hett't ein Enn'* Gri/Gm, ähnl. verstr. – Sagw.: *Dei Schlåp vör Middernacht is dei Best, secht dei Möller, don kümmt hei fief vör twölben nåh Hus* Fra/Br. – **1.3.** in Gegenwart von. *Vör dei Lüd will ik dat nich seggen* Gwd/Nu. *De Lümmel nimmt nich mål mihr de Mütz vör mi af!* Rüg/Pu. – **1.4.** aufgrund von, wegen. *Hei föl üm vör Mäudigkeit* Gwd/Ba. *He sach vör Schreck kriedenwitt un bleek ut* Uec/Pa. – **1.5.** im Hinblick auf, hinsichtlich. *Vör so'n lütten Kierl büst du bang?* Rüg/Ae. *Vör em is nicks säker* Ank/An. – Sagw.: *Wat's nu vör Nôt vör Botter! saed' de Jung, Môder, uns' Koh hett bullt* [1]HOEFE 43. – **1.6.** zur Bezeichnung einer Reihenfolge oder Rangordnung. *Ik bün in'e Schaul vör di* ich bin in der Schule besser als du Gwd/Nu. – **1.7.** als Mittel gegen. *Du möönst di vör de Küll orig wat antrecken!* Gwald. – **1.8.** in fester Vbdg.: *vör de Hand* einstweilen, vorläufig verstr. – **2.** Adv. – **2.1.** vorne, an der vorderen Seite. *Dat Kleed is vör to kort* Ran/Pe. *De Wind kümmt von vör* Gwald. *Sei is vör un achtern* sie ist überall Gwd/Ba. – Sprw.: *Wer vör is, blifft vör, un wenn't 'ne Sœg is* wer zuerst kommt, mahlt zuerst °Pyr. – Sagw.: *Wer vör is, blifft vör, säd dei Bur tau'n annern, du führst denn letzten Roggen in'e Schün, ik bring em all nåh dei Mœhl* Gri/Ti. Syn. vörn. – **2.2.** voran, nach vorne. *Se is em vör* sie ist ihm voraus Gwald. – **2.3.** *von vör af / up an*, von Anfang an. – **2.4.** als trennbarer Teil des Adverbs dorvör.

Lautvar.: *voir* verstr. im Belbucker Abteibezirk, *vär, ver* verbr. NOPom, wie hd. *vor* vereinz. HPom. Unbetont besonders in VPom und MPom häufig verkürzt zu *vö*, vor allem östlich der Oder auch zu *ve, vo*.

vöraf Adv. vorab, vorweg verstr. *Dat heww ik gistern all vöraf måkt* Gwd/Nu. – **vöran** Adv. voran. **1.** vorne, vornan. *Dat Metz licht vöran in'e Schuf* Gwd/Ba. *Hei is bi dei Arbeit ümmer vöran* Dem/Tp. – Ral.: *mit dat Mul vöran sin* vorlaut sein Gwald, ähnl. vereinz. – **2.** vorwärts, nach vorn. Aufforderung zur Eile: *Nu man vöran!* Gwd/Nu. – **vörangåhn** st. vorangehen. **1.** vorne gehen. – Sagw.: *Dat Öller geiht vöran, säd dei Jung', don stött hei sienen Vadder dei Trepp hendål* Gwald. – **2.** Fortschritte machen. *Dei Arbeit geiht gaut vöran* Dem/Tp.

Vörarbeider m. Vorarbeiter. *Dei Vörarbeider bütt Fieråbend* gebietet Feierabend Gri/Mi. – **Vörarm** m. einer von zwei Armen am vorderen Wagengestell, zwischen denen die Deichsel befestigt ist. Syn. Diestelarm. – **Vörass** f. Vorderachse. – **Vörbåd** m. Vorbote vereinz. *Dei Storm is all dei Vörbåd von'n Winter* Gwd/Ba. – **vörbäden** sw. vorbeten. **1.** ein Gebet vorsprechen.

Dei Paster deit dat Vadderunser vörbäden Gri/Mi. – **2.** auswendig Gelerntes aufsagen. *Dei Jung' will dat Gedicht an'n Wihnachtsåbend vörbäden* Fra/Zi. – **3.** jmd. etwas langatmig erklären. – **Vörbäden** n., veralt., Konfirmandenunterricht vereinz., HILL 84. Gebräuchlichere Syn. s. Pasterstund. – **Vörbalken** m. **1.** Giebelbalken über dem Eingang von Bauernhäusern, in dem früher oft eine Inschrift angebracht war Net/Hf. – **2.** fischerspr., vordere Sitzbank im Ruderboot verstr. °Rüg. Vgl. Vörducht. – **vörbäuten** sw. **1.** vorheizen. – **2.** Vorsorge treffen, vorbeugen verstr. – **vörbehollen** st. **1.** sich etwas vorbehalten verstr. – **2.** eine Schürze o.Ä. nicht ausziehen, weiter anbehalten. *Ik behull mien Schört vör* Pyr/Lt. – **Vörbein** n. **1.** Vorderbein. *Dat Pierd hett sich 'n Vörbein bråken* Gwd/Ba. – **2.** nur im Pl., Hände und Arme. Wenn jmd. gierig ißt, heißt es: *Dei hett dei Vörbeinen all in'e Schöttel* Gwd/Nu. – **3.** Schienbein vereinz. NOPom.

vörbi Adv. vorbei. **1.** aus, zu Ende, vergangen. *Dei Winter is in'n April vörbi* Fra/Zi. *De Spåß is nu ut un vörbi* Pyr/Lt. *Hest du dat Åwendbrot all vörbi?* hast du schon Abendbrot gegessen? Sch/Gu. – Sagw.: *Dei Festdåg sünd vörbi, säd dei Fru, nu geiht't wedder bi dei suren Arften* Gri/Gm. Syn. vörœwer. – **2.** daneben, nicht getroffen, das Ziel verfehlt habend. – Sagw.: *Is doch nich ganz vörbi, säd de Jung, schmeet nah den Hund un dröp den Köster* HUMGWD 14,3,5. *Bäten vörbi, säd de Jung, dor schmeet hei nah'n Pott un dröp den Henkel* HUMGWD 13,24,11. – **3.** an etwas oder jmd. vorüber. *Nu is Tiet, dei Patrullj* [Patrouille, Streife] *is äben vörbi* Stral. – **vörbidenken** unr. sich irren verstr.

Vörbiesch n., veralt., das Pferd vorne rechts im Vierergespann verstr. VPom. Syn. s. Vörbipierd. Vgl. MWB 7,992: *vörbisch.*

vörbiführen sw. **1.** vorbeifahren, vorüberfahren. *Hüt is hier noch kein Wågen vörbiführt* Gwd/Nu. – **2.** mit einem Fahrzeug überholen. *He wull sik von'e Kutsch nich vörbiführen låten* Rüg/Rp. – **vörbigåhn** st. **1.** an etwas oder an jmd. ohne Halt vorbeigehen. *Gåh man vörbi, de Hund deet di nüscht!* Pyr/Lt. *Hei güng mi stur vörbi* er ging grußlos an mir vorbei Gwd/Ba. – Ral.: *Dat is mi an'e Näs vörbigåhn* die Gelegenheit ist mir knapp entgangen Dem/Tp, ähnl. verstr. – Sagw.: *Dat laat ik staan, seed de Düvel, doon güng hei bi 'n Krüüz vörbi* HUMGWD 76,165f.,4. – **2.** vorübergehen, zu Ende gehen. *Dei Tiet geiht so fix vörbi* Gwd/Nu. – **3.** mißlingen, danebengehen. *Dat jing nipp* [knapp] *vörbi* Uec/Pa. Hämischer Kommentar, wenn jmd. Prügel bekommt: *Schåd üm jed' Schlach, de vörbijeiht!* Dra/Ga. → mallüren. – **vörbigeiten** st. vorbeigießen, verschütten. *Du hest dei Melk an't Emmer vörbigåten* Gwd/Ba. Syn. vörbipütten. – **vörbihaugen** sw., selt. st. **1.** danebenschlagen. – **2.** etwas falsch machen. – **vörbikåmen** st. vorbeikommen. **1.** an einer best. Stelle vorbeigehen oder vorbeifahren. – **2.** ein Hindernis o.Ä. passieren können. *Måk Platz, süss kåm ik dor mit'e Kor nich vörbi!* Dem/Kt. – **3.** einen kurzen Besuch machen. *Wi kåmen åbends bi di vörbi* Gwd/Nu. Syn. vörkåmen. – **vörbileigen** st. jmd. im Lügen übertreffen. *Dat is 'n Lœgenbrauder, dei lücht di vörbi* Gri/Ge. – Ral.: *sich nich vörbileigen låten* sich nicht täuschen lassen Fra/Br. – **vörbilopen** st. **1.** vorbeilaufen. *Ik leep em* [an ihm] *vörbi, åhn em tau seihn* Gwd/Ba. – **2.** im Laufen überholen. *He is so fix, he löppt mi ümmer vörbi* Pyr/Lt. – **Vörbimähr** f. das Pferd vorne rechts im Vierergespann verstr. VPom, [1]TRI 82. Syn. s. Vörbipierd. – **vörbimeigen** sw. einen anderen Mäher bei der Mahd überholen, aus der Reihe drängen verstr. Syn. ümmeigen.

vörbinnen st. vorbinden, vorn umbinden. *'ne Krawatt vörbinnen* Gwd/Nu. – Ral.: *einen 'ne Schört vörbinnen* jmd. täuschen, betrügen Rüg/Ae. – **Vörbinner** m. Strick, mit dem das vordere Ende des Bindebaums auf der Ladung des Erntewagens befestigt wurde verstr. – **Vörbinnersch** f. Arbeiterin, die beim Garbenbinden auf dem Feld das Tempo bestimmte verstr. VPom, DLP 6,69.

Vörbipierd n. das Pferd vorne rechts im Vierergespann verstr. VPom. Syn. Vörbiesch, Vörbimähr. – **vörbipütten** sw. vorbeigießen, verschütten verstr. Syn. vörbigeiten. – **vörbiräden** sw. vorbeireden verstr. In der Fügung: *sik vörbiräden* aneinander vorbeireden Fra/Bn. – **vörbischeiten** st. vorbeischießen, das Ziel nicht treffen. *Hei hett denn Håsen vörbischåten* Gwd/Ba. – **vörbischnappen** sw. erfolglos zuschnappen vereinz. – Sagw.: *Uk 'ne gaude Musfall schnappt eis vörbi, säd de Voss, don har hei dei Mus nich krägen* Gwald. – **vörbischülpe(r)n** sw. Flüssigkeit (beim Tragen) verschütten verbr. – **vörbisimmen** sw. vorbeiflitzen vereinz., [1]TRI 9.

Vörblatt n. Schulterblatt von Nutztieren und Wild. – **Vörbœgel** m., fischerspr., erster und größter Bügel der Bügelreuse. – **vörbögen** sw. vorbeugen, Vorsorge treffen. *Ik will man vörbögen, dat dei Krankheit nich schlimmer ward* Dem/De. – **Vörbœn** m. Vorraum vor dem eigentlichen Dachboden verstr. – **vörbrasseln** sw. jmd. etwas vorschwatzen verstr. – **vörbringen** unr. **1.** vorbringen, zur Sprache bringen. – **2.** etwas im Leben erreichen, zustande bringen. – **Vörbu** m. Vorbau. Übertr.: *Sei hett 'n schönen Vörbu* sie hat einen großen Busen Use/Sw. – **Vörbull** m., fischerspr., kleines Vorsegel vereinz., [2]RUD 129. – **Vördäl** f. **1.** vorderer Teil der Diele. Vgl. Achterdäl. – **2.** vorderer Teil des Hausflures verstr.

vördål Adv., veralt., Endsilbe betont, vornüber, nach vorn geneigt vereinz. *Hei kiekt vördål* er blickt (verschämt) nach unten Gri/Ge.

Vördanz m. Eröffnungstanz einer Hochzeitsfeier durch das Brautpaar vereinz. – **Vördauk** n./m. **1.** Brusttuch selt. VPom. Gebräuchlicher ist Bostdauk. – **2.** Schürze Uec/

Ue, Sto/Dö. – **Vördeck** n., seem., Vorderdeck. – **Vördeil**[1] n. Vorderteil verstr. *dat Vördeil von't Kleed* Gwd/Ba.

Vördeil[2] s. Vuddel.

vördem Adv. **1.** früher, einstmals. *Vördem is dat hier ganz anners wääst* Gri/Mi. – **2.** vorher, davor. *Dat was lang vördem* Ran/Pe. → vörtau. – **3.** vorhin, kürzlich. *Hei wier vördem noch in'e Schün* Dem/Tp. – **vördessen** Adv., veralt., *vördissen* selt., [4]HOEFE 233, ehemals, früher vereinz. [...] *äwer dat was vördesen, nu sünd woll nige Moden upkam?* [4]SEG 171.

Vördör f. Vordertür. *Sei sitten vör'e Vördör un kieken in't Wäder* Gwd/Ba. – **Vördrag** m., gesprochen *Vördrach*, Vortrag. *Sei hett 'n langen Vördrag hollen* Gwd/Nu. – **vördrägen** st. etwas vortragen, mündlich vorbringen. – **vördreigen** sw. das Ende der Peitschenschnur flechten verstr. – **Vördriewer** m. Vorderfuß. Nur im Rä., das nach der Kuh fragt. Vgl. Bimmelbammel, Gingelgangel. – **vördrœnen** sw. in langatmiger, schwatzhafter Weise zu jmd. sprechen. – **Vörducht** f., fischerspr., vorderes Sitzbrett im Ruderboot. Vgl. Vörbalken. – **Vörenn'** n., fischerspr., vorderer Teil der Bügelreuse vereinz. – **Vörfack** n., fischerspr., vorderer Teil von Bügelreusen oder mehrteiligen Netzen vereinz., RAS 115. Syn. Vörhals. – **Vörfall** m. Vorfall, Vorkommnis vereinz. – **vörfallen** st. vorfallen, sich ereignen verstr. *So wat föllt bi uns nich vör!* Stral. Üblicher ist vörkåmen. – **Vörfaut** m. Vorderfuß. *Dat Pierd hett denn linken Vörfaut bråken* Gwd/Ba. Im Plural vereinzelt auch als saloppe Bez. für die Hände belegt.

vörfäutsch Adv. **1.** Schritt für Schritt, zügig voran, ohne Unterbrechung. *Wi gåhn vörfäutsch tau* Gwd/Nu. *Hei güng ümmer vörfäutsch wierer* Dem/Tp. Aufforderung zur Eile: *Nu man vörfäutsch wech!* Gri/Ge, ähnl. verbr. – **2.** mit großem Eifer. *Ik heff vörföötsch mitsungen* Rüg/Rp. – **3.** sofort, unverzüglich. *Sei löppt vörföötsch los* Rüg/Dm. – **4.** wie es vorgefunden wird, ohne auszuwählen. Zu einem mäkligen Esser: *Utsöcht ward hier nich, ümmer vörfäutsch wech!* Rüg/Ae. – **5.** mit den Füßen voran vereinz.

Lautvar.: Die Hauptvariante *vörföötsch* gilt fast auf der ganzen Insel Rügen sowie in MPom und SPom. Für weitere Varianten vgl. zudem PWB 1,1,LXVIII, Kt.15.

Vörfinger m. Zeigefinger verbr. *Ik heff 'n Splerrer in'n Vörfinger* Rüg/Ae. Syn. s. Wiesfinger. – **Vörflaut** f. Vorfluter vereinz. – **vörflunkern** sw. jmd. etwas vorflunkern, vorlügen verstr. *Ik hew di al männigmal wat vörflunkert, dat heit so in'n Spaß* [2]TIB 29. – **Vörflur** m., selt. n., Flur im vorderen Teil des Hauses. – **Vörfohr** m., Pl. *-en*, Vorfahr verstr. Vgl. Vöröllern. – **Vörfront** f. **1.** Vorderseite eines Gebäudes. – **2.** saloppe Bez. für das Gesicht verstr. – **vörgäben** st./unr. **1.** Futter vorlegen (bes. für das Vieh). *Dei Bur gifft dei Käuh väl Heu vör* Gwd/Nu. – **2.** etwas vorschützen, vortäuschen. *Dat hett hei bloß vörgäben, dat is gor nich wohr* Gwd/Ba. – **vörgåhn** st. vorgehen. **1.** vorangehen, vor jmd. gehen. – **2.** Vorrang haben. *De Aust* [Ernte] *geht vör* Pyr/Lt. – Sagw. (im Wortspiel mit Bedeutung 1): *Oll Lüd gåhn vör, secht dei Jung' und stött sienen Vadder dei Trepp dål* Gri/Ti. – **3.** geschehen, sich ereignen. *Wat is hier wedder vörgåhn?* Gwd/Nu. – **4.** zu schnell gehen (von Uhren). *Dei Klock geiht all wedder vör* Gri/Bo. – **Vörgast** m., seem. **1.** Matrose, der für Arbeiten auf dem Vorschiff eingeteilt ist. – **2.** Pl. die im Vorschiff untergebrachte Schiffsbesatzung. – **Vörgestell** n. Vordergestell des Wagens. – **Vörgewend** n. Ackerstelle, an der der Pflug gewendet wird verstr. Vgl. Vörhööft, Vörwenn' und DWA 8, Kt.6.

vörgistern Adv. vorgestern. *Ik heff em vörgistern noch seihn, nu is hei all storben* Gwd/Nu. Syn. ihrgistern. – **vörgistrig** Adj. vorig, gerade erst vergangen vereinz. *Vörjistrig Woch bün ik in Mäkelborg wääst* Rüg/Pu.

vörgnucke(r)n sw. jmd. versteckte Vorwürfe machen vereinz. *bün ick bi juch, ward mi ock wat vörgnuckt un mien Lütting is juch ock in 'n Weg* REX 63. – **vörgriepen** st. jmd. vorgreifen, etwas vorwegnehmen verstr. – **Vörhäker** m., veralt., Knecht, der auf Gütern für das Pflügen verantwortlich war verstr. VPom, HUMGWD 13,50,6. Vgl. Vörpläuger. – **vörhålen** sw. hervorholen. *Dat Kleed hest du woll ut'e Mottenkist vörhålt* Ank/An. – **Vörhals** m., fischerspr., vorderer Teil von Bügelreusen oder mehrteiligen Netzen verstr. Syn. Vörfack. – **Vörhand** f. **1.** Vorhand im Kartenspiel. – **2.** Oberhand [1]MASS 91: *un de frische Maud gewünn de Vörhand.* – **Vörhang** m. **1.** *Vörhing* verstr. NOPom, HOMWB 239, Vorhang. *Wi möten dei Vörhäng tautrecken* Gwd/Ba. – **2.** Querholz am Zuggeschirr für zwei Pferde Cam/Kt, Net/Hf. – **Vörhängschlott** n. Vorhängeschloß. – **vörhebben** unr. **1.** zu tun beabsichtigen. *Ik heff hüt noch väl vör* Ank/An. – **2.** etwas vorgebunden haben. *Hei hett tau dei Hochtiet 'ne Krawatt vör* Gwd/Nu. – **3.** jmd. stark zusetzen, heftige Vorwürfe machen. *Gistern hebben mi miene Öllern bannig vörhett wägen de Klopperie in'e Schol* Rüg/Dm. – **4.** schlecht über jmd. reden. – **Vörhemd** n. Hemdbrust, Chemisett. *'n Vörhemd ümbinnen* Ghg/Wt. Syn. s. Schmisett.

vörhen Adv. **1.** vorhin, eben. *Ik heff em vörhen ierst seihn* Gwald. Syn. vörnhen. – **2.** veralt., vorher, davor. *Dat wier nahstens grad werrer so as vörhenn* DLP 2,278. → vörtau. – **vörher** Adv. vorher, zuvor. *Dat is all lang vörher so wääst* Ank/An. → vörtau. – **vörherseggen** sw./unr. vorhersagen, prophezeien. *Wo is dat mäglich, dat sei dat Wäder so prick* [exakt] *vörherseggen känen?* HUMGWD 4,18,11f.

Vörhochtiet f. Nur in der Fügung: *Vörhochtiet hollen* vorehelichen Geschlechtsverkehr haben Ank/An, vereinz. NOPom. – **vörhollen** st. vorhalten. **1.** vor sich / jmd. halten. *De Häuhner hollen de Flüchten vör* Gwald. – **2.** jmd. Vorwürfe in Bezug auf etwas machen. *Wist du mi dat ewig vörhollen?* Gwd/Ba. – **3.** von Dauer sein. *Dei Leif hett nich lang vörhollen* Fra/Pe. *Dat Äten höllt gaut vör* sättigt gut Gri/Mi. – **4.** etwas zur Verfügung stellen vereinz. – **Vörhollungen** Pl., *Vörhollings* Gri/Ti, Vorhaltungen, Vorwürfe vereinz. – **Vörhööft** n. Ackerstelle, an der der Pflug gewendet wird verbr. MPom SPom, vereinz. ZPom, vgl. DWA 8, Kt.6. Syn. Vörgewend, Vörwenn'.

vörielig Adj. voreilig, unbedacht verstr. – **vörierst** Adv. **1.** vorerst, bis auf Weiteres. *Vörierst kann ik di nich besäuken, ik heff noch väl tau daun* Fra/Fr. – **2.** zuerst, zunächst verstr. *Vörierst kåm ik un du noch lang nich!* Dem/Tp.

Vöriesen n. das Messer vor der Pflugschar vereinz. Syn. Kolter.

vörig s. vörrig.

Vörjohr n. **1.** Frühjahr, Frühling. *In'n Vörjohr willen wi bugen* Uec/Ue. *Dit Vörjohr is sihr drög* Fra/Zi. Syn. Frühjohr. – **2.** Vorjahr, voriges Jahr verstr. – **vörjohrsch** Adj. vorjährig, letztjährig verstr. *Dat sünd vörjohrsch Schullen* Schulden aus dem vorigen Jahr Gri/Go. – **Vörkähl** f., fischerspr., der vordere von zwei trichterförmigen Netz- bzw. Reuseneingängen.

vörkåmen st. vorkommen. **1.** geschehen, sich ereignen. *Dat kümmt nich noch ees vör!* das darf nicht noch einmal passieren! Pyr/Lt. – Sagw.: *Dat kann alls vörkåmen, säd de Voss, don strööpten se em dat Fell œwer de Uhren* Gwald. Vgl. vörfallen. – **2.** refl., sich etwas dünken, eingebildet sein. *Dei Kierl kümmt sich väl vör* Gri/Mi. *Se keem sich klok vör* Pyr/Lt. – **3.** einen bestimmten Eindruck hervorrufen, zu sein scheinen. *De Såk kümmt mi nich richtig vör* Ran/Pe. – **4.** etwas bewältigen, schaffen. *Ik wull hüt noch Tüffel planten, œwer ik kann 't gor nich vörkåmen* Rüg/Pu. *Ik kann dei Arbeit nich mihr vörkåmen* Dem/Tp. – **5.** jmd. einen (kurzen) Besuch abstatten verstr. *Wist du nich eis bi mi vörkåmen?* Dem/Kt. Syn. vörbikåmen. – **6.** ansteigen (vom Wasserspiegel) verstr. VPom. *Dat Wårer kümm all wedder vör* Rüg/Gl.

vörkaugen sw. **1.** Nahrung (für Kleinkinder) vorkauen. – **2.** jmd. etwas in allen Einzelheiten darlegen. *Ik möt em alls ierst vörkaugen, ihrer hei dat begrippt* Gwd/Ba. – **vörkieken** st. **1.** hervorschauen, sichtbar sein. *Dien Unnerrock kiekt 'n bäten vör* Rüg/Ae. – **2.** jmd. einen kurzen Besuch abstatten. *Ik sall tweimål in'e Woch bi em vörkieken* Dem/Tp. – **3.** refl., sich vorsehen, sich hüten. *Kiek di vör, de Hund is bäätsch!* Ank/An. – **Vörknecht** m. Großknecht, erster Knecht. *Dei Vörknecht bestimmt bi't Pläugen* Gri/Mi. Syn. Grotknecht. – **vörknöpen** sw., refl., sich jmd. vorknöpfen, jmd. zurechtweisen. *Ik war mi denn Bengel düchdig vörknöpen* Gwald. – **vörkohlsuren** sw. jmd. etwas vorschwatzen, vorpredigen selt. [...] *un denn kohlsuert hei dei ollen Wiewer schön wat vör!* HuMGwd 10,35,7. – **Vörkopp** m. Stirn. *Ik bün henfollen un heff mi denn Vörkopp dull stött* Gwd/Nu. [*Wer*] *legg*' *sien fraam, week Hand* [...] *up den heeten Vörkopp* [3]SchwA 55; *denn Vörkopp krus trecken* die Stirn runzeln Gri/Go. – **Vörkost** f. Vorspeise verstr. Vgl. Nåhkost. – **Vörkosthannel** m. kleines Lebensmittelgeschäft Gwd/Ba. – **Vörköter** m. Vordergestell des Lastschlittens Nau/Wn, Sch/Sd. – **vörkriegen** st., selt. sw. **1.** einen oder mehrere Schläge versetzt bekommen. – **2.** jmd. zurechtweisen. – **Vörkuurn** n. das beste Korn, das beim Reinigen mit der Wurfschaufel am weitesten fliegt vereinz. Syn. s. Vörsprang.

vörlåben sw. übermäßig loben, anpreisen verstr. HPom, sonst vereinz. *Sei hett ehr Kleed vörlåft* sie hat mit ihrem Kleid geprahlt Dem/De. – **vörlåden** st., vereinz. sw., jmd. vorladen. *Dei Tügen warden vörlåden* Fra/Zi. – **Vörlådung** f. Vorladung. *Ik heff von't Gericht 'ne Vörlådung krägen* Ank/An. – **Vörlängsel** n., fachspr., grobes Stück Leinwand am Garnbaum des Webstuhls, an das die Aufzugsfäden geknotet wurden vereinz. ZPom, [4]RosF 507. Vgl. Nåhlängsel.

vörlängst Endsilbe betont, *-lingst* vereinz. HPom. **1.** Adv. vor einiger Zeit verstr. *Ik heff dat all vörlängst måkt* Uec/Ge. – **2.** Präp. (an der Vorderseite von etwas) entlang vereinz. *Vörlängst unsern Tun is dei Stråt* Gwd/Ze.

vörläsen st./sw. vorlesen. *Mudding hett mi 'ne Geschicht vörläässt* Gwd/Nu. – **vörlastig** Adj., seem., am Bug zu schwer beladen. *Dat Schipp is bannig vörlastig* Rüg/Sn. Syn. kopplastig. – **vörleggen** sw./unr. **1.** dem Vieh Futter vorlegen. – **2.** tüchtig essen. – **3.** zusätzliche Pferde anspannen. *De Peer schaffen dat nich, wi möten vörleggen* Pyr/Lt. – **4.** eine Leistung erbringen, die einen Maßstab setzt. – **5.** eine Schneide anschweißen. – **vörleiden** sw. ein Nutztier (bes. ein Pferd) zur Begutachtung für den Verkauf vorführen.

Vörleif f. **1.** Vorliebe. *Hei hett 'ne Vörleif för dei lütte Diern* Gwd/Nu. – **2.** vorehelicher Geschlechtsverkehr verstr. Wenn ein Kind vorehelich gezeugt wurde, heißt es: *De Öllern hebben mit Vörleif friegt* Ank/An, ähnl. verstr. – **vörleifnähmen** st. **1.** vorliebnehmen, sich begnügen. – **2.** etwas hinnehmen, akzeptieren verstr. – Sprw.: *Wer denn Hund narrt, möt dat Bieten vörleifnähmen* Stral.

vörleigen st. jmd. etwas vorlügen. *Glöf em dat nich, hei lücht di wat vör!* Gwd/Nu. – **vörletzt** Adj. vorletzt. *Dat's dat vörletzte Stück von'n Kauken* Dem/Kt. – **Vörliek** n., fachspr., der Saum aus Tauwerk an der Vorderseite des Großsegels verstr., [1]Pee 250. – **Vörlien** f. **1.** über Kreuz geführte Pferdeleine bei einem Zweiergespann verstr. Syn. Krüzlien. – **2.** die Leine zu den Vorderpferden bei einem Vierergespann verstr. – **3.** fischerspr., vorderer Teil der

Zugleine vom Zeesboot bis zum Schörbrett vpom. Küste, [1]PEE 222. – **vörliggen** st., fachspr., in großer Anzahl unruhig vor dem Flugloch herumfliegen (von Bienen). *De Immen liggen vör, de schwarmen bald* Rüg/Zi. – **Vörlop** m., fischerspr., vorderer Teil der Zugleine vereinz., RAS 102. – **vörlopen** st. **1.** vorlaufen, vorauslaufen. – **2.** zumeist refl., vorgehen (von Uhren). *De Klock löppt sik vör* Pyr/Lt. – **Vörlöper** m. **1.** Vorarbeiter Ran/Ro, Saa/Zg. – **2.** junges Schwein, das deutlich vor dem eigentlichen Termin geschlachtet wird vereinz. – **vörlöpig** Adj., *vörlöwig* selt. °Rüg, vorläufig verstr. – **vörlüden** sw. die Glocken vor Beginn des Gottesdienstes läuten lassen. – **vörlut** Adj. vorlaut verstr., HOMWB 239.

Vörmåhd f. erster Grasschnitt für die Heuernte verbr. VPom MPom, vereinz. HPom. *Dei Vörmåhd hett väl Heu bröcht* Gwd/Nu. Syn. Vörschnitt. Vgl. im Unterschied dazu Nåhmåhd. – **Vörmähr** f. eines der beiden Vorderpferde im Vierergespann verstr. VPom, [1]TRI 95. Syn. Vörpierd. – **Vörmäke** n., veralt., 'Vormädchen' Vorarbeiterin auf einem Gut Saa/So, verstr. NOPom. – **vörmåken** sw./unr. **1.** vor etwas anbringen. *Hest du dat Schott* [Riegel] *an'e Dör vörmåkt?* Gwd/Ba; *'ne Schört vörmåke* eine Schürze umbinden Nau/Wa. – **2.** jmd. demonstrieren, wie etwas gemacht wird. *Dei Öllern måken dat vör, dei Lütten måken dat nåh* Gwd/Nu. – **3.** jmd. etwas vorspiegeln. *So licht lett hei sich nicks vörmåken* Gwd/Ba. *Måk mi man nicks vör, ik glöf dat doch nich!* Dem/Tp. – **vörmåleis** Adv. einstmals, vor langer Zeit selt. *As ick vörmaleis tüschen dei Goren* [Gärten] *un Hecken herümspazieren ded* WAL 1,21. – **vörmåls** Adv. vormals, ehedem vereinz. *Vörmåls wier dat ganz anners* Dem/Tp. – **Vörmann** m. **1.** Vordermann. Fischerspr.: der vordere Mann im Ruderboot. – **2.** Vorarbeiter verstr. – **Vörmast** m., vereinz. f., der vorderste Mast, Fockmast. – **vörmaugen** sw. **1.** jmd. etwas vorjammern vereinz. → vörschwögen. – **2.** jmd. etwas undeutlich zuraunen selt. VPom, HUMGWD 11,49,8. – **Vörmeddag** m. **1.** Vormittag. *Hei kümmt bi halwig Vörmeddag* er kommt im Laufe des Vormittags, zwischen 9 und 10 Uhr Gwd/Nu. – **2.** zweites Frühstück selt. °Rüg, Sch/Pu. Üblicher ist das Syn. Lüttmeddag. – **vörmeddags** Adv. vormittags. – **Vörmeiger** m. Vorarbeiter beim Mähen des Getreides.

vörmorgen Adv. heute Morgen vereinz. *Vörmorgen bün ik all in'e Stadt wäst* Rüg/Dm. – **vörmorrntau** s. vermorrntau.

Vörmund m., Pl. *Vörmünners* Stral, Vormund. Wenn jmd. leichtsinnig mit Geld umgeht, heißt es: *Sien Jeld hett keenen Vörmund* Uec/Ge.

vörn Adv. **1.** vorn, am vorderen Ende. *Du kannst vörn anfåten* Gri/Lo. *Sett di man vörn hen!* Gwd/Nu. – Ral.: *nich weiten, wat vörn un achter is* sehr einfältig sein Gri/Ti. Syn. vör. – **2.** *von vörn af / up an*, von Anfang an. *Ik heff di dat von vörn af an secht* Rüg/Ae.

vörnähm Adj. vornehm, elegant. *Du sühst in dat niege Kleed so vörnähm ut* Gri/Mi. *He deit so vörnähm* er verhält sich geziert Gwald. – **vörnähmen** st. **1.** vorn umbinden. *'ne Schört vörnähmen* Gwd/Nu. – **2.** refl. – **2.1.** sich etwas vornehmen, zu tun beabsichtigen. *Wi hemm'uns hüt noch väl vörnåhmen* Dem/De. – Ral.: *Nimm di nicks vör, denn schleit di nicks fähl!* Use/Sw, ähnl. verstr. – **2.2.** sich jmd. vorknöpfen, zur Rede stellen. *Nimm di denn Bengel man eis düchdig vör!* Dem/Tp. – **Vörnähmen** n., Pl. wie Sg., Vorhaben, Unternehmung verstr. *He blifft ümmer bi sienen Vörnähmen* er läßt sich nie von etwas abbringen Gwald. – **Vörnåm'** m. Vorname, Rufname. – Ral.: *eenen bi'n Vörnåm' nömen* jmd. zurechtweisen Uec/Pa, ähnl. Lau/GW. – **vörnäsig** Adj. vorlaut, naseweis vereinz.

vörnhen Adv. vorhin, eben vereinz. *Vörnhen güng hei hier noch vörbi* Gri/Ti. Syn. vörhen. – **vörnher 1.** Adv. vorher vereinz. MPom SPom. *He hett all vörnher äten* Ran/Ro. → vörtau. – **2.** Konjunk. bevor Saa/Ja: *Wasch de Hänn', vörnhei du bi't Äten geihst.*

Vöröllern Pl. Vorfahren, Ahnen. *Up denn Hoff wieren sien Vörollern all* Gwd/Ba. Vgl. Vörfohr.

vörœwer Adv. **1.** vorüber. – **1.1.** vergangen, aus. *Nu is dei Nacht all werrer vörœwer* Gwd/Ba. Gebräuchlicher ist vörbi. – **1.2.** an etwas oder jmd. vorbei. *Dei Kutsch is all an'e Kirch vörœwer* Gri/Gm. – **2.** vornüber verstr. *Ik bün vörœwer henfollen* Gwd/Nu. – **vörœwerfallen** st. vornüberfallen verstr. *Wenn de Ieserbåhn mit'n Rucks höllt, kann man vörœwerfallen* Ank/An. – **vörœwergåhn** st. vorübergehen. **1.** ohne Halt an etwas oder jmd. vorbeigehen. *Dei Kierl güng fix an mi vörœwer* Dem/De. – **2.** vergehen, zu Ende gehen. *Dien Hartweih* [Kummer] *ward ball vörœwergåhn* Gwd/Nu. – **vörœwertrecken** st./sw. vorüberziehen. *Dat Gewitter treckt vörœwer* Gri/Mi.

Vörpåhl m. Pfahl, der zur Stabilisierung an der Vorderseite bes. von Bollwerken, Deichen und Dämmen eingeschlagen wird. Heute fast ausschließlich in der Ra.: *Vörpåhl schlå(ge)n* Vorkehrungen treffen, um etwas zu verhindern VPom, verstr. MPom HPom. *Wenn de Jung'di nich to driest warden sall, mööst du tiedig Vörpåhl schlån* Rüg/Pu. *Hei hett gaut Vörpåhl schlågen, dat dei koll Winter em nicks deit* Gri/Gm. – **vörpastern** sw. jmd. etwas vorschwatzen vereinz. Vgl. vörpreistern. – **Vörpierd** n. eines der beiden Vorderpferde im Vierergespann. – Ral.: *Ik heff dei Vörpier all trecken låten* ich habe schon vorab viel gegessen Rüg/Ae, ähnl. Rüg/Lo. Syn. Vörmähr. – **Vörplån** m. Ackerfläche in unmittelbarer Nähe einer bäuerlichen Besitzung oder des Dorfkerns verstr. – **Vörpläuger** m., veralt., Vorarbeiter beim Pflügen auf einem Gut verstr. *Dei Vörpläuger bestimmt, wenn Fieråbend is* Gri/

Mi. Vgl. Vörhäker. – **vörposaunen** sw. jmd. lauthals Vorhaltungen machen vereinz., GEB 55. – **vörprasseln** sw. jmd. etwas vorschwatzen verstr. – **vörpreistern** sw. jmd. etwas einreden vereinz. Vgl. vörpastern.

Vörrad n. Vorderrad. Floskelhafte Ablehnung, wenn man aufgefordert wird, einen Wagen am Vorderrad anzuschieben: *An't Vörrad hett de Düwel sich dotschåben!* Fra/Br, ähnl. verstr. – **Vörräd** f. **1.** Vorrede, einleitende Worte. – Ral.: *Holl di nich mit'e Vörräd up!* komm zur Sache! Dem/Kt, ähnl. allg. – **2.** Vorwort. – **3.** feste Absprache. – Sprw.: *Got Vörräd bruukt keen Nåhräd* eine feste Abmachung vermeidet späteren Streit Rüg/Zi, ähnl. verstr. – **vörräden** sw. jmd. etwas einreden, weismachen. *Dat dörfst du mi nich vörräden, dat glööfst du jå sülben nich!* Ank/An. – **Vörråt** m. Vorrat. *Von dei Oort heww ik noch naug Vörråt* Fra/Bn.

vörrig Adj. **1.** vorig, vorherig, gerade erst vergangen. *Dat Bauk heww ik vörrig Johr köfft* Ank/Br. *Vörrig Johr hett dat väl Åft gäwen* Gwd/Nu. *Vörrige Woch wier ik bi em tau Besäuk* Gri/Mi; *vörrig Wäk* vorige Woche Gbg/Wo; *vörigten Dag* gestern Pyr/Lt. Syn. verläden. – **2.** veralt., vorvorig, vorvergangen selt. VPom. Gebräuchlicher ist vörvörrig.

Laut- u. Formvar.: Hauptvar.: *vörig* vereinz. VPom, *vöricht, vörricht* vereinz. °Use, vereinz. MPom, SPI 85, *vönch* Pyr/Wa,Wi, *vœnj* Dra/Bu, *vööncht* Reg/Kt, *veernj* Rum/Km, *värig, värrig* vereinz. NOPom, *väincht* Dra/Nt, Neu/We, *vencht* verstr. °Rum, *väricht* verstr. °Büt, JOSTWB 114.

Vörsägel n. Vorsegel, vorderstes Segel. – **Vörschämel** m. drehbares Querholz über der vorderen Wagenachse verstr. *Dei Vörschämel hett in'e Mirr* [in der Mitte] *'n Loch, wur dei Bolten dörchkümmt* Cam/Ca. – **vörschäugen** sw., *vörschauhen* vereinz., einen Schuh oder Stiefel vorne mit neuem Oberleder versehen verstr. *Ik heff mi dei ollen Stäwel vörschäugen låten* Rüg/Ae. – **Vörschauh** m. vorderer Teil eines Schuhs oder Stiefels. – **vörschauhen** s. vörschäugen. – **vörscheiten** st. vorschießen. **1.** aus einer Fluchtlinie hervorragen. *Dat Hus schütt bet an'e Stråt vör* Gri/Mi. – **2.** jmd. Geld vorstrecken. *Sall ik di fief Mark vörscheiten?* Fra/Br. – **Vörscheller** m. Pflugmesser vor der eigentlichen Pflugschar, das den Boden flach aufreißt verstr. Syn. Vörschnieder. – Zuschellen[2]. – **Vörschien** m. Nur in der Fügung: *taun Vörschien kåmen* zum Vorschein kommen Gri/Gm, ähnl. verstr. – **Vörschinken** m. Vorderschinken. – **Vörschipp** n., seem., Vorschiff.

Vörschlag m., gesprochen *Vörschlach.* **1.** Vorschlag, Empfehlung. *Dien Vörschlag is gaut tau bruken* Gwd/Ba. – **2.** veralt., Heiratsantrag verstr. *Se hett väl Vörschlääch hatt, denn hett se doch in'n Schietpott gräpe* sie hat viele Heiratsanträge gehabt, dann aber die falsche Wahl getroffen Pyr/Dö. – **vörschlågen** st. **1.** etwas oder jmd. vorschlagen. *Sei hemm' em taun Vörsitter vörschlån* Gwd/Ba. – **2.** einen zu hohen Preis veranschlagen. *De Kopmann schleet vör, dat is väl to düer* Pyr/Lt. – **3.** sättigen, satt machen. *Dat Äten schleet nich vör* Uec/Ge. – **4.** veralt., einen ersten, vorbereitenden Schlag ausführen (bes. beim Dreschen und Schmieden). *Dei Gesell möt vörschlån* Gwd/Nu. – Ral.: *'n Påhl vörschlån* etwas verhindern verbr. – **Vörschlaghåmer** m. Vorschlaghammer. *Mit denn Vörschlaghåmer kann dei Lihrling in'e Schmäd noch nich ümgåhn* Dem/De.

Vörschmack m. Vorgeschmack selt. VPom. – **vörschmieten** st. **1.** jmd. etwas zum Vorwurf machen. *Sei schmitt em ümmer wedder sien Supen vör* Dem/Tp. – **2.** dem Vieh Futter geben, hinwerfen. *Wi möten dei Kauh Heu vörschmieten* Gwd/Nu. – **vörschnacken** sw. jmd. etwas einreden verstr. VPom. *Ik låt mi von em nicks vörschnacken* Gwald. – **vörschnaustern** sw. jmd. etwas vorschwatzen verstr. MPom, sonst selt. – **Vörschnieder** m. wie Vörscheller verstr. – **Vörschnitt** m. erster Grasschnitt für die Heuernte verbr. *Dei Vörschnitt hett schlicht lohnt* Gri/Mi. Syn. Vörmåhd. – **Vörschott** n. vorderes Abschlußbrett am Kastenwagen verstr. – **vörschotten** sw. einen Riegel vorlegen vereinz. Vgl. tauschotten. – **vörschrieben** st. vorschreiben. **1.** jmd. eine verbindliche Anweisung erteilen. *Wist du mi vörschrieben, wat ik don un wat ik låten sall?* Ran/Sr. – Ral.: *ein'ein P vörschriewen* jmd. an etwas hindern, etwas verbieten verbr. – **2.** etwas als Muster oder Vorlage schreiben. *Bokståwen up de Tåfel vörschriewen* Pyr/Lt. – **Vörschrift** f. Vorschrift, Anweisung vereinz. *He hett all wedder de Vörschriften œwerträden* Ank/An. – **vörschuben** st. vorschieben. **1.** vor etwas schieben, vorlegen. *De Dör is to, ik heff 'n Riegel vörschåben* Ran/Pr. – **2.** als Vorwand benutzen, vorschützen. *He hett 'ne Krankheit vörschåben* Ran/Gn. – **3.** jmd. dazu nötigen, eine unangenehme Aufgabe für andere zu übernehmen. – **Vörschuf** m. Nur in der Fügung: *Vörschuf daun* Vorschub leisten selt. VPom. *Siene Wirtin was 'ne öllerhaftige Wittfru* [...], *dei em noch in siene Malligkeiten Vörschuw ded* HUMGWD 14,33,1. – **Vörschuft** f., selt. m., Vorderschulter des Schlachtviehs verbr. – **Vörschuß** m. Vorschuß vereinz. – **Vörschwarm** m., fachspr., der größere Teil eines Bienenvolks, der den Stock beim ersten Schwärmen im Jahr zusammen mit der alten Königin verläßt. Vgl. Nåhschwarm. – **vörschwieme(l)n** sw. jmd. etwas vorgaukeln, vorlügen vereinz. – **vörschwinneln** sw. jmd. etwas vorschwindeln vereinz.

vörschwögen sw. jmd. etwas vorjammern verstr. *De Mann hett mi* [...] *wat vörschwögt, wur schlecht sien Geschäft güng* HUMGWD 12,16,9.

Rsyn.: *vörmaugen, vullpaugen, vullwrœnen, vullwrucken, vullzaustern.*

vörseggen sw./unr. **1.** jmd., der eine Frage nicht beantworten kann, die Lösung zuflüstern. *Mien Fründ will mi in'e Schaul nicks mihr vörseggen* Gwd/Nu. – **2.** jmd. etwas deutlich vorsprechen (um es wiederholen zu lassen). Syn. vörspräken. – **3.** jmd. einen Ratschlag geben verstr. – **4.** refl., der Meinung sein, annehmen, glauben verstr. *Ik segg mi vör, dat de Bingel sich dat alles utdacht hett* Dra/Bu. – **vörseihn** st., refl. **1.** sich vor jmd. oder etwas hüten. *An em möt man sich vörseihn, hei is tücksch* Ank/Br. *Ma' mutt sich vörseihe vör falsch Lüd* Saa/Le. – **2.** Vorsorge treffen verstr. *Dei Bur hett sich up sien Öller gaut vörseihn* Gri/Gm.

vörsetten sw. **1.** nach vorne setzen oder stellen. *denn linken / rechten Fot vörsetten* Ran/Pe. – **2.** jmd. Speisen oder Getränke hinstellen. *Dei Kœksch hett mi orig wat tau äten vörsett'* Fra/Pe. *Wat du mi vörsettst, dat is wierer nicks as 'n Lickup* [Häppchen] Dem/Tp. – **3.** davorsetzen, davorstellen. – Ral.: *Dor war ik 'n P vörsetten* das werde ich nicht zulassen Rüg/Wi, ähnl. verstr. – **4.** refl., sich etwas vornehmen vereinz. [...] *un wenn hei sick wat vörsett't hadd, denn bröcht em dor kein Gewalt wedder von af* [1]KAL 7.

Vörsicht f. Vorsicht. – Sagw.: *Vörsicht is ümmer gaut, säd de Bur un güng up de Riewand* [halbhohe Lehmwand in der Scheune] *sitten, dat em de Farken nich bieten* Gwald. – **vörsichtig** Adj. vorsichtig, behutsam. *Wäs bloß vörsichtig mit dat Kind!* Gwd/Nu. Spöttisch zu jmd., der jedes Risiko scheut: *Du büst vörsichtig as Witten* [FN] *sien Kauh, dei is all drei Dåg vör 'n Rägen nåh Hus gåhn un liekers natt worn* Ank/An. – **vörsingen** st. vorsingen. – Ral.: *Dat is mi nich in'e Weig vörsunge* das war nicht vorauszusehen, damit konnte ich nicht rechnen Sch/Pu, ähnl. verstr. Prügelandrohung: *Di war ik 'n Lied vörsingen, dat di acht Dåg dei Uhren klingen!* Rüg/Ae. – **Vörsitter** m. der Vorsitzende. – **Vörsittersch** f. die Vorsitzende. – **vörspälen** sw. ein Musikstück vorspielen. *Hei spääält 'n Lied vör* Gwd/Ba. – **Vörspann** n./m. zusätzlich vorgespannte Zugtiere. – **vörspannen** sw. ein Zugtier vorspannen. *Wi willen twei Pier(d) vörspannen* Gwd/Nu. – **vörspäuken** sw. Unheil vorhersagen, unken verstr. – **vörspeigeln** sw. jmd. etwas vortäuschen vereinz. – **vörspräken** st. **1.** jmd. etwas deutlich vorsprechen (um es wiederholen zu lassen). Syn. vörseggen. – **2.** jmd. einen Besuch abstatten, um ein Anliegen vorzutragen. – **3.** um die Hand einer Frau anhalten, einen Heiratsantrag machen. – **Vörsprang** m., veralt. **1.** das beste Korn, das beim Reinigen mit der Wurfschaufel am weitesten fliegt vereinz. Syn. Eistsprang, Vörkuurn. – **2.** der erste Kaffeeaufguß vereinz. VPom, [1]TIB 43. – **3.** Vordestillat bei der Branntweinherstellung vereinz. VPom, DÄHWB 532, [4]GIL 1,39. – **Vörsprung** m. Vorsprung. **1.** vorspringendes Stück. – **2.** Abstand, den jmd. voraus ist. – **Vörstäben** m., seem., Vordersteven. – **vörståhlen** sw., fachspr., eine Axt oder ein Beil mit einer Stahlschneide versehen. *Dat Biel möt nieg vörståhlt warden* Gri/Mi. – **vörståhn** st. vorstehen. **1.** verantwortlich für etwas sein, verwalten, leiten. *Dei olle Bur kann sienen Hoff nu nich mihr vörståhn* Gwd/Ba. *Hei is 'n düchdigen Kierl, hei kann dei Arbeit gaut vörståhn* Gri/Bo. – **2.** nach vorn überstehen. *Sien Kinn steiht 'n bäten vör* Gwd/Nu. – **3.** veralt., die mündliche Konfirmationsprüfung vor der Gemeinde ablegen verstr. *De Kinner möten hüt in'e Kirch vörståhn* Pyr/Lt. – **vörstäken** st. **1.** vor etwas stekken. *Ik möt bi dei Dör 'n Sticken vörstäken* Gwd/Ba. – **2.** an der Vorderseite feststecken. *Ne Brosch kann ik mi ok noch vörsteken* [2]KAL 6. – **Vörstäker** m. **1.** Vorstecknagel, Splint. – **2.** fachspr. – **2.1.** Spaten der Torfstecher, mit dem die obere Torfschicht durchstochen wird verstr. – **2.2.** Torfstecher, der mit diesem Spaten arbeitet vereinz., HÜCKA 79. – **Vörstand** m. Vorstand. – Ral., um das Verhalten einer bestimmten Gruppe zu mißbilligen: *Wat dau ik mit so'n Verein, wenn dei Vörstand Lüs' hett?* Gwd/Ze, ähnl. vereinz. – **vörstellen** sw. **1.** sich oder eine andere Person namentlich vorstellen. *Ik dau em nich kennen, hei hett sich noch nich vörstellt* Gwd/Nu. – **2.** refl., sich etwas gedanklich ausmalen. Ausruf der Verwunderung: *Dat stell di eis vör!* Gwd/Ba, ähnl. verbr. – **3.** etwas darstellen. *Wat sall dat Bild vörstellen?* Pyr/Lt. – **4.** eine geachtete Persönlichkeit sein, Wertschätzung genießen. Über einen Angeber heißt es: *Dei will so recht wat värstelle, un is gor nischt dorhinner* Sto/Gl. – **5.** eine Uhr vorstellen. – **vörstricken** sw. den Fußteil eines Strumpfes anstricken verstr. – **Vörstuf** f. Vorderstube, zur Straßenseite gelegener Wohnraum. – **Vörtähn** m. Vorderzahn, Schneidezahn. – Volksgl.: *Ståhn dei Vörtähnen wiet uteenanner, kümmt dei Minsch noch wiet in sienen Läben, ståhn sei dicht tausåm', blifft hei, wur hei is* Gwd/Ze, ähnl. vereinz. Syn. Schniedtähn. – **vörtähnig** Adj. katzenfreundlich vereinz. MPom HPom.

vörtau Adv., Endsilbe betont. **1.** temporal. – **1.1.** vorher, zuvor. *Hei möt noch 'n bäten täuwen, vörtau kann ik em dat nich vertellen* Gwd/Nu. – **1.2.** einstweilen, vorläufig. *Du hest mi vörtau noch gor nicks tau seggen!* Dem/Tp. – **2.** lokal. – **2.1.** voraus, nach vorn. *Hei sprüng vörtau un reet dat Kind von'e Stråt* Dem/De. – **2.2.** vornan, ganz vorn. *He sitt vörto in'n Wågen* Rüg/Pu. *Hei wåhnt gliek vörtau in'e Stråt* Fra/Zi.

Rsyn. zu 1.1.: *vördem, vörhen, vörher, vörnher, vörup, vörut, vörweg.*

vörtaugåhn st. **1.** früher losgehen als jmd. mit demselben Ziel. *Gåh man all vörtau, ik kåm achterher!* Fra/Fr. Syn. s. vörutgåhn. – **2.** (weiter) nach vorn gehen, nicht stehenbleiben. *Nu gåh 'n bäten vörtau!* Gri/Gm. – **vörtaulopen** st. **1.** früher loslaufen als jmd. mit demselben Ziel. – **2.** vor jmd. herlaufen. *Lop mi nich ümmer vörtau!* Gri/Ti.

Vörteiken n. Vorzeichen. – **vörtellen** sw. jmd. etwas zum Nachprüfen vorzählen. *Låt di dat Jild vörtelle, of dat uk stimmt!* Saa/Le. – **vörtrecken** st./sw. **1.** vor etwas ziehen, zuziehen. *Gardinen vörtrecken* Gwd/Nu. – **2.** jmd. oder etwas bevorzugen. *Mien Fründ denkt, sien Braure*

[Bruder] *ward ümmer vörtreckt* Saa/Le. – **vörtüdern** sw. jmd. Unsinn, wirres Zeug erzählen vereinz. – **Vörtüg** n., müllerspr., Bereich des Windmühlenflügels, in dem die Windbretter angebracht sind. – **vörtünen** sw. jmd. etwas vorschwindeln. *Dei Bedreiger hett mi schön wat vörtüünt* Gri/Mi.

Vörunner n., seem., zweite Silbe betont, der untere Raum ganz vorn im Bug kleinerer Schiffe.

vörup Adv. vorauf. **1.** räumlich voraus, an der Spitze. *De is ümmer vörup* will immer im Mittelpunkt stehen Stett. – **2.** vorher, zuvor verstr. *Värup was dat Werre* [Wetter] *gaut, nu is't all so kult* Sto/Dö. → vörtau. – **vörupgåhn** st. früher als jmd. mit demselben Ziel losgehen. *Gåh du vörup, ik kåm gliek nåh!* Pyr/Lt. Syn. s. vörutgåhn.

vörut Adv. voraus. **1.** vorweg, an der Spitze. *De Bengel is all wiet vörut* hat schon einen großen Vorsprung Pyr/Lt. – Ral.: *mit dat Mul vörut sin* vorlaut sein Stett, ähnl. verbr. – **2.** voran, nach vorn, vorwärts. Aufforderung zur Eile: *Nu man fix vörut!* Gwd/Nu. – **3.** in einer gewissen Entfernung vor dem eigenen Standort. *Vörut is dat Lüchtfüer tau seihn* Fra/Zi. *Land vörut!* Rüg/Sn. – **4.** vorab, vorher. *He möt mi vörut dat Geld gäben, süss fang ik mit'e Arbeit nich an* Rüg/Dm. → vörtau. – **5.** besonders, vor allem. *De Kespern schmecken jot, vörut dei schwarten* Uec/Pa. – **6.** unter der Bedingung. Nur in Vbdg. mit einer Konjunktion: *Ik war di helpen, vörut wenn du Wuurt höllst* Gwald. *Hei will hüt tau Markt führen, vörut dat't Wärer schön blifft* Gri/Mi. – **Vörut** n. Nur in der Fügung: *in'n Vörut* im Voraus, im Vorhinein. *Ik will all 'n bäten in'n Vörut schlåpen* Ank/An. – **vörutgåhn** st. **1.** früher als jmd. mit demselben Ziel losgehen. *Hei kann all vörutgåhn, ik war em fix inhålen* Gwd/Nu. Syn. vörtaugåhn, vörupgåhn. – **2.** (gut) vorangehen, fortschreiten verstr. – **vöruträken** sw. etwas voreilig vorausberechnen. – Sprw.: *Wer vöruträkent, möt tweemål räknen* Pyr/Lt, ähnl. verstr. – **vörutseihn** st. etwas vorhersehen. *Dat Unglück wier nich vöruttauseihn* Gwd/Nu.

vörvörrig Adj. vorvorig, vorvergangen. *Dat wier vörvörrig Johr* das war vor zwei Jahren Fra/Pe; *vörvöricht Woch* vor zwei Wochen Pyr/Lt. Vgl. vörrig. – **Vörwacht** f. Zugholz vorn an der Deichsel für die Vorderpferde eines Vierergespanns verstr. – **Vörwågen** m. Vordergestell des Ackerwagens oder des Räderpfluges. – **Vörwark** n. Vorwerk, abseits liegender Wirtschaftshof, Nebenhof eines Gutes. → Utbu. – **Vörwarmer** m. **1.** Bettwärmer verstr. – **2.** ein Schnaps, den man vor einem Bier trinkt verstr. – **vörwarnen** sw. jmd. vorwarnen verstr. *Wecker mi vörwarnt, is mien Fründ* Gwald.

vörwarts Adv., *-wartsch* vereinz., vorwärts, nach vorn. Aufruf zur Eile: *Nu man vörwarts!* Gwd/Ba. In fester Vbdg.: *vörwarts weg* flott weiter, ununterbrochen verbr. *Sei arbeid't ümmer vörwarts weg* Gri/Mi. – Sagw.: *Man möt ümmer vörwarts, säd dei Dackdecker, don föl hei von't Dack runner* Gwd/Nu. – **vörwartsgåhn** st. Fortschritte machen, sich positiv weiterentwickeln. *Dat geiht mit em in'e Schaul gaut vörwarts* Gwd/Ba. – **vörwartskåmen** st. vorankommen. *Dei Lüd kåmen vörwarts, dei sünd nährig* [strebsam] Gri/Mi. – Ral. über eine erfolglose Person: *De kümmt vörwarts as de Fleeg in de Bottermelk* Stett, ähnl. verstr.

vörweg Adv., Endsilbe betont, gesprochen *vörwech*, vorweg. **1.** voran, voraus. *De Bengel is all vörweg* ist schon vorgelaufen Stett. – Ral.: *mit dat Mul vörweg sin* vorlaut sein verbr. – **2.** vorher, zuvor. *Ik will dat gliek vörweg vertellen* Dem/Tp. *Wenn ik Bier drink, möt ik 'n Schnaps vörweg hemm'* Gwd/Ba. → vörtau. – **Vörweg** m. Nur in der Fügung: *up'n Vörweg sin* jmd. voraus sein, einen Vorsprung haben verstr. VPom. – **vörweggåhn** st. vorangehen.

Vörwenn' f. Ackerstelle, an der man den Pflug wendet verstr. SPom, sonst selt. Vgl. Vörgewend, Vörhööft und DWA 8, Kt.6. – **vörwiesen** sw. etwas vorweisen, vorzeigen. *Ik mutt de Fohrkoort vörwiese* Saa/Le. – **Vörwråker** m. Vorarbeiter selt. VPom, [1]PEE 95. – **vörwrucken** sw. jmd. Vorhaltungen machen vereinz. VPom. – **Vörwurf** m., Pl. *Vörwürf*, Vorwurf vereinz. – **vörzanzeln** sw. jmd. etwas vorschwatzen verstr. VPom, HUMGWD 12,25,7.

Voss m., Pl. *Völss* verbr., *Vess* nordöstl. HPom, [5]TITA 46. **1.** TiN, Fuchs. *Wi hemm' denn Voss in sienen Bu utrökert* Rüg/Bi. *De Voss hett väl Häuhner ståhle* Saa/Le. *Dei Jäger hett denn Voss dotschåten* Dem/De. – Ral.: *ein' wiesen, wo dei Voss dei Äg / Hark treckt* jmd. gründlich die Meinung sagen verstr., [1]SEG 122, NIB 172. Von einem unehelichen Kind hieß es früher abschätzig: *Dat hett dei Voss up'e Bråk utschäten* Gwd/Nu, ähnl. verbr. Wenn Nebel aufsteigt, sagt man: *Nu bruugt dei Voss Bier!* Dem/Kt, ähnl. verbr. Über eine weit abgelegene Gegend: *Dor seggen sik Voss un Hås gaude Nacht* Gri/Go, ähnl. verbr. Wenn etwas ungenau gemessen oder nur grob geschätzt wurde: *Dat hett de Voss mit'n Schwanz mäten* Gri/Gm, ähnl. verstr. Wenn Frostwetter Maurerarbeiten verhindert: *Dor hett dei Voss in'n Leihm schäten* Fra/Ln, ähnl. verstr. Ausruf, wenn man kurz davor ist, jmd. zu ertappen oder fremde Absichten zu erkennen: *Ut ein Lock möt dei Voss rut!* Gri/Gm, ähnl. verstr., HUMGWD 11,30,9. BRU 4,13. – In Vergleichen: *grienen as dei Voss (in'n Bråm)* verschmitzt lachen verbr.; *dortau passen as dei Voss tau'n Gaushäuden* völlig ungeeignet für etwas sein verbr.; *wat ruthebben as de Voss dat Häuhnerfräten* etwas sehr gut beherrschen vereinz., [4]KNO 11. – Sprw.: *De Voss wesselt woll dat Hor, œwer nich sienen Sinn* Rüg/Zi, ähnl. verbr. *Voss blifft Voss, un wenn em uk dat Fell œwer de Uhren trocken ward* Ank/An. *Dei Voss frett uk 'n klauken Håhn* Gwd/Ze. *Wer mit Völss to don hett, möt denn Höhnerstall* *tohollen* Rüg/Be. Im Wortspiel mit Bed.3.: *Een oll Voss geiht schwer in't lesen* ein alter Fuchs ist schwer zu übertölpeln Nau/Na. – Wetterr.: *Wenn de Võss bellen un dei Wülf hülen, ward dei Küll noch lang verwielen* Ank/Br. Scherzh.: *Wenn de Voß den Hasen grippt, ward't schier Wäder* HuMGwd 12,14,11. – Kinderr.: *Starwt de Foß, denn gelt de Balg, läwt hei lang, denn ward hei olt, frett hei väl, denn ward hei dick, un tauletzt noch ungeschickt* HuMGwd 13,9,11. – Scherzfr.: *Wennier is de Foß en Foß? = Wenn hei alleen is, süs sünd dat jo Föss* HuMGwd 75,180f.,4. *Wecker Voß fängt keen Hauhn? = De schlapen deit* HuMGwd 11,21,11. – **2.** zumeist pejor., rothaariger Mensch. – **3.** listiger, gewitzter Mensch. *De Bur is 'n ull Voss, de is mi to klok* Pyr/Lt. – Ral.: *De Voss* [der Schalk] *kiekt em / ehr ut de Ogen* vereinz., [1]Nere 61. – **4.** Pferd mit rotbraunem Fell. *Mien Voss treckt uk åhn Pietsch* zieht den Wagen auch ohne Einsatz der Peitsche Rüg/Ls. – **5.** Schreckgestalt für Kinder, die sich angeblich im Getreidefeld aufhält vereinz. *De Voss sitt im Korn un hålt di!* Sch/Nm. – **6.** eisenhaltige, wasserundurchlässige Bodenschicht vereinz., [7]Gil 1056, KrKlPyr 1927,65. *Dei Acker an'n Busch besteiht ut Voss* Gri/Gm. *Hei plöcht de Voss ut* °Bel ALBelg 1939,9. Syn. s. Uurt[2]. – **7.** rotbrauner Fleck im Mauerwerk eines versottenen Schornsteins vereinz. Auch attribuiert: *De rode Voss is in'n Schorstein* Sch/Pu. – **8.** rötliche Schale des Weizenkorns verstr. VPom. *Bi'n Weiten möt man ierst denn Voss aftrecken* Gri/Gs. – **9.** Karo-As (beim Doppelkopf und Schafkopf) vereinz., LauWb 374[a]. – **10.** die vordere Hälfte eines zweiteiligen Pferdeschlittens Dra/Dr. Vgl. Köter. – **11.** frühere Goldmünze im Wert von 10 oder 20 Mark verstr., HoefAMsc 533[b]. *Ik heff noch 'n Voss funnen mank mien Sülwergeld* Dem/Tp. *Ik heff in'e Woch 'n Voss verdeint* Cam/Pr; *'n lütten Voss* Goldmünze im Wert von fünf Mark Fra/Pr.

Phras. zu 1.: Sagw.: Über den Fuchs als (listiges) Raubtier: *Is doch gaut, wenn man unner Dack un Fack is, säd dei Voss, don harr hei sik in'n Gausstall schläken* Dem/De. *Schöne Seelen finnen sich, säd dei Voss, don kreeg hei dat Hauhn tau fåten* Gwd/Nu, ähnl. vereinz. *Verfihr di nich, säd de Foß, don kreeg hei den Ganter tau faten* HuMGwd 12,50,11. *Mag't all sin, as't will, säd dei Voss, œwerst 'n Hauhn schmeckt doch gaut!* Gwald. *Schåd, sei nähmen mi nich taun Gaushöden, säd dei Voss, ik wüßt süss Gras naug* Gwd/Ze, ähnl. HuMGwd 74,247f.,2. *Hüt di, morgen mi, säd de Voss un beet de Kluck dot* Gwald.

Über seine Ängstlichkeit und Ausflüchte: *Ik heww keen Tiet, saed'de Foss, dor seeg' hei den Jaeger kåmen* Saa/Sh BlfPVk 6,41. *Zank un Striet möt 'n ut'n Weg gahn, säd de Voß, don seeg hei dor twee Scheperhun'n lopen* HuMGwd 8,12,5. *Allens unner Water! säd de Voß, doar sweit em vör Angst* UP 1922,94, ähnl. HtKlGwGri 1936,8. *Wenn keen kümmt, will ik ok keen, säd dei Voss un slog mit'n Stert an'n Beerbom* Gri/Ge, ähnl. [1]HoefE 26, [2]Dro 176, SundTr 1938,67. *Suer, suer, Herr Kaptein, seggt de Foß un schleit mit'n Steert an'n Appelboom* HuMGwd 75,299f.,2. *Se is mi tau krumm, säd de Voss, dun hüng de Wust an'n Balken* Ank/An, ähnl. APHDem 1929,12, [2]Dro 176. *Dei is mi tau oll, säd dei Voss, don flög dei Håhn up'n Appelbom* Dem/De. *De is mi ok all lang to warm wesen, säd de Voß, do schöt em de Jäger den Steert af* APHDem 1929,6.

Über seine Naivität: *Wat buten woll för Weder is, säd de Foß, doon seet hei unner dei Egg* HuMGwd 76,111f.,4. *Wo de Welt op un dal geiht, sä de Voß un set op n Sotswang* [2]Dro 176, ähnl. vereinz.; *'ne deepe Insicht! säd de Voß, don keek he in'n Sod* UP 1922,94. *Dat's een dulles Krut, säd de Voss, dor seet he mit'n Noors in'e Netteln* Stett. *Et dampt all, wenn't brennt, giwt'n Füer, saed'de Voss, do härr he up't Is schœten* [1]HoefE 26, ähnl. vereinz., [4]Kno 18, KrKlPyr 1927,51. *Dat helpt doch 'n bäten, säd dei Voss, don leeg hei achtern Strohhalm* Gri/Ge.

Über seine Spottlust: *Ok all wedder dôr? sœd'de Voß to'n Swinegel, dôr lêpen se Werrbahn* [liefen sie um die Wette] [1]HoefE 27, ähnl. UP 1922,94. *Wi sehn uns werrer, secht de Voss to'n Wulf, un wenn nich ihrer, denn bi'n Pelzmåker up de Stang'* °Rüg. *Dat's blot 'n Œwergang, säd dei Voss, don ward em dat Fell aftreckt* Gwd/Ba, ähnl. allg.

Vossbeer f. Preiselbeere selt. °Saa. Vgl. DWA 10, Kt.6. Gebräuchlichere Syn. s. Preisselbeer. – **Vossboort** m. roter Bart vereinz. – **Vossbråm** f./m. rote Brombeere Reg/Kt HtKös 1930,18,3. – **Vossbu** m. Fuchsbau. *Wi willen denn Vossbu utgråben* Gwd/Ba. Über eine gewitzte Person sagt man: *Dei is woll im Vossbu bore!* Sto/Gl. – **Vossdreck** m. **1.** Kot eines Fuchses. – **2.** Nichtigkeit verstr. *Dei Kierl argert sik œwer jeden Vossdreck* Gwald. – **Vosseemk** f., TiN, (kleine) rotbraune Ameise Gri/Rd. Vgl. DWA 5, Kt.1. Syn. Vossmier. – **Vossei** n. **1.** Pilz mit kugelförmigem Fruchtkörper, Bovist vereinz. VPom. – **2.** Pl. unrealistische Dinge verstr. VPom, sonst selt. – Ral.: *Du dröömst woll von Vosseier!* du phantasierst wohl! Ran/Pe, ähnl. vereinz. – **Vösser** f./m., zumeist pejor., *Vesser* JostWb 120, Mensch mit roten Haaren vereinz. Syn. Vosskopp. – **Vossfläut** f. abseits gelegenes, armseliges Wohnhaus vereinz., [2]Kno 53. – **vossgnääfsch** Adj. hinterlistig, gemein Ank/An, Ghg/Li. – **Vosshås** m. 'Fuchshase' fiktives Tier. Nur ral., wenn man über unterschiedliche Dinge spricht: *Wi räden von Vosshåsen un ji von'n Fäuder Heu!* Dem/De, ähnl. vereinz. Vgl. MWb 7,1042. – **Vosshor** n. rotes Haar. – Ral. Verunglimpfung von rothaarigen Menschen: *Vosshor un rot Boort, dat is Düwelsoort* Gwd/Nu, ähnl. vereinz., BlfPVk 9,135. – **Vossierd** f. Ortstein, eisenhaltige, wasserundurchlässige Bodenschicht vereinz. Gebräuchlichere Syn. s. Uurt[2]. – **Vossiesen** n. **1.** Fangeisen für Füchse verstr., HomWb 69. – **2.** scherzh., Kothaufen vereinz. nordöstl. HPom. – **vossig** Adj. **1.** rotbraun. *De Diern hett so vossige Hor* Rüg/Pu; *dei ull fossig Perrück* [1]Nere 49. – **2.** listig, verschlagen verstr. *Dat is een vossigen Hund* ein niederträchtiger Mensch Uec/Ge. – **3.** altklug vereinz. *Do bloß nich so vossig!* Ghg/Li. – **vossklauk** Adj. listig, gewitzt verstr. – **Vosskopp** m., zumeist pejor., rothaariger Mensch verbr. *Wat? Denn Vosskopp will sei friegen?* Gwd/Ba. Syn. Vösser. – **Vosslock** n. **1.** Fuchsbau verstr. – **2.** Durchschlupf in einer Hecke Sto/Dö. – **Vossmeer** f., TiN, (kleine) rotbraune Ameise Net/Hf,Sl. Syn. Vosseemk. – Das Grundwort zu Mier[2]. – **vossrot** Adj. rotbraun. *as sei* [...] *gewohr würd, dat ehr Hor foßrot utsegen* [5]Band 177. – **Vossschwanz** m. **1.** Schwanz des Fuchses. – Ral.: *ein'* *denn Voßschwanz strieken* sich bei jmd. einschmeicheln verstr. VPom; *mit'n Voßschwanz mäten* ungenau messen Gri/Ge. – **2.** eingriffige Säge, deren Blatt sich nach vorne verjüngt. – **3.** PflN. – **3.1.** Ackerschachtelhalm (Equisetum arvense) selt. Zur Wortgeographie s. Duwock (mit Kt.). – **3.2.** Wiesen-Fuchsschwanz (Alopecurus pratensis) selt., HomWb 69. – **3.3.** Königskerze (Verbascum) Saa/Mu. – **Vossschwänzer** m. Schmeichler, heuchlerischer Mensch vereinz., HomWb 69. – **vosswild** Adj. fuchsteufelswild, sehr wütend vereinz.

Vuddel m. Vorteil. *Dei Kopmann hett dor mihr Schåden as Vuddel von* Fra/Zi; *up sienen eigen Vuttel bedacht sin* Fra/Pe. *Hei hett sich tau sienen Vuttel verännert* Fra/Br. – Sprw.: *Alle Vuddel gellen* jedes Mittel ist recht, man muß jede günstige Gelegenheit nutzen Gri/Ge, ähnl. verstr.

Lautvar.: *Vuttel* verstr. VPom, *Vurtel* vereinz., *Vurdeel* Stral, *Vördeil* vereinz. VPom, *Vördeel* vereinz. °Rüg, verstr. MPom. Hist.: *Vordeel, Vortel* DähWb 533.

vull Adj. voll. **1.** bis zum Rand gefüllt. *Ik kann denn vullen Sack nich mihr drägen, dei is bannig schwor* Gwd/Nu. *Is dat Melkemmer noch ümmer nich vull?* Fra/Ln. *Dei Wågen is nu vull, dor is kein Platz mihr up* Gwd/Ze. *Man sall nich mit vullen Måg tau Bedd gåhn* Gri/Gm. *De Bom sitt vull Äppel* Pyr/Lt; *een Tass vull Kaffe* Pyr/Dö; *'n Büdel vull Nœt* Dem/Tp. Auf drangvolle Enge bezogen: *Dat is so vull, dat keen Appel to Erd fallen kann* Stett, ähnl. vereinz. Salopp: *dat ganze Nest vull hebben* viele Kinder haben Gwd/Nu. – Subst.: *in'n Vullen* in Hülle und Fülle Ghg/Gr. *To'n Aust* [Ernte] *gifft't allens in'n Vullen* Rüg/Be. – Ral.: *in'n Vullen sitten* im Überfluß leben Gri/Mi, ähnl. verbr. *Dor geiht dat ut'n Vullen* dort geht es hoch her Ank/Km. Veraltd.: *wat nich för sien Vull hebben willen* etwas nicht wahrhaben wollen, nicht gelten lassen verstr. – Sprw.: *Wecker ut'n Vullen schöppt, hett got räden* Ank/An. – **2.** vollständig, ganz, komplett. *Hei drinkt dat Bier vull ut* Sto/Dö. *Dei Månd is vull* es ist Vollmond Fra/Br. *Dei Klock is nu up vull* die Uhr zeigt nun die volle Stunde an Sto/Gl; *'ne vull Stunn dörch* eine ganze Stunde lang Stolp. *Dat Dutz* [Dutzend] *is vull* Büt/Wu; *'n vull Deel* ein voller, ungekürzter Anteil Rüg/Gl. *Dat Wäder is hüt nich vull so dull* [nicht ganz so schlimm] *as gistern* Gri/Ge. – **3.** betrunken. *Mit em geht't to Enn', he is alle Dåg vull* Rüg/Dm; *vull as dusend Mann* völlig betrunken Gwd/Ze. – Ral.: *Is dei Minsch vull, is dei Kopp dull* Ank/Pu. – Sagw.: *Dat's minen vullen Ernst, säd dei Fru, don keem ehr Mann duhn nah Hus* HuMGwd 8,51,8. → dun. – **4.** satt. *Ik heff so väl Fleisch äten, nu bün ik vull* Gwd/Nu. Über einen Vielfraß heißt es: *Dei ward un ward nich vull* Ank/Br. – **5.** reichlich, sehr viel. *Se hett vull to don* sie hat sehr viel zu erledigen Pyr/Lt. *He is vull so olt as ik* er ist deutlich älter als ich Gwald. *Gustav wier jewoll noch en beten vull jung* [reichlich jung] *darto* ²Tri 44. – **6.** füllig, rundlich. *Hei hett 'n vull Jesicht* Bel/Kw.

Lautvar.: wie hd. *voll* vereinz. SPom, Kühl 8, Pri/Teu 136, verstr. °Büt, ²Mis 13, östl. °Lau Stri 36.

vullargern sw., refl., sich sehr ärgern. Nur in der Fügung: *sik dat Lief vullargern* verstr. VPom. – **vullåsen** sw. sehr schmutzig machen, verunreinigen. *De Bur hett de ganze Stråt mit Mess vullåst* Ran/Pe. – **vulläten** st., refl., sich vollessen. – **Vullbäulkenkind** n., veralt. **1.** Nichte, Neffe verstr. HPom, sonst vereinz. Vgl. Annerbäulkenkind. – **2.** Kusine, Cousin vereinz. HPom. – **Vullboort** m. Vollbart. *Vadding lett sich 'n Vullboort ståhn* Gwd/Ba. – **vullbrödig** Adj., veralt., wählerisch im Essen vereinz., DähWb 138. Syn. s. krüüdsch. – Mnd. *vulbrôdich* vollgefressen. – **vullbröödsch** Adj. **1.** wählerisch im Essen vereinz. MPom HPom, DähWb 138. Syn. s. krüüdsch. – **2.** mit der eigenen Verschwendungssucht prahlend Reg/Kt, Fla/Wo, Slo/La. – **Vullbücksenåbend** m., veraltd., Abend, den man mit Partner oder Partnerin vergnüglich verbringt verstr. VPom. – **Vullbuksåbend** m., veraltd., Abend, an dem man sich in festlicher Runde den Bauch vollschlägt verstr. VPom, sonst selt. *Gistern hebben wi Vullbuksåbend fiert, dat dei Bücksenknöp springen* Rüg/Ae. Auch als scherzhafte Bez. für den Heiligabend. Vgl. Dickbuksåbend. – **Vullbur** m. Vollbauer, Besitzer eines Vollhofes. *Up den hogen Barg* [...] *steiht de Schult un Vullbur David Fink* ⁹Worm 3. Vgl. Halfbur, Viertelbur. – **vulldåksen** sw. jmd. durchprügeln VPom, verstr. MPom HPom. Häufig in der Fügung: *ein' dat Fell vulldåksen*. – **vulldeffen** sw. die Hosen vollmachen, einkoten verstr. – **vulldrimme** sw. jmd. durchprügeln vereinz. NOPom, ²Kno 53. – **vulldümpeln** sw., bes. seem. **1.** einen Eimer mit Wasser füllen verstr. vpom. Küste. *de Pütz vulldümpeln* Rüg/Gl. – **2.** sich mit Wasser füllen verstr. vpom. Küste.

vullens Adv. **1.** vollends, vollständig. – Ral.: *Hei is vullens in'e Reig* mit ihm ist alles in Ordnung Dem/Tp. Syn. s. vullup. – **2.** fast, beinahe vereinz. *Dat Mäken is vullens so grot as ik* Gwd/Nu. – **vülle(r)st** Adv., *vulle(r)st* selt. **1.** vollends, ganz verstr. MPom, sonst selt. *Dat is vüllerst nog* das ist völlig ausreichend Uec/Pa. Vgl. BBWb 4,658. Syn. s. vullup. – **2.** fast, beinahe vereinz. MPom, sonst selt. *Mien Fründ is vüllerst so olt as ik* Ran/Pe.

vullflaatschen sw. mit breiigem Kot beschmutzen vereinz. *De Vægel hemm' de Wäsch vullflaatscht* Gwald. – **vullflåken** sw. jmd. durchprügeln vereinz., ⁷Kno 58. – **vullfräten** st., refl., sich vollfressen. *Up'e Hochtiet willen wi uns richtig vullfräten* Gri/Mi. *Dei Kierl is recht vullfräten* [wohlbeleibt] Dem/Tp. – **vullfüllen** sw. **1.** bis zum Rand mit etwas füllen. *Ik heff in'e Pütt peert un dei Schauh vullfüllt* Gwd/Ba. – **2.** refl., sich betrinken. Häufig in Fügungen wie: *sich dei Schlurren / Stäwel vullfüllen*. → besupen. – **vullgaddern** sw., refl., sich die Hosen vollmachen, einkoten vereinz. – **vullhacken** sw. über und über mit etwas bedeckt sein. – Ral., wenn ein Obstbaum viele Früchte trägt: *De Bom hackt vull as de Zick vull Kœtel* Uec/Wl, ähnl. vereinz. Vgl. vullsitten. – **vullhåmeln** sw., refl., sich den Rocksaum, die Hosenbeine beschmutzen vereinz. *Ik heff mi denn Rock vullhåmelt* Fra/Br. – **vullhaugen** sw., selt. st. **1.** jmd. durchprügeln. Zumeist in Fügungen wie: *einen dat Fell / dei Jack vullhaugen*. – **2.** refl., übermäßig viel essen. Nur in Fügungen wie: *sich dat Lief / dei Kaldunen vullhaugen*. – **vullhelpen** st., refl., sehr viel zu sich nehmen verstr. Nur in Fügungen wie: *sich de Kaliet vullhelpen* übermäßig viel essen Ran/Ho; *sich dei Schlurre vullhelpe* sich betrinken Nau/Db. – **Vullhiering** m. ausgewachsener Hering vereinz. VPom.

völlig Adj., *völligst* vereinz. VPom, völlig, vollständig vereinz., DäHWb 136. *Hei is nich völlig so olt as ik* er ist etwas jünger als ich Fra/Fr. Syn. vullstännig.

vulljöhrig Adj. volljährig. *Mien Sœhn is vulljöhrig, hei kann allfriegen* Gwd/Nu. Syn. magareen. – **vullkåmen** Adj. **1.** vollkommen, unübertrefflich, fehlerlos. *Nüscht is vullkåmen in de Wilt* Pyr/Lt. – **2.** vollständig entwickelt, erwachsen. *Dat Mäken is all 'n vullkåmen Frugensminsch* Fra/Br. Syn. vullstännig. – **3.** dick, wohlbeleibt. *Dei Fru süht so vullkåmen ut, sei geiht woll schwanger* Gwd/Ba. – **4.** reichlich groß, zu weit (von Kleidung). *Dei Snieder hett mi dei Jack 'n bäten vullkåmen måkt* Rüg/Ae. *Dat Kleed sitt mi recht vullkaumen* Gbg/Gp. – **vullkantig** Adj. vierkantig vereinz. – **vullklaren** sw. etwas vollschmieren verstr. *Dei Schäuler hett dat ganze Bauk vullklaart* Gwd/Nu. – **vullkriegen** st., selt. sw., vollkriegen, ganz füllen. *Ik will denn Büdel vullkriegen* Gwd/Nu. Zumeist in festen Fügungen: *denn Hals nich vullkriegen* raffgierig sein verbr.; *denn Noors vullkriegen* Prügel bekommen verbr.; *dei Huk vullkriegen* dass. verbr. – **vullleigen** st. jmd. nach Strich und Faden belügen. Zumeist in der Fügung: *ein' dei Huk vulleigen*. – **vulllopen** st. sich vollständig mit Flüssigkeit füllen. *Dat Schipp löppt bi denn Storm vull* Rüg/Sn. – Ral.: *sich vullopen låten* sich betrinken verbr. – **Vullmacht** f. Vollmacht, Befugnis. *Dei Afkåt leet sich von mi Vullmacht gäben* Gwd/Ba. – **vullmåken** sw./unr. vollmachen. **1.** bis zum Rand füllen. *Wi willen denn Pott vullmåken* Gwd/Nu. – **2.** vollzählig, vollständig machen. *dei Tall vullmåke* etwas in der geforderten Anzahl oder Menge bereitstellen Reg/Rg. – **3.** stark beschmutzen. *Du hest dien Kleed vullmåkt* Cam/Kw. Häufig refl.: sich in die Hose machen, einkoten. *De Lütt hett sich all wedder bet båben hen vullmåkt* Gwald.

Vullmånd m. **1.** Vollmond. *Dei Vullmånd schient hüt so hell* Gwd/Nu. *Bi Vullmånd kann ik nich gaut schlåpen* Dem/De. – Volksgl.: *Man sall bi Vullmånd nich friegen, dat bringt Unglück* Fra/Pu. – Wetterr.: *Bi Vullmånd schleit dat Wäder üm* Gri/Go. – **2.** scherzh., Glatze, kahler Kopf. → Glatz. – **Vullmåndgesicht** n. auffällig rundes, volles Gesicht verstr.

Vullmelk f. Vollmilch. *Lütt Kinner möten Vullmelk drinken* Gwd/Ba. – **vullneigen** sw. 'vollnähen'. Nur in der Ra.: *ein' dei Jack vullneigen* jmd. verprügeln verstr., HuMGwd 14,13,11. – **vullpacken** sw. **1.** vollpacken. *Dat Schapp is all bet båben vullpackt* Gwd/Ba. – **2.** refl., übermäßig viel essen verstr. – **vullpaugen** sw. Nur in der Fügung: *ein' dei Uhren vullpaugen* jmd. etwas vorjammern verstr. *Mien Fründ hett mi de Uhren so vullpaugt, dat mi toletzt ganz schlicht wür* Rüg/Pu. → vörschwögen. – **vullpräpeln** sw., refl., übermäßig viel essen verstr. – **vullpremsen** sw. vollstopfen VPom, sonst verstr. *Dei Kuffert is so vullpremst, dor geiht nicks mihr rin* Gwd/Nu. – **vullproppen** sw. **1.** vollstopfen. *Propp de Tasch nich so vull, süss ritt de Nåht!* Rüg/Dm. – **2.** refl., übermäßig viel essen. – **vullpütten** sw. vollgießen vereinz. *Pütt denn Bäker man orig vull!* Gri/Go. – **Vullrigger** m., seem., wie Vullschipp. – **vullsatt** Adj. mit Nahrungsmitteln reichlich versorgt vereinz. – **vullschieten** st. vollscheißen. *'ne vullschäten Winnel* Gwd/Nu. Von einem Nichtsnutz heißt es: *De kann bloß de Bücksen vullschieten* Gwald. – **Vullschipp** n., seem., drei- oder viermastiges Segelschiff mit Rahbesegelung an jedem Mast. Syn. Vullrigger. – Ral.: *uptåkelt sin as 'n Vullschipp* übertrieben gekleidet sein Gwald.

vullschlågen st. vollschlagen. **1.** seem., sich mit Wasser füllen. *Dat Boot wier vullschlån* Gwd/Ba. – **2.** refl., übermäßig viel essen. Nur in festen Fügungen wie: *sich dat Lief / dei Sieden / denn Buk vullschlågen. Up dei Hochtiet heww ik mi dei Sieden orig vullschlån, ik künn rein gor nicks mihr äten* Gwd/Nu. – **3.** jmd. verprügeln. Nur in festen Fügungen wie: *ein' dei Jack / dat Ledder vullschlågen*. – Sagw.: *Dat Nödigst tauierst, säd dei Mann, dor schlög hei ierst sien Fru dei Jack vull un treckt nåhsten dat Pierd ut'n Gråben* Ank/An.

vullschlämmen sw. mit Kot beschmutzen vereinz. MPom HPom. *Dei Jäs'* [Gänse] *hewwe alls vullschlämmt* Reg/Rg. – **vullschlauchen** sw., refl., sich betrinken vereinz. VPom MPom. → besupen. – **vullschlucken** sw., refl. **1.** übermäßig viel essen vereinz. MPom. – **2.** sich betrinken selt. – **vullschnirksen** sw. mit dünnem Kot verschmutzen vereinz. HPom, sonst selt. *De Vœjel hewwe de Wäsch vullschnirkst* Pyr/Wa. – **vullsitten** st. **1.** über und über mit etwas bedeckt sein. *Dei Bom sitt vull* der Baum trägt viele Früchte Reg/Rg. Vgl. vullhacken. – **2.** zu Ende brüten. *De Kluck hett hüt vullsäten* Rüg/Bi. Vgl. tausitten. – **vullspiegen** sw./st., veraltd., vollspukken, vollkotzen. Floskelhaft über einen unwillkommenen Besucher: *Dei spiegt ein' bloß dei Stuf vull* Gri/Ti, ähnl. verstr. – **vullspucken** sw. dass. – Ral.: *denn Kräuger dei Stuf vullspucken* im Gasthaus nichts verzehren Fra/Zi, ähnl. verstr. – **vullstäken** st. vollstopfen verstr., JostWb 120. – Ral.: *ein' dei Taschen vullstäken* jmd. belügen verstr. VPom. – **vullstännig** Adj. **1.** vollständig, ganz und gar.